博士论文
出版项目

现代汉语"有/没(有)"组构的不对称及共现研究

A Study on Asymmetry and Co-occurrence of the Structure "You/ Mei（you）" in Modern Chinese

陈 伟 著

中国社会科学出版社

图书在版编目(CIP)数据

现代汉语"有/没(有)"组构的不对称及共现研究/陈伟著. —北京：中国社会科学出版社，2021.8
ISBN 978-7-5203-8790-3

Ⅰ.①现… Ⅱ.①陈… Ⅲ.①现代汉语—句法—研究 Ⅳ.①H146.3

中国版本图书馆 CIP 数据核字（2021）第 147063 号

出 版 人	赵剑英
责任编辑	许　琳
责任校对	夏慧萍
责任印制	郝美娜

出　　版	中国社会科学出版社
社　　址	北京鼓楼西大街甲 158 号
邮　　编	100720
网　　址	http://www.csspw.cn
发 行 部	010-84083685
门 市 部	010-84029450
经　　销	新华书店及其他书店
印　　刷	北京君升印刷有限公司
装　　订	廊坊市广阳区广增装订厂
版　　次	2021 年 8 月第 1 版
印　　次	2021 年 8 月第 1 次印刷
开　　本	710×1000　1/16
印　　张	21.25
字　　数	296 千字
定　　价	128.00 元

凡购买中国社会科学出版社图书，如有质量问题请与本社营销中心联系调换
电话：010-84083683
版权所有　侵权必究

出 版 说 明

为进一步加大对哲学社会科学领域青年人才扶持力度，促进优秀青年学者更快更好成长，国家社科基金2019年起设立博士论文出版项目，重点资助学术基础扎实、具有创新意识和发展潜力的青年学者。每年评选一次。2020年经组织申报、专家评审、社会公示，评选出第二批博士论文项目。按照"统一标识、统一封面、统一版式、统一标准"的总体要求，现予出版，以飨读者。

全国哲学社会科学工作办公室

2021年

摘 要

本书以现代汉语"有/没(有)"组构的不对称及共现现象为研究对象,探讨了两个方面的内容:一是作为动词用法的"有"及其否定形式"没"与其他成分进行组构的不对称;二是"有"与"没(有)"共现时的功能及其间蕴含的不对称性。本书旨在通过阐述几类外在形式及内部语义功能上的不对称,从而揭示造成该不对称现象的深层机制和动因。文章主要以认知语言学、语义学、语用学、互动语言学、篇章语言学为理论基础,结合功能语法、构式语法、标记模式的研究方法,对与之相关的各类不对称现象进行全面深入地考察,并对不同的现象做出有针对性的解释。

全书共分为十三章,第一章是绪论,主要介绍选题缘由、研究的意义与价值、研究现状及不足、不对称现象与标记理论;第二章是全书的概述,主要阐述了所谓的组构及共现不对称现象的表现,并对组构的范围进行了界定;第三章总括性地列举分析"有/没"与名词性成分组构及共现时的对称与不对称分布情况,并对其原因进行说明;第四章至第八章先是界定出名词性成分中不对称的抽象名词范围,然后解释其不对称的共性,接着分别对其中较为典型的个案进行深入探讨;第九章至第十二章是关于"有"与"没(有)"共现现象的研究;第十三章是总论。

第四章以"有/没"与名词性成分组构发生不对称现象的具体范围,即与抽象名词的组构作为研究对象,充分考察抽象名词肯定与否定形式在语义上的不对称性,其不对称性在于"领属肯定"

与"存现否定"的非对应性,可进一步论证为"主观肯定"与"客观否定"的非对应性,这种不对称性体现在能够发生语义增值的抽象事物的肯定与否定形式上。此外,"有+抽象名词"与"没+抽象名词"之间表现为一种扭曲关系,形成这种关系的原因与抽象属性义名词的依存性,以及主观和客观的本质规定性有关。

第五章主要是分析"有/没"与抽象名词性成分搭配的语义偏移情况。"有"与名词性成分搭配的语义偏移存在正向和负向两种情况,其前提条件是抽象名词性成分必须是中性的,其自身不含任何褒贬义。而当"没"与有些名词性成分搭配时,情况则并非简单的肯定与否定对立,表现为许多搭配形式在句法、语义、语用功能及语篇等诸多方面的差异。本章仅就语义偏移的表层现象进行列举说明,尚需以较有代表性的个案深入挖掘才能更为明晰。

第六章以"有"与抽象名词组构的语义负向偏移为研究对象,选取有代表性的个案"有意见"和"有问题",对学界少有涉及的"有+名词"语义负向偏移的条件和制约因素进行分析,并从语义学视角对深层动因进行探究。认为发生语义负向偏移"有+N"结构同属隐性的评价性行为,而且偏向"不好""不良"等贬义色彩,基本都是在结构中隐含了关涉对象属性义的[-正常]义素。从语言外部来考虑发生该现象的原因,应该是出于人际交往中为避免直陈性的负面表达而选用委婉表达方式的需求。

第七章是"没"与抽象名词组构的话语互动性,选取汉语否定表达较为典型的个案"没问题"为研究对象,从交际互动的角度对其进行探究。明确其交际动因是对疑问、祈使和陈述三类引发句式的积极回应。对应不同序列位置上"没问题"所呈现的各项功能特征,具有主观性和交互主观性的特质。话语引发人和应答人在互动过程中,言语目的产生的过程有所不同,引发语是在主体需求驱动下产生目的,而应答语则是在主体立场驱动下产生目的且要同时考虑对方的需求。该互动机制促成不同位置及功能的应答语"没问题"话语模式的形成。

第八章的研究对象是表比较的"有/没"与名词性成分组构的不对称性，具体表现为"有"不能与负向量度形容词进行搭配，"没"可以同正向、中性、负向量度形容词搭配。主要原因是"有""没"两种比较句式的语法意义各自不同，对应平比和差比的逻辑语义结构也有明显的区别。其不对称的原因与"有""没"比较句中"有"字功能特征和"没"字功能特征有关。这种不对称性从逻辑语义结构来梳理，体现为平比和差比之间比较方式的不同。

第九章以共现形式"有没有"为研究对象，根据发话人已知信息的多少或疑惑程度的不同，将"有没有"疑问句分为三种句式：询问句、测度句、反诘句。"有没有"测度句是位于询问句与反诘句的中间阶段，并占据多数的比重。不同的句式对应不同的语义倾向，测度句侧重于肯定的"有"，反诘句侧重否定的"没有"。"有没有"测度句之所以能够表达测度语气，主要是与言者对事实的预估或对已知信息的主观倾向性有关，其功能主要靠"疑问话语标记""语力"和"信疑互动的认知转化"三方面来实现。

第十章、第十一章、第十二章是以共现形式"有X没X"为研究对象，分别对该形式的结构类型、类别功能、演变过程及动因、词汇化和语法化过程进行阐释。主要结论如下：

当变量"X"为名词时，"有X没X"在其句法环境中属隐性的从句组合结构。根据"从句组合斜坡理论"将"有X没X"分为并列、主从和从属三类结构，不同的结构类型呈现的语义及语用表现有所不同。"有X没X"语用功能的多样性是该结构广泛使用的关键所在，而语用的心理因素、多重表义因素和意向性因素是触发该结构准确运用的前提。

根据变量"X"的不同，将"有X没X"分为四类形式，各形式的功能有所不同。"有X没X"从最初充当句子主干的述谓成分转向充当句子附加成分的习语，经历了由句法功能向词法功能的转变。由于"X"词性及内部结构关系不同,四类"有 X 没 X"习语化的先后顺序也不尽相同。从历时角度来看,一些用例在句法功能和语义凝固性上已相当于习语。此外,还掺杂一些社会因素,如规约化导致的词义融合和去理据性等。

用构式语法理论来考察"有 X 没 X",发现在该构式框架中"有""没"语义互动对"X"施加影响,导致该构式表义的多样性。构式"有 X 没 X"从表层形式来看是现代汉语中常见的一种语法构式,在共时平面上该构式存在多种同构异义的现象,既有语法构式也有修辞构式。如今具有习语特性的"有 X 没 X"结构是典型的修辞构式。通过探究该构式的修辞动因,发现"有 X 没 X"在共时平面的同构异义的现象,可以在历时演变过程中找到线索。修辞构式"有 X 没 X"的发展始终贯穿着语法化和修辞化两条路径,修辞化的绝对促动性和语法化的相对稳固性,使二者在互动的过程中,形式及语义功能不断发生变化,直至生成现有修辞构式"有 X 没 X"。

最后对本书的主要发现及基本观点进行总结,指出该成果对相关理论及语言现象的启示,在对外汉语教学与研究上的启示,预测相关不对称现象未来的发展趋势,并说明了本书在研究视角、研究对象和研究方法三个方面的创新之处与不足之处。

关键词:"有/没(有)";组构;不对称;共现现象;动因

Abstract

This book takes the asymmetry and co-occurrence organization of "You/ Mei (you)" in modern Chinese as the research object, and discusses two aspects: the first is the asymmetry of the organization of the verb "You" and its negative form "Mei" with other components; the second is the functions of "You/ Mei (you)" and the asymmetry between them. It aims to reveal the mechanism and motivation of the asymmetry by expounding the asymmetry of external forms and internal semantic functions. The book mainly uses cognitive linguistics, semantics, pragmatics, interactive linguistics, and text linguistics as the theoretical basis, combined with functional grammar, construction grammar, and markup mode, in order to investigate the related asymmetry comprehensively and make targeted explanations for different phenomena.

This book consists of thirteen chapters. Chapter One is the introduction, which mainly introduces the reasons, the significance and value of the research, the research status and deficiency, the asymmetry phenomenon and the markedness theory. Chapter Two is an overview, which mainly interprets the organization and the phenomenon of co-occurrence asymmetry, and defines the scope of the organization. Chapter Three summarizes the analysis of the symmetry and asymmetry of "You/ Mei" with the nominal composition and co-presentation, and explains the reasons lastly. Chapter Four to Eight first define the asymmetrical abstract noun range in the noun component, then explain the commonality of the asymmetry, and discuss the typical cases in detail. Chapter Nine to Twelve are about the coexistence of "You/ Mei". Chapter Thirteen is the conclusion.

Chapter Four takes the asymmetry of "You/Mei" and the nominal component organization as research object, and fully investigates the semantic asymmetry between the affirmative and negative forms of abstract nouns. It is believed that the asymmetry lies in the non-correspondence between "possessive affirmation" and "existential negation", which can be further demonstrated as the non-correspondence between "subjective affirmation" and "objective negation". This asymmetry is reflected in the affirmation and negation of the generate semantic value-added abstract things. In addition, there is a distorted relationship between "You + abstract nouns" and "Mei + abstract nouns". The reason for the formation of such relationships is related to the dependence of abstract attribute nouns and subjective and objective nature.

Chapter Five mainly analyzes the semantic offset of "You/Mei" and abstract noun components. The semantic offset of "You" and noun components has positive and negative aspects. The premise is that the abstract noun component must be neutral, and it does not contain any derogatory meaning. When "Mei" is combined with some nominal components, it is not a simple opposition of affirmation and negation, but it is manifested differences in syntax, semantics, pragmatic functions and discourse. This chapter only enumerates the surface phenomena of semantic offset, and it needs more representative cases.

Chapter Six takes the semantic negative deviation of "You" and abstract noun construction as the research object with selects representative cases "You Yijian" and "You Wenti" from the "You + N" which rarely has been involved in the academic circle, and analyzes the conditions and constraints of negative migration, and explores the deep motivations from the semantic perspective. It is believed that the semantic negative deviation of "You + N" structure is also implicitly evaluative, and the biased the semantics of "bad" and "bad" are basically hidden in the structure with [-Normal] sememe. Considering the reason for this phenomenon in external language, it should be based on the need to choose euphemistic expressions in order to avoid negative expressions in interpersonal communication.

Chapter Seven is about the discourse interaction between "Mei" and abstract nouns, and taking the case of "Mei Wenti" with Chinese negation as the research object. And it explores from the perspective of communicative interaction. It is clear that the communicative motivation is a positive response to the three types of questions, such as doubts, imperatives, and statements. Corresponding to the functional features presented by "Mei Wenti" at different sequence positions, it has the characteristics of subjectivity and interactive subjectivity. In the process of interaction between the trigger and the respondent in the discourse, the process of the verbal purpose is different. The trigger is driven by the subject's demand, while the respondent is driven by the subject's position, and it also needs to consider the other party's needs at the same time. This interaction mechanism facilitates the formation of discourse pattern of "Mei Wenti" for responses to different locations and functions.

Chapter Eight takes the asymmetry of the "You/Mei" with comparative functions and nominal composition. It is concluded that "You" cannot be matched with negative vector degree adjectives, while "Mei" can be matched with positive, neutral and negative vector degree adjectives. The main reason is that the grammatical meanings of "You" and "Mei" in the two comparative sentences are different, and the logical semantic structure corresponding to the ratio is also obviously different. The reason for its asymmetry is related to the functional features of "You" and the functional features of "Mei". This asymmetry is sorted out from the logical semantic structure, and is reflected in the different comparison between the equal comparison and the unequal comparison.

Chapter Nine takes the co-occurrence form "You Mei You" as the research object. According to the degree of known information or the doubt, the interrogative sentence "You Mei You" is divided into three sentence patterns: inquiry sentence, measurement sentence, anti-sentence sentence. The measurement sentence is located in the middle stage of the inquiry and anti-sentences, and takes up the majority. Different sentence patterns correspond to different semantic tendencies, the measure sentences focus on the affirmative "You", and the anti-sentence sentences focus on the negative "Mei You". The reason why the measure sentence can express the measure tone is mainly related to the speaker'Ss estimation of facts or the subjective tendency about the known information. Its function mainly depends on "question discourse mark", "sense power" and "the cognitive transformation of doubt interaction".

Chapter Ten to Twelve take the co-occurrence form "You X Mei X" as research object, and explain the structure type, category function, evolution process, motivation, and the process of lexicalization and grammaticalization respectively. The main findings are as follows:

When the variable "X" as noun, "You X Mei X" is a recessive clause combination structure in its syntactic environment. According to the "Clause combination slope theory", "YouX Mei X" is divided into three types: juxtaposed, master-slave and subordinate structure. And different structures present different performances in semantics and pragmatics. The diversity of pragmatic functions of "YouX Mei X" is the key to the widespread use of this structure, and pragmatic psychological factors, multiple ideographic factors and intentional factors are prerequisites for the structures.

According to the variable "X", "You X Mei X" is divided into four types, and the functions of each type are different. As the backbone of the sentence, "You X Mei X" has shifted to the idiom acting as an additional component of the sentence, and has undergone a transition from syntactic function to lexical function. Due to the the different of "X" and the internal structure, the order of the four types of "You X Mei X" idioms is not the same. From a diachronic point of view, some cases are equivalent to idioms in terms of syntactic function and semantic coagulability. In addition, some social factors, such as the meaning fusion and the rationality, contribute to it.

Using the theory of construction grammar to examine "You X Mei X", it is found that the semantic interaction of "You" and "Mei" affect the "X", which results in the semantic diversity. The construction "You X Mei X" is a common grammatical construction in modern Chinese. From the synchronic perspective, there are many isomorphic phenomena, such as grammatical and rhetoric construction. "You X Mei X" structure with idiom characteristics is a typical rhetorical construction. By exploring the rhetorical motivation of this construction, we find that the isomorphic phenomenon in "You X Mei X", and can find the clues in the process of diachronic evolution. The development of the rhetorical structure "You X Mei X" always runs through the two paths of grammaticalization and rhetoric. Owing to the absolute urging of rhetoric and the relative stability of grammaticalization, the semantics and functions of those two constructions are constantly changing in the process of interaction, until the existing of rhetorical construct "You X Mei X".

Finally, it summarizes the main findings and basic viewpoints of this book, and points out the implications of the relevant theoretical and linguistic phenomena and the enlightenment in the teaching and research of

Chinese as a foreign language. It also predicts the future development trend of related asymmetry, and explains the innovations and deficiencies in perspectives of research view, research objects, and research methods.

Key Words：You/ Mei（you）; organization; asymmetry; co-occurrence; motivation

目　　录

第一章　绪论 ……………………………………………………（1）
　　第一节　选题缘由 ………………………………………………（1）
　　第二节　研究的意义与价值 ……………………………………（3）
　　第三节　研究现状及不足 ………………………………………（5）
　　第四节　研究现象及理论 ………………………………………（10）
　　第五节　研究思路及方法 ………………………………………（13）
　　第六节　语料来源 ………………………………………………（15）

第二章　"有/没"组构的不对称及共现现象概述 ……………（17）
　　第一节　"有/没"组构的不对称现象 …………………………（18）
　　第二节　"有""没"的共现现象 ………………………………（30）
　　第三节　本章小结 ………………………………………………（37）

第三章　"有/没"与名词性成分组构的不对称 ………………（39）
　　第一节　"有NP""没NP"的对称分布 ………………………（41）
　　第二节　"有NP""没NP"的不对称分布 ……………………（47）
　　第三节　"有NP""没NP"的不对称原因 ……………………（54）
　　第四节　本章小结 ………………………………………………（56）

第四章　"有/没"与抽象名词组构的不对称 …………………（58）
　　第一节　抽象名词的特征 ………………………………………（60）

第二节　抽象名词的肯定与否定形式 …………………………（62）
　　第三节　名词肯定与否定的不对称性及扭曲关系 ……………（65）
　　第四节　名词肯定与否定不对称性的动因 ……………………（71）
　　第五节　对名词肯定与否定不对称性的认识 …………………（75）
　　第六节　本章小结 ………………………………………………（77）

第五章　"有/没"与抽象名词组构的语义偏移 ……………………（79）
　　第一节　"有+N"与"没+N"的语义偏移类别 ………………（82）
　　第二节　"有+N"的语义正向偏移 ……………………………（84）
　　第三节　"没+N"的语义及语用倾向 …………………………（94）
　　第四节　本章小结 ………………………………………………（99）

第六章　"有"与抽象名词组构的语义负向偏移 …………………（101）
　　第一节　"有意见"的语义负向偏移 …………………………（102）
　　第二节　"有问题"的语义负向偏移 …………………………（116）
　　第三节　"有+N"的语义负向偏移 ……………………………（128）
　　第四节　本章小结 ………………………………………………（130）

第七章　"没"与抽象名词组构的语用功能 ………………………（133）
　　第一节　"没问题"的话轮分布和话语功能 …………………（134）
　　第二节　应答语"没问题"及其引发语 ………………………（142）
　　第三节　主观性及交互主观性 …………………………………（145）
　　第四节　"没问题"的互动机制及话轮功能的形成 …………（146）
　　第五节　本章小结 ………………………………………………（149）

第八章　表比较的"有/没"与名词性成分组构的
　　　　　不对称 ……………………………………………………（151）
　　第一节　"有/没"句的成分分析 ………………………………（153）
　　第二节　"有/没"比较句的不对称 ……………………………（157）

第三节 关于"有/没"比较句不对称的解释 …………… (162)
第四节 本章小结 ……………………………………… (170)

第九章 共现形式"有没有"的界定与功能特征分析 …… (171)
第一节 "有没有"疑问句的内部系统 ………………… (173)
第二节 测度句与询问句、反诘句的比较 …………… (180)
第三节 "有没有"测度句的功能 ……………………… (194)
第四节 "有没有"测度句的产生动因 ………………… (204)
第五节 "有没有"句式的不对称 ……………………… (205)
第六节 本章小结 ……………………………………… (209)

第十章 共现形式"有 X 没 X"的结构类型探析 ………… (211)
第一节 "有 X 没 X"的特性分析 ……………………… (213)
第二节 "有 X 没 X"的结构类型 ……………………… (216)
第三节 "有 X 没 X"的语义及语用差异 ……………… (220)
第四节 "有 X 没 X"的语用功能及动因 ……………… (223)
第五节 本章小结 ……………………………………… (230)

第十一章 共现形式"有 X 没 X"的形式与功能及其词汇化 ……………………………………… (232)
第一节 "有 X 没 X"的形式与功能 …………………… (233)
第二节 "有 X 没 X"的词汇化条件 …………………… (241)
第三节 "有 X 没 X"的词汇化 ………………………… (242)
第四节 本章小结 ……………………………………… (250)

第十二章 构式视角下"有 X 没 X"的特征及演变 ……… (251)
第一节 构式"有 X 没 X"的考察 ……………………… (252)
第二节 构式"有 X 没 X"的语义属性 ………………… (262)
第三节 修辞构式"有 X 没 X"的显现 ………………… (270)

第四节　本章小结……………………………………（281）

第十三章　总论……………………………………………（284）
　　第一节　主要发现及基本观点………………………（285）
　　第二节　本书研究的启示……………………………（288）
　　第三节　本书研究的创新及不足之处………………（290）

参考文献……………………………………………………（292）

索　引………………………………………………………（313）

后　记………………………………………………………（316）

Contents

Chapter 1　Introduction ·················· (1)
 Section 1　Reasons of the Research ················ (1)
 Section 2　The Significance and Value of the Research ········ (3)
 Section 3　Research Status and Deficiency ··············· (5)
 Section 4　Phenomenon and Theory of the Research ········· (10)
 Section 5　Ideas and Methods of the Research ············· (13)
 Section 6　Source of Corpus ·················· (15)

Chapter 2　An overview of the Asymmetry and Co-occurrence of the "You/ Mei" Structure ················ (17)
 Section 1　The Asymmetry of the "You/ Mei" Structure ······ (18)
 Section 2　The Co-occurrence of "You" and "Mei" ·········· (30)
 Section 3　Summary ·················· (37)

Chapter 3　The asymmetry of the Composition of "You/ Mei" and Nominal Components ················ (39)
 Section 1　Symmetric Distribution of "You + NP" with "Mei + NP" ·················· (41)
 Section 2　Asymmetric Distribution of "You + NP" with "Mei + NP" ·················· (47)
 Section 3　Asymmetric Reasons for "You + NP" and "Mei + NP" ·················· (54)

Section 4　Summary ································· (56)

Chapter 4　The Asymmetry of the Composition of "You/ Mei" and Abstract Nouns ················ (58)
Section 1　Characteristics of Abstract Nouns ············ (60)
Section 2　Positive and Negative Forms of Abstract Nouns ··· (62)
Section 3　The Asymmetric and Distorted Relationship between Positive and Negative Forms of Nouns ······ (65)
Section 4　Motivation of the Asymmetry of Positive and Negative Forms of Nouns ······················· (71)
Section 5　Understanding of the Asymmetry between Positive and Negative Forms of Nouns ························ (75)
Section 6　Summary ································· (77)

Chapter 5　The Semantic Deviation of the Construction of "You/ Mei" and Abstract Nouns ············ (79)
Section 1　Semantic Deviation Categories of "You + N" and "Mei + N" ··························· (82)
Section 2　The Positive Semantic Deviation of "You + N" ······ (84)
Section 3　The Semantic and Pragmatic Tendency of "Mei + N" ································· (94)
Section 4　Summary ································· (99)

Chapter 6　The Negative Semantic Deviation of the Construction of "You" and Abstract Nouns ················ (101)
Section 1　The Negative Semantic Deviation of "You yijian (有意见)" ································· (102)
Section 2　The Negative Semantic Deviation of "You wenti (有问题)" ································· (116)

Section 3 The Negative Semantic Deviation of
          "You + N" ……………………………………… (128)
Section 4 Summary ……………………………………………… (130)

**Chapter 7 The Pragmatic Function of the Construction
           of "Mei" and Abstract Nouns** ……………… (133)
Section 1 Turn Distribution and Discourse Function of "Mei
          wenti（没问题）" …………………………………… (134)
Section 2 The Response "Mei wenti（没问题）" and its
          Elicitors ……………………………………………… (142)
Section 3 Subjectivity and Intersubjectivity ………………… (145)
Section 4 The Interactive Mechanism of "Mei wenti（没问题）"
          and the Formation of Turn Function ……………… (146)
Section 5 Summary ……………………………………………… (149)

**Chapter 8 The Asymmetry of the Construction of Comparison
           "You/ Mei" and Nominal Components** ………… (151)
Section 1 Component Analysis of "You/ Mei" Sentences … (153)
Section 2 The Asymmetry of the "You/ Mei" Comparison
          Sentence ……………………………………………… (157)
Section 3 An Explanation of the Asymmetry of the "You/
          Mei" Comparison Sentence ……………………… (162)
Section 4 Summary ……………………………………………… (170)

**Chapter 9 The Definition and Functional Characteristics
           Analysis of the Co-occurrence Form "You
           meiyou（有没有）"** ……………………………… (171)
Section 1 The Internal System of "You meiyou（有没有）"
          Interrogative Sentence ……………………………… (173)

Section 2　Comparison of Measure Sentences with Interrogative Sentences and Cross-examination Sentences ……… (180)
Section 3　The Function of "You meiyou（有没有）" Measure Sentence …………………………………… (194)
Section 4　The Motivation of "You meiyou（有没有）" Measure Sentence …………………………………… (204)
Section 5　The asymmetry of "You meiyou（有没有）" sentence pattern ……………………………………… (205)
Section 6　Summary ……………………………………………… (209)

Chapter 10　Analysis on the Structure Types of Co-occurrence Form "You X Mei X（有 X 没 X）" ………… (211)
Section 1　Analysis of the Characteristics of "You X Mei X（有 X 没 X）" ………………………………… (213)
Section 2　The Structure Types of "You X Mei X（有 X 没 X）" ………………………………………… (216)
Section 3　The Semantic and Pragmatic Differences of "You X Mei X（有 X 没 X）" ………………………… (220)
Section 4　The Pragmatic Function and Motivation of "You X Mei X（有 X 没 X）" ……………………… (223)
Section 5　Summary ……………………………………………… (230)

Chapter 11　The Form and Function of Co-occurrence Form "You X Mei X（有 X 没 X）" and its Lexicalization ………………………………………… (232)
Section 1　The Form and Function of "You X Mei X（有 X 没 X）" ………………………………………… (233)
Section 2　The Lexicalization Condition of "You X Mei X（有 X 没 X）" ………………………………………… (241)

Section 3	The Lexicalization of "You X Mei X (有X没X)"	(242)
Section 4	Summary	(250)

Chapter 12 The Characteristics and Evolution of "You X Mei X (有X没X)" from the Perspective of Construction ································ (251)

Section 1	Investigation of the Construction "You X Mei X (有X没X)"	(252)
Section 2	The Semantic Attribute of the Construction "You X Mei X (有X没X)"	(262)
Section 3	The Appearance of the Rhetorical Construction "You X Mei X (有X没X)"	(270)
Section 4	Summary	(281)

Chapter 13 Conclusion ································ (284)

Section 1	Main Findings and Basic Ideas	(285)
Section 2	Implications of this Study	(288)
Section 3	Innovations and Shortcomings of this Study	(290)

References ································ (292)

Index ································ (313)

Postscript ································ (316)

第 一 章
绪　　论

第一节　选题缘由

本书以"现代汉语'有/没（有）'组构的不对称及共现研究"为题，其中包括"有/没"与其他成分的组构，以及"有"与"没（有）"的共现两个方面为研究对象。在接下来的研究中，为行文方便，除第九章共现形式"有没有"外，其余各章节均以"有"的否定形式"没"来兼指"没"和"没有"。

"有"和"没"在现代汉语中是一对非常重要的肯定与否定动词，肯定形式"有"的用法较为丰富，也是本课题的重点所在，而否定形式"没"既与"有"相对，也有其专职的否定功能。"有/没"与其他成分搭配时，在许多情况下肯定与否定并不对称。我们不难发现"没辙"可以说，"*有辙"不可以说；与之相应的"有会子"可以说，"*没会子"就不可以。另外一种情况是，外在形式对称但表义功能却不对称，如"有问题"和"没问题"，当"问题"为本义时，二者表义为肯定与否定的对称，当"问题"所指为"矛盾、疑难、麻烦"时，二者表义倾向发生偏移，肯定与否定就呈现了不对称性。具有比较功能"有/没"比较句也存在不对称性，如"A 有 B 那么高""A 没 B 那么高""A 没 B 那么矮"可以说，而

"*A 有 B 那么矮"一般不可以说。除上述"有/没"各自组配的情形外，还有一些"有"与"没"共现的现象，如"有没有""有 X 没 X"（有影没影、有完没完等），当"有"与"没"在相应句式中共现时，"有/没"的对称性依具体语境而定，既有并置对称的情况，也有语义偏向于其中一方的情况。

基于以上不对称的语法现象，本书以"有/没"组构的不对称现象以及"有"与"没"的共现现象为研究对象，从不对称现象中发掘其内在的规律。语言的结构跟语言的功能密切相关，语法现象应从语言结构之外去寻找解释（沈家煊，1999）。文章借鉴语义学、语用学、认知语言学、篇章语言学、互动语言学的相关理论和研究成果，对"有/没"组构及共现现象进行先描写再解释，针对不同的研究对象运用不同的研究方法，如用语义分析、配价语法理论解释"有+名词"的语义偏移现象；用语篇分析、会话互动、立场表达理论来解释应答语"没问题"的话语互动性；用标记论、肯定否定公理、逻辑语义逻辑语义结构分析理论解释"有/没"比较句的不对称现象；用三个平面分析法、语用功能分析法、信疑互动论来解释疑问句"有没有"的界定与功能特征；用语法化、词汇化、韵律句法、构式理论（语法构式、修辞构式）、互动语言学等理论来界定"有 X 没 X"的类型、特征以及解释其词汇化和语法化的过程。

本书围绕"有/没"组构与共现现象开展研究，主要针对以下问题进行探讨：

现代汉语"有/没"与名词性成分组构的不对称主要表现在哪些方面？不对称的原因是什么？在名词性成分中，与什么样的名词组构会产生不对称现象，受到哪些因素的驱动？"有/没"与名词性成分组构发生语义偏移的动因是什么？相较于肯定形式，否定形式独有的否定性应答标记会话互动的机制如何？"有"与"没"共现形式，即"有没有"句式的内部系统怎么界定，呈现的功能及不对称性是怎样的？常项"有""没"与同一个变项构成的"有 X 没 X"结构，其结构类型、语用特点、功能表现以及词汇化和语法化过程是如何体现的?

第二节　研究的意义与价值

一　学术理论意义

关于"有"的研究始于《马氏文通·动字卷》，马建忠（1898）提出"不记行而惟言不动之境……谓之同动，以其同乎动字之用也"，在此之后相关研究开始陆续涌现。黎锦熙（1924：52）曾论述"有"是"没有动态，只有动性"的动词。吕叔湘（1942：66）认为作为普通动词的"有"，虽然是动词但"简直算不上活动"。丁声树等（1961：78）认为"有"虽然是动词但是"不表示什么动作"。朱德熙（1982：58）指出"有"与普通动词有别，"有"是"准谓宾动词"。"有"字的研究由以上先贤开启，我们可以从中看出"有"的词性和功能与一般动词不同，较为抽象。《现代汉语八百词》（2005：630）对"有"的释义为：①表领有或具有；②表存在；③表性质或数量达到了某种程度。对"没"的释义为：①对领有或具有的否定；②对存在的否定；③表示数量不足；④表示不及，此外还有副词的用法，用来否定动作或状态已经发生。鉴于"有"及其否定形式"没"语义的宽泛及复杂性，学界已有大批相关研究成果涌现，如领有或存在句式的研究、比较句式研究、形式搭配研究、词汇化或语法化研究、类型学视角考察、语义倾向研究、构式研究等。之所以有如此丰富的研究视角，是因为"有"是汉语中仅次于"是"的第二高频动词，有多种引申甚至虚化的用法（刘丹青，2011），在多方面的研究领域之下可以得出众多有价值的结论，这也为本课题的研究提供了多方面的参考。但是，至今尚未有学者对"有""没"诸多不对称现象进行专门研究。我们认为，从"不对称"这一全新角度对该语言现象进行挖掘，能够将这类研究推向深入。

对称和不对称是一对相对的概念，对称是相对的，而不对称是绝对的。在语言系统中，人们理想的状态是形式上规则、对称，这是源自于人们对形式美的追求，但事实上语言本身并不是均质的，其中既有规则对称的一面，也有不规则不对称的一面。赵元任在《汉语口语语法》（1979：11）中论述整齐（Parallelism）、不整齐（Asymmetry）、扭曲关系（Skewed Relations）关系时指出，"在语言现象中寻求系统性和对称性，在方法上是可取的，只是不要走得太远"。语言的不对称性较多地体现在语言类型学的研究中，往往用标记的手段来展现不对称的现象。在现代汉语语法的研究中同样如此，有关现代汉语语法体系中不对称现象的成果也比较丰富。主要有以下著作：《汉语形容词的有标记和无标记现象》（黄国营、石毓智，1993）；《语言单位的有标记和无标记现象》（张国宪，1994）；《不对称和标记论》（沈家煊，1999）；《肯定和否定的对称与不对称》（石毓智，2001）；《起点指向和终点指向的不对称性及其认知解释》（古川裕，2002）等。本书所研究的"有/没"及其组构成分的不对称现象，涉及语言现象较为丰富，不仅关涉"有/没"本身的语义属性，还与其搭配对象的语义特点密切相关。在研究该课题的同时，能够对一系列相关的语言现象进行充分考察和解释，并能够为相关的理论方法提供支撑且加以完善。

二　实践应用价值

本书是立足于汉语本体，面向对外汉语教学的语法研究。"有/没"的相关组构形式在现代汉语中品类繁多、用法多样，且高频出现，在对外汉语教学中既是难点也是重点。其中，"有/没"组构中的肯定与否定不对称现象，对于刚开始进行汉语学习的初学者来说较为困难，辨析并明确诸多不对称现象，并挖掘其深层的机制和动因，可以为对外汉语教学及研究提供现实依据和理论参考。

第三节 研究现状及不足

一 "有"字组构研究

"有"字与其他成分的组构，较早地引起了赵元任（1979：251）的关注，他指出，"'有'用作 V-O 复合词的第一个成分是结合能力很强的，其宾语或是黏着成分，或是自由成分，经结合以后意义专门化了"。此后，"有"与其他成分组配的研究日益丰富，主要分为以下几类："有+单音节语素""有+NP""有+VP""有+数量结构"。

关于"有+单音节语素"的研究，以涉及词汇化、语法化、构式化和附缀化为主。在现代汉语语法领域，起初对该结构进行考察的是"有着"的句法功能（刘贤俊，2001），后来，张谊生（2002、2014、2017）、王志恺（2007）、薛宏武（2009）、刁晏斌、李艳艳（2010）、段晓燕（2012）、雷冬平（2013）、董秀芳（2014）、张亮（2017）等，主要以个案研究为主，如对"有所""有请""有些""有如""有的"等进行研究。

关于"有+NP"的研究，以考察"有"和"NP"之间的互动关系为主，以及整体语义功能发生的变化等。如贺阳（1994）、金立鑫（1995）、李宇明（1995）、张豫峰、范晓（1996）、唐善生（2000）、施春宏（2001）、姚占龙（2004）、赵春利、邵敬敏（2007）、温锁林（2010）、赵春利、石定栩（2011）、赵建军（2013）、温锁林、刘元虹（2014）、王灿龙（2016）等，运用不同理论，从不同角度不同方面对"有+NP"进行研究，取得了丰硕的成果。

关于"有+VP"的研究，以论证"有+VP"和"有"的来源为主，兼谈与"没"字的对称性问题。对于"有VP"的用法，从语言发展外部动因来看："有+VP"在我国南方方言中是惯常性用法，对于该结构在方言中进行研究的学者有郑懿德（1985）、黄伯荣（1996）、施其生（1996）、刁晏斌（1998）、郑敏惠（2009）、陈前瑞、王继红（2010）。宋金兰（1994）经研究发现，殷墟甲骨文中就存在"有"作为体助词的用法，她认为闽方言"有+VP"用法是古汉语遗留。王国栓、马庆株（2008）指出，在普通话中"有+VP"的用法很有可能是来自粤语。从语言发展内部因素来考虑，石毓智（2004）、董秀芳（2004）、王森、王毅、姜丽（2006）、郭中（2012）等认为，"有+VP"与"有没有+VP"作为助动词的用法密切相关，普通话中存在"没（有）+VP"但不存在"有+VP"，这种空缺现象触发了"有+VP"用法在普通话中的扩展。

关于"有+数量结构"的研究，以考察"有"字的功能属性和整体结构特点为主。主要有：邝霞（2000）、杨永龙（2011）、温锁林（2012）、宗守云（2013）、王明月（2014）、庞加光（2015）等。

二 "没（有）"的组构研究

用否定标记"没"或"不"进行否定是汉语中最典型的否定用法（石毓智，2001）。而"没"是"有"的专用否定词，属同一范畴内的肯定与否定，是本课题研究的重点。在汉语语法学界，用传统语法学理论来分析，名词前的"没"是动词，动词前的"没"是副词（吕叔湘，1980）；用结构主义语言学理论来分析，名词和动词前的"没"都是动词（朱德熙，1982）。无论"没"的词性如何，其后接成分是不同的，主要分为两类：体词性成分和谓词性成分。并且，后接体词性用法晚于后接谓词性用法，前者始见于南宋（吴福祥，1995），而后者大约出现在元明时期（太田辰夫，1987）、（孙锡信，1992）。下面我们按照"没"与两类成分的不同组构情况，将学者们的研究成果划分为"没（有）+NP"的研究和"没（有）+VP"的研究两类。

关于"没（有）+NP"的研究：吕叔湘（1981：237）认为后加名词性成分的"没"是动词，相当于古汉语的"无"。石毓智

(1992)指出，凡是可数的名词都是非定量的，可以用"没"否定；凡是不可数的是定量的，都不能用"没"否定。石毓智（2000）接着就"没"的语法化环境展开讨论，认为"没+NP"的用法存在于"没+VP"之前，前者的"没"动词典型特征退化后，才衍生出了否定式语法标记的用法。蒋静（2003）就"没"字比较句进行研究，分析"没有"和"不如""不比"的区别。张谊生（2006）指出"没"用于主观减量，可标示表时间或量度标识的词语。尚国文（2010）从认知角度分析"没+NP"，得出该结构表"零量""不足量"以及"少量"三类广义的量，其中每种量性特征是由名词性结构所表征或激活的量范畴来决定的。邵敬敏和袁志刚（2010）认为"没A没B"结构具有语义增值且具有贬义倾向。方清明（2014）对"没+抽象名词"作为应答标记的情况进行了研究。经侯瑞芬（2016）对比，"不"与"没"的主要区别是"性质否定"和"存现否定"。方绪军（2017）考察了"不是不X"和"不是没X"两种否定结构表达语义否定和语用否定的区别。华树君（2018）分析了构式"没+NP"的句法、语义及语用特征，并探讨了构式义形成的机制。

关于"没（有）+VP"的研究：黎锦熙（1924：163）讨论了"没（有）"作为否定副词的用法。吕叔湘（1981：238）认为后加谓词性成分的"没"，否定动作状态已经发生，相当于古汉语的"未"。春范（1980）首先就"没+VP"形式进行探讨，他认为否定副词"不"和"没（有）"的区别为前者否定将来，后者否定过去。李晓琪（1981）则进一步指出，"不"还表主观，而"没"表客观。石毓智、李讷（2000）从"没"历时的视角去考察由否定名词向否定动词转化的语法化路径。张谊生（2006）认为在"没+VP"结构中，"没""不""好"成为标记词的主要原因是受主观化的影响。侯国金（2008）认为"非合意性"是"差一点+（没）V"构式中"V"的语用核心。王世凯（2011）用非终结图式与渐次扫描的方式来研究"没完没了地VP"结构。鲁承发（2018）从语用角度探讨了"差点儿（没）VP"的形式和语义间不对称的情况。

三 "有"和"没（有）"的共现研究

学界关于"有"和"没"共现现象的研究，以"有没有"为主，邝霞（2000）对作为反复问句形式标记的"有没有"进行定量研究；董秀芳认为，作为疑问标记的"有没有"可以分为正反重叠形式的实义动词和助动词两种情况；王森、王毅、姜丽（2006）对"有没有+VP"句式在普通话中的用法进行了考察，并讨论其相关成分"有+VP"和"没+VP"的结构和用法；郭中（2012）认为"有没有"结构具有肯定求证和确认两类功能。此外，关于"有""没"对举结构式的研究，如罗文娟（2011）考察了"有 A 没 B"，张岩（2016）就现代汉语"有一 X 量没一 X 量"格式进行了分析。

四 以往研究的不足

从上述研究成果可以看出，学界对于肯定形式"有"和否定形式"没"组配的相关研究日益深入，学者对于该语言现象的关注程度也逐年提升。由语言学界先贤提出相关语言现象，到众学者对相关语言现象进行个案分析、比较探究、功能演变钻研，运用多种理论，全方位、多角度地进行研究，把"有""没"组配的研究推向了一定的高度。但是，学界关于"有""没"组配的研究仍存在一些不足之处：第一，虽然该现象已研究多年，但学者扎堆就个别形式进行探讨的现象尤为显著，缺乏整体性和系统性的研究，难免管中窥豹可见一斑；第二，"有"和"没"是位于同一范畴内的肯定与否定，多数研究成果仅探索"有"或"没"其中之一的组构现象，割裂了二者之间互为依托的关系；第三，在汉语语法学界，多数学者虽对"有""没"不对称现象有所提及，但仅有少数学者做过简单论述，并未进行专项研究，更未挖掘其中的动因或机制。

因此，"有""没"组构所表现的不对称现象，亟待系统性、理论性的探索。由于"有""没"的肯定和否定功能属统一范畴，考察不对称性必须充分考虑其正反两方面的表现，这对于学界以往对"有""没"单方面的研究起到了有益的补充，能够通过对肯定、否定范畴内部的整体性考察，来论证导致不对称现象某一方面的原因。

五 需要解决的问题

"有""没"不对称现象的提出由来已久，但一直以来并未得到真正的解决。其组配不对称的外在表现是"有""没"组配对象不一致，造成这种现象的原因主要有两点：一是肯定形式"有"与否定形式"没"自身的功能特征不同；二是不同的组配对象具有不同的属性特点，与"有/没"组配的对应性也有所不同。其共现不对称的内部表现是：同一结构形式下可根据功能特征或逻辑关系划分出不同的结构类型，每种类型的语义或语用倾向性有所不同，有的倾向于肯定形式的"有"，有的倾向于否定形式的"没"。

针对"有""没"组配的不对称性，本文试图解决以下问题：

1. 在惯常性语境下，"有"与名词性成分进行组构，哪些名词性成分可以进入，哪些不能进入？"有/没"与名词性成分组配不对称的关键之处何在，导致其不对称的深层原因是什么？有些名词性成分进入"有＋NP"结构会产生正向偏移，有些则会产生负向偏移，导致词性偏移的原因是什么？

2. "有"的否定形式"没"与名词性成分组配具有哪些特殊的功能？

3. 表比较的"有"和"没"存在不对称现象，导致这种不对称现象的原因是什么？与"有/没"相关，还是与形容词有关？

4. "有"和"没"共现的形式，如"有没有""有Ｘ没Ｘ"其语用功能如何？内部又是怎样的逻辑语义关系？在共现情况下，"有""没"不对称的表现可分为哪几种类型？

5. 造成以上种种不对称现象的制约机制或动因是什么？是什么导致了这种不对称现象的发生？

第四节　研究现象及理论

对称性和不对称性在宏观和微观世界中是普遍存在的。一直以来，人类关于事物对称性的研究涉及自然科学及社会科学领域的方方面面。对称是相对于不对称而言的，在自然界中，绝对对称的事物是极为罕见的，不对称现象则存在于世界万象之中。李政道（2000：21—25）率先提出，"所有对称原理均源于某些基本量是'不可观测量'，而任何不对称性的发现必定意味着存在有某种'可观测量'，因为所有的对称原理均基于下述假设：某些基本量是不可能观察到的，这些量被称为'不可观测量'，反之，只要是当某个不可观测量变成可观测量，那么就有对称性的破坏。"在现代汉语中也是如此，肯定形式"有"和否定形式"没"，其形式是对称的，可以称之为"相对的不可观测量"，但将其放入具体的语言环境中，受到其他因素的影响，被赋予了实际的言语功能，通过对比分析我们发现其间存在许多不对称现象，因此可以说是由"不可观测量"变为了"可观测量"，从而使我们能够对其进行比较分析，探寻规律并加以解释。

一　不对称现象

语言中存在的不对称现象是在客观现实中普遍存在的不对称现象的表现之一。在语言学领域，关于不对称现象的研究较早地运用于语音学，布拉格学派的代表人物之一——雅各布逊（R. Jakobson，1896—1952）曾提出清辅音和浊辅音对立的特征：/P/和/b/、/t/和/d/、/k/和/g/对立，由于其分布的环境不同，对立中有不对称的现象。继而，Pierce（1955）和 Haiman（1985）从功能认知的角度出发，提出了对称象似性（symmetric iconicity）理论（资中勇，2005）。

现代汉语普通话的音系中,声韵的配合规律存在着不对称性。吕叔湘(1984)、文炼(1990)、朱德熙(1982)曾指出语言单位的不对称现象,如"前"与"后"、"关"与"开"不对称等;构词方面同样存在不对称现象,如有"卖品"无"*买品"、有"左撇子"无"*右撇子"、有"深呼吸"无"*浅呼吸"等;句法方面的不对称现象,如名词做主语和宾语分布状况的不对称;动词在主动句和被动句的分布不对称;形容词的简单形式和复杂形势不对称等。紧随其后,汉语学界对于语言现象不对称的研究一发而不可收,关于句法的对称性研究主要有:张德岁(2011)、崔维真(2013)、宁春岩(2002)、施春宏(2015)等;关于结构的对称性研究主要有:周荐(1991)、殷志平(2004)、白丽芳(2006)、陈一(2008)、胡云晚、于晓燕(2012)、崔维珍、齐沪扬(2014)、周红(2015)、文旭、丁芳芳(2017)、温锁林(2018)等;关于相反/相对词的对称性研究主要有:童晓娥(2009)、李思旭、于辉荣(2012)、周静(2006)、金美顺(2009)等。由上述文献可知,汉语语言学界对于不对称现象研究的关注点是在语法结构形式搭配上,其外在表现是语用及句法的不对称,其内在原因是语义功能上的不均衡性。总的来说,有关不对称现象的研究可概括为:当二元对立时,其形式结构组配(适配)范围的差异所呈现其功能的不对称性。

二 肯定与否定的不对称

肯定与否定这对语法范畴在汉语中与许多语法现象关系紧密,因此一直以来是语法研究的热点。朱德熙(1959)、吕叔湘(1980、1985)先后就肯定与否定结构的个案进行研究。Horn(1989)针对肯定与否定语义上的不对称性概括出九个方面。张伯江(1996)继吕文之后提出了否定形式连用的强化功效。沈家煊(1999)用标记论对肯定与否定的不对称性做了深入的研究,并从认知语言学的角度做出解释,他认为相对于肯定句来说否定句是有标记的。石毓智(2001)也就此提出了自然语言中的肯定与否定公理,即:在否定结构中仅能用语义程度极小的词语，在肯定结构中仅能用语义程度极大的词语，而对于语义程度居中的词语来说，既可以用在肯定结构中也可以用在否定中。以此为基准，石文对现代汉语中的动词、名词、形容词及多种语言结构、形式的语义变异、语义的标记性等进行了深入细致的研究。随后，关于肯定和否定的语义及语用功能研究逐渐增多。戴耀晶（2000）从质和量的角度来解释肯定和否定的不对称现象，并进一步指出，在汉语的实际语料中，肯定句和相应的否定存在形式语义上都不平行的现象（戴耀晶 2004）。储泽祥（2005）发现在否定式里，动词在时量成分前面，肯定式则与之相反。接着，袁毓林（2013）、钟书能、刘爽（2015）也对该问题进行探讨。沈家煊（2010）通过分析英汉"有"和"是"的否定，得出不同语种间肯定与否定的不对称性。张新华、张和友（2013）探讨了否定词的来源和功能的分化问题。与此类研究相关的学者还有崔维真、齐沪扬（2014）、左思民（2014）、白鸽、刘丹青（2016）等。在语法领域，关于肯定与否定形式的研究不胜枚举，上述文献或多或少与肯定形式"有"和否定形式"没"相关，而且其中多数对对称性问题有所涉及。

三 标记理论

标记理论曾经是结构主义语言学的重要理论之一，该理论是研究不对称现象的关键工具，能够对语言中二元对立现象所存在的不同成分进行有效区分。该理论广泛适用于语言分析的各个层面，如语音、句法、语义、语用、心理语言学、社会语言学等多个领域。标记理论的发展经历了国外语言学家的创造、发展和国内语言学家的传承、应用两个方面。

布拉格学派的特鲁别茨柯依（N. Trubetzkoy）最初创立了传统标记理论的概念，主要是应用于音位的对立性特征。其中，N. Trubetzkoy（1931，1939）主张三种对立：缺值对立（privative opposition）、级差对立（gradual opposition）、等值对立（equipollent opposition），而后由雅柯布逊 R. Jakobson（1932，1939）引入词汇和语法领域，他主张一种对立模式，即二元对立模式。在此之后，由乔姆斯基和哈勒等对音位标记理论进行了改进，又经过当代语义及语用学家的努力把标记理论推广到语言研究的各个层面。

在国内语言学研究中，标记理论首先被文炼（1990）应用到汉语语言现象的分析之中，并发现反义形容词的对立性特征存在不对称现象。张国宪（1995）接着就反义词进行归类，分析多类反义词的不对称现象。石毓智（1996）对形容词的量级特征进行了细致地阐释，并详述了有标记及无标记的用法。沈家煊（1999）则对不对称现象进行了更为广泛全面地考察，他认为语言中所谓的标记现象（markedness）就是指某个范畴内部存在的不对称性，并就不同种类反义词的标记问题提出了"关联标记"的模式。此后，标记理论在有关语言不对称现象的解释中运用得更为全面、深入。总而言之，标记理论的主导思想体现的是对立项之间的区别关系或肯否关系，相较于有标记项而言，无标记项的适用性和分布范围更为宽泛。

第五节 研究思路及方法

一 研究思路

"有/没"组构的不对称及共现现象主要分为三类：第一类是有些名词性成分只能与肯定形式"有"或否定形式"没"其中之一进行组配，表现为形式上的不对称；第二类是与"有/没"组构名词性成分相同，但与"有/没"结合后整体结构的功能会发生变化，表现为结构功能的不对称；第三类是"有"与"没"共现时，在不同的语用环境中，语义倾向有所不同。

第一类"有/没"组构的不对称性一是与肯定形式"有"与否定形式"没"自身的特性有关，二是与所组构对象的属性有关。根据对所组构对象的考察与分析，可得出与之搭配的程度量级特征，数量量级特征等不同的功能属性。此外，还涉及重新分析、类推及语言接触或社会心理等因素，导致了"有""没"功能的演化。

第二类不对称现象是"有/没"与组配对象整体结构形式的表义及语用方式有关。需要深入挖掘组构成分的语义特征与"有/没"之间的关联，探寻其所在的语用环境，通过语义及语篇的分析，找到语义偏移的制约因素，并用相关理论进行解释。

第三类不对称现象是当"有"与"没"共现时，在相应的句法环境中呈现出的不对称。具体表现为肯定形式"有"与否定形式"没"共现时的肯否对称性及肯否不对称性（偏向于肯定或否定）。造成该现象的原因与语境、句式特征、主观倾向、语用意图等因素有关。从共时与历时两个层面进行分析，首先对共现现象的整体结构进行分类分析，然后针对不同情况进行针对性系统性地解释。

本书从不对称角度对"有/没"相关语法现象进行考察，较为全面系统地梳理与"有/没"组配的有关问题，由个案分析到肯定与否定的总体对比，改变了以往片面的研究方式。注重形式与功能之间的联系，由现象看本质，从而发掘导致不对称现象产生的本质及内在动因。通过各类不对称现象的比较，总结归纳出"有/没"组配功能的不同表现、搭配成分之间的差异、认知倾向的区别等。

二 研究方法

本书的研究对象是肯定与否定形式的不对称，不对称本身是语言现象的一种有效分析方法，通过对相关语言现象的描写，找到区别并进行分析，从而得出结论。标记理论是不对称现象研究的有力工具，能够对有标记和无标记现象进行区分。除此之外，还要从句法、语义及语用层面对"有""没"组配的不对称现象进行全面解释。具体研究方法主要有以下几种：

1. 比较研究法

第一，对"有""没"与相关对象组配的二元对立形式进行对称/不对称的比较研究；第二，对在不同语境下的"有""没"共现形式所呈现的不同语用功能或语义倾向的结构进行多元对立的比较研究。通过对两个或两个以上有联系又有区别的形式进行比较分析，来探寻普遍规律和特殊规律。

2. 个案分析与整体研究相结合

对于"有"或"没"与其他成分的组构形式，可先选取较有代表性的个案分别进行详细解析，以点带面地揭示所有具相同功能的类属语例，而后再对比"有 + X"与"没 + X"的功能差异，以研究其不对称之共性。

3. 演绎与解释相结合

该课题的研究总体采取演绎与解释相结合的研究方法。首先，摆明不对称现象的表现，并指出其具体原因，并提出假设。然后，以此为基础对该语言现象进行观察和分析，并作出相应的解释。

4. 形式描写与语义分析相结合

在例句的分析中，采用转换、平行代替、扩展、紧缩、添加等分析方法，对不对称的形式表现进行描写，为语义分析提供依据。

第六节　语料来源

"有"字句和"没"字句由于在书面语体和口语语体中都较为常见，因此语料极为丰富。鉴于语料的系统性、可操作性和权威性，本书语料选取范围如下：

1. 三大语料库

本书语料主要来源于三大语料库，即北京大学中国语言学研究中心 CCL 语料库（现代汉语语料库和古代汉语语料库）、北京语言大学 BCC 语料库（现代汉语语料库和古代汉语语料库）、国家语委语料库在线（现代汉语语料库和古代汉语语料库）。以选取三大语料库的现代汉语语料为主，古代汉语语料为辅。

2. 辞书

少量例句来源于《现代汉语词典》（第 7 版）、《汉语大词典》（第二版）、《现代汉语规范词典》（第三版）、《现代汉语辞海》（全新版）、《辞源》（第 3 版）、《辞海》（第六版典藏本）、《新华字典》（第十一版）等辞书中的典型用例。

3. 网络语料

本书还有少量语料来源于微博和百度、谷歌等搜索引擎。

书中大多数有来源的例句均标明出处，凡未标明出处的例句是作者本人结合语感与客观语言事实内省而得出的。

第 二 章

"有/没"组构的不对称及共现现象概述

"有（have）"是世界语言中普遍存在的异类多义词（吴福祥，2011）。"有"的词汇意义和语法功能较为丰富，如"有"可表示领有（他有圆珠笔）、具有（他有才华）和存现（山坡上有一群羊），以及估量或比较（小明有他爸爸那么高了）。以上是"有"作为谓语动词的用法，可称为"有"字肯定句。与之相对的否定形式"没（有）"在否定领有、具有、存现、比较的"有"字句时，在句法、语义和语用层面会出现许多不对称的现象。除此之外，汉语中还存在"有"和"没（有）"共现的形式，如"有没有"和"有 X 没 X"等，虽共现但内部语义倾向及外在功能表现不尽相同，肯定形式"有"和否定形式"没"仍存在不对称性。本书的研究即围绕两个方面展开：一是"有"或"没（有）"在句中与名词性成分组构的不对称；二是"有"和"没（有）"共现时的功能特征以及语义及语用倾向上的不对称。

第一节 "有/没"组构的不对称现象

一 不对称的含义

对称（Symmetry）和不对称（Asymmetry）在自然界和人类社会中是普遍存在的一对概念。一般来说，"不对称"包括对称和不对称两个方面。正如沈家煊先生（1999：1）在《不对称和标记论》中所提出的，正因为讲不对称时总是预示着对称，为了行文的便利，我们将用"不对称"来兼指"对称和不对称"。李政道（2000）通过自然科学物理领域的研究，发现对称是相对的，而不对称是绝对的，对称的形态一经出现很快就会被不对称所打破。相对于对称的现象普遍存在，而不对称现象更是大量存在于人们的日常生活中。语言是人类在日常生活中进行交流的载体，同样也不例外，对称及不对称现象存在于语言系统中的各个层面，其中涵盖语音系统、词汇系统、语法系统（句法层面、语义层面、语用层面）多方面的不对称。

吕叔湘（1942）在《中国文法要略》中专文指出语言中存在诸多不对称现象，并在《语文杂记》（1984a：73）中提到"大"与"小"一对反义词在构词层面的不对称性，一般是有"大"必有"小"，如"大人物、小人物""大年、小年""大数、小数""大米、小米""大暑、小暑""大学、小学""大城市、小城市"等，但也有很多只有"大"没有"小"的情况，如"大水""大火""大杂院""大自然""大团圆""大粪""大衣""大楼"等。

汉语是以表义为中心的语言，英语是以形式的表达来体现形态的变化。汉语以意为先，以语义逻辑为纽带将这些信息节串联起来，为"意和"（parataxis）语言；英语受主谓结构的约束，是以形驭意的信息传递模式，为"形和"（hypotaxis）语言（李靖民，2012）。通过英语译文所体现的不同组构方式，能够更直观地体现出汉语同一形式表达多重语义的特点，以及其内部不同的语义关联所体现出的不对称特征。

再比如与之相应的肯定形式"有"与否定形式"没"组构而成的词语，"有文化"与"没文化"、"有钱"与"没钱"，在汉语中看似一对对称的形式，其英文的表达方式却不一致①：

有文化/没文化：cultured　　　not educated /no educated
　　　　　　　　　　　　　　＊not educated /＊no educated
有钱/没钱：rich　　　　　　　no money
　　　　　　　　　　　　　　＊not rich

"有文化"也就是具有学识修养的，可以做定语，比如"有文化的人"，"有文化"是形容词性短语，对应的英文形容词是"cultured"，"没文化"的否定形式可以是"no/not + 形容词"，作为否定性短语来理解，不会产生语义增值。"有钱"在汉语中既可以表存现，如"钱包里有钱"，也可以指领属表示钱多或富裕，表领属的大量义用法更为多见，所以一般情况下会把"有钱"一词译为"rich"，在英文中其反义词是"poor"，但在汉语中"没钱"一般指存现也就是"no money"。

二　组构的不对称现象范围界定

"有""没"与其他成分组构的不对称，一般是指与名词性成分进行组构的不对称现象。而"有+名词性成分"与"没+名词性成分"不对称的关键是进行组构的"名词性成分"不同。当"名词性成分"是具体名词且表存现义时，被"有"肯定或被"没"否定是对称的，例如：

（1）这里的情景可以说是河内市场的缩影。在此出售的<u>有</u>

---

① 利用 Google 翻译官网上提供的中英文对译平台进行翻译所得出的结果进行分析，来确定有些中英文表义方式的不同。

肉、大米、蔬菜、水果以及日用小百货等。(《人民日报》1986年10月28日)

(2) 卖肉的师傅无可奈何地说："我实在是没肉卖了，连猪骨头都卖光了！"与排队相连的是票。(《人民日报》1996年11月22日)

(3) 一口气挑到莲花堡，赵队长门前放下两筐锄。耳听得屋里有人正讲话，听声音正是队长赵孟书。(《人民日报》1963年6月5日)

(4) 说话间，到了芦花滩了。铁柱把我领进屋，屋里没人。捕鱼组下河了，严传公老人也不在。(《人民日报》1964年11月7日)

(5) 1972年，新加坡旅游局给总理李光耀打了一份报告，大意是说，我们新加坡不像埃及有金字塔，不像中国有长城，不像日本有富士山。[《人民日报》(海外版) 2003年7月12日]

(6) 新加坡没有金字塔、没有长城，但他们却利用一年四季直射的阳光，种花植草改善城市环境，使之成为小有名气的"花园城市"。[《人民日报》(海外版) 2003年7月12日]

当"名词性成分"是抽象名词时，情况就复杂许多，既有对称的，也有不对称的，其不对称性主要体现为：有些是语义倾向上的不对称，有些是表义功能和语用方面的不对称。例如：

(7) 正如诺贝尔经济学奖获得者罗纳德·科斯生前所说："经济学已经成为一种飘浮在半空中的理论体系，它与真实世界中所发生的事情很少有关系"。(《人民日报》2016年11月21日)

(8) 周书记是村两委里最穷的一个，也是最慷慨的一个，他总是跟我说"做人做义气，跟钱没关系"。(《人民日报》2016年10月24日)

例（7）、例（8）两例"有关系""没关系"中的"关系"对应的义项相同①，二者的肯定与否定关系是对称的。

（9）我们这里现在柴油供应中的不正之风相当严重，<u>有关系</u>、有"后门"的人，可以成吨成吨地买，转手高价出售。（《人民日报》1983年5月23日）

（10）老奶奶倒并无责备的意思，和蔼地笑着对我点了点头，连跟我说"<u>没关系</u>"。[《人民日报》（海外版）2016年4月7日]

例（9）、例（10）两例中"关系"的肯定与否定形式对应的义项不同，二者是不对称的。例（9）的"有关系"是指以钻营私利为目的而建立的某种联系，倾向贬义色彩。例（10）的"没关系"是指不要紧、不用顾虑（《现代汉语词典》第7版：880），该语义没有对应的肯定形式，如任何"有关系"都不能表达要紧或顾虑的语义。

作为动词的"有"在现代汉语中除了表示"领有、拥有、存在"的义项外，还有表示"性质或数量达到某种程度"的用法，该用法的"有"只出现于两种句法环境：一种是用在"有+（那么）+形容词"结构中，用于比较，表示相似，如"弟弟有哥哥那么高"；另一种是用在"有+数量结构"中，表示达到这个数量，如"这棵树有二三十米高"（温锁林，2012）。温文所总结"有"字句这两种句法环境实属一种用法，因为表比较的"有"字句是以实物作为量度

---

① 在《现代汉语大词典》中"关系"有八个义项，分别是①动词，关联、牵涉义；②名词，对有关事物的牵涉或影响，常和"有""没有"连用；③名词，事物之间相互作用、相互联系的状态；④名词，人和人或人和事物之间某种性质的联系；⑤名词，泛指原因条件等；⑥指组织关系及其证明材料；⑦指以钻营私利为目的所建立的个人之间或单位之间的某种联系；⑧指男女性爱方面的情事。参见《现代汉语大辞典》，汉语大词典出版社2000年版，第411页。其中例（7）、例（8）对应义项4；例（9）对应义项7，而例（10）对应义项2。

进行参照的，与"有+数量结构"表义功能类似。杨永龙（2011）认为"有+数量形"结构中的"数量形"应为名词性结构，因为一般情况下形容词不能作宾语，当"数量+形"结构充当宾语时，就可能变为一个整体结构，不应再看作是可被拆解的连谓结构。因此，"有"字比较句式也可以被视为"有+名词性成分"进行归类。

"有"和"没"字比较句同样存在着不对称现象。在形式上，表肯定的"有"字比较句与表否定的"没（没有）"字比较句看似对称，即都存在"有/没+NP+AP"形式，实际在意义和功能上并不完全对称，表现为比较结果项（形容词）的搭配有所不同，例如①：

(11) a. 弟弟有哥哥那么高。　b. 弟弟没哥哥那么高。
(12) a.*弟弟有哥哥那么矮。　b. 弟弟没哥哥那么矮。

例（11）a、b 句中的否定形式和肯定形式合法且一一对称，例（12）则不同，a、b 不对称，其中 a 的肯定用法不成立，而 b 则可作为有标记的否定句成立。从以上例句我们可以看到，正向形容词"高"既可用"有"字句，也可用于"没"字句；而负向形容词"矮"则仅能用于"没"字句。

以上"有""没"与名词性成分组构的不对称现象将是本文研究的出发点。

（一）"有"与名词性成分组构的研究

1. "有"与抽象名词组构的语义偏移

"有"与其他成分搭配的不对称现象以名词性成分为主，在名词性成分中以抽象名词的语义偏移最为明显，即便是具体名词也需要语义转移并且抽象化后才能与"有"结合发生语义变异。例如：

---

① 本章除已标明出处的例句外，其余例句均为自拟。

（13）据三年级 3 班的调查，5 名同学<u>有钱</u>1000 余元，有 500 元以上的有 13 名同学。(《人民日报》2000 年 2 月 4 日)

（14）她给他看了看样品。"让她给记在我们的账上。""行，妈妈。""回来时给我买点阿司匹林来。在走廊的花盆里<u>有钱</u>。"他找到了一个比索，便将二十个生太伏留下，只拿了这个比索。(胡安·鲁尔福《佩德罗·巴拉莫》)

（15）陈鼻做生意发了财，<u>有钱</u>。公社与银行说好了，把陈鼻的所有存款提了出来，有三万八千元呢！(莫言《蛙》)

（16）现在，大家都说："过去总看着资本家<u>有钱</u>、阔气。今天，我们认识了他们的钱是压榨剥削咱们工人得来的。还是咱们工人阶级光荣！"(《人民日报》1952 年 5 月 13 日)

例（13）和例（14）的"有钱"语义实指，例（13）是指具体的钱数，例（14）表示存现，指钱在某处，也是实指。而例（15）、例（16）的"有钱"的"钱"指的是"财富"，"有钱"是富裕的意思，可被副词"很、非常、挺、最"等修饰，表示的是大量义。

关于"有+抽象名词"的研究已有学者涉及，如贺阳（1994）考察了 3000 个名词，从中总结出在"程度副词+有+名词"结构中哪些名词能够进入该结构哪些不能进入，并列举了 183 个可进入该结构的名词；杨玉玲（2007）对"有"字结构的一些特殊用法进行了考察，认为它们的共同点是表数量多，是高于社会平均值的一种结构用法，并具有认知凸显性；温锁林（2010）对"有/没（有）"之后的名词进行研究，得出名词性状义的强弱是名词能否向形容词游移关键的结论，也就是"有+N"能否被程度副词修饰。刘丹青（2011）指出，"有"字自古以来就存在表多、表好的语义及语用倾向，有些训诂学家以"多""富"来解释"有"字，即在主观大量上说话人认为数量超出通常水准。李先银（2012）认为，抽象名词本身的存在样态决定它是否具有寄生性，不具有寄生性的主生抽象名词不能进入"有+N"格式，而具有寄生性的寄生抽象名词能进入"有＋N"格式，并指出"有＋抽象名词"获得隐喻容器关系默认的"大量义"，这种"大量义"是隐性的，没有量性标记，隐性的"大量义"使"有＋抽象名词"具有区别性，很容易属性化并且形容词化，从而再受程度副词的修饰。"有＋抽象名词"在很多情况下的确表示程度高，大量义，例如：

（17）我发现他是一个很<u>有思想</u>的人，他像水手的性格也为他增加了魅力。（叶芝《神秘邮件》）

（18）曹老告知部里，他郑重推荐一个很有思想很<u>有能力</u>的女医生，来参加夺标。（毕淑敏《预约财富》）

（19）我们还观看了爱斯基摩狗表演，那些狗个头很大，很<u>有力气</u>。[《人民日报》（海外版）2015年11月30日]

（20）周老太太气得颤巍巍地说："这也没有用。妈要跟他讲理是讲不通的。枚儿的事情又是这样。便硬要接一个<u>有脾气</u>的媳妇进来。我就没有见过这样的书呆子！"（巴金《秋》）

汉语学界关于"有＋名词"结构的研究范围大多局限在表好、表多的正向偏移范畴之内，这主要是与领有动词"有"字固有的语义倾向有关。先秦汉语中就有正向偏移的"有＋NP"结构，如"有年"指年景好、大丰收，"有民"指人口多而且繁盛，语义上一般偏向正向的期待（温锁林，2012）。而对于"有＋名词"结构负向语义偏移的专项研究为数较少，尚缺乏深入系统的研究。例如：

（21）这个颇<u>有城府</u>的女人也会如此流露感情，实在令凯蒂困窘不已。（毛姆《面纱》）

（22）我没养成称呼"爸爸"的习惯，一直坚持称呼"老师"，对此我老婆很<u>有意见</u>，幸好他并不在意。（莫言《酒国》）

（23）小寒道："我才不为她担忧呢！她是多么<u>有手段</u>的人！我认识她多年了，我知道她，你别以为她是个天真的女孩

子!"(张爱玲《心经》)

(24) 张霁不动声色地说,"我对你有看法归有看法,我还得对你负责,你现在出去有危险。""去你妈的吧!"我终于按捺不住了。(王朔《橡皮人》)

(25) 尽管铁路部门竭力堵截洋烟的铁路通道,但暴利面前仍有勇夫,有心机的贩烟者为躲避沿途缉查,竟撬开车厢隔板藏匿洋烟。(《1994年报刊精选》)

关于"有+名词"结构发生正向或负向偏移现象需要明确的一点是,该结构中的名词必须是中性的,也就是说"有+名词"结构发生语义偏移需是不含任何褒贬义色彩名词的情况下发生的,否则其语义倾向就与"有+名词"结构无关。例如:

(26) 你看看这些日本矮子,一个个多有杀气,中国人哪里是这些矮子的对手!(王旭烽《茶人三部曲》)

(27) 神奇的主人好像还站在他面前,不曾离开他。这是全俄国第一个让他感到有智慧值得尊敬的人。(果戈理《死魂灵》)

例(26)、例(27)两例中的"杀气"和"智慧"本身就表贬义和褒义,进入"有+名词"结构后语义没有发生任何变化。这一类有明显语义倾向的名词在该结构中语义不会发生偏移,因此不在我们考察范围之列。

张伯江(1994)认为,抽象名词作为名词中的非典型成员很容易发生功能的游移,主要原因是抽象名词不是有形的实体,而是一种人们对于抽象事物的概括,其实体意义和性质意义之间并没有明确的界限,说话人常常只取其某种性质意义拿来使用。本文所讨论的"有"与名词性成分组构的不对称,是指当名词性成分为抽象名词时,所发生的语义偏移现象。我们的研究对象为负向偏移,如"有问题""有意见"以及相关的"有+名词"负向偏移现象。

2. "有""没"与量范畴有关名词性成分的组构

吕叔湘（1999：630）在《现代汉语八百词》曾经论述过"有+名词"可受"很、挺、最"等程度副词的修饰，表示评价，并指出"有"与有些名词跟结合，不用在其前面加程度副词，也能有程度深的意思。某些词项或语义结构并非只有一个意义，而是通过范畴化关系连接起来，构成了一个语义网络（Langacker，2000）。"有""没"与名词性成分组构的不对称现象由此可见一斑，除此之外，还有与"量"有关的名词性成分。石毓智（2009：156—159）把名词分为两类：一类是非定量名词，可用数量短语自由称数；一类是定量名词，不能用数量短语自由称数。接下来将要讨论"有/没+NP"，其名词性成分都是定量的，不能称数显示其抽象性特征。

李宇明（2000：30）认为，名词所具有的量性特征一般情况下表现为"可计数性"和"可量度性"两项特征。赖慧玲（2009）进一步提出前者属于物量范畴，后者属于级次量范畴，也就是不能被自由称数的范畴。如名词性成分"日子""会子""时日"，虽然表时间但不能用数量语来称数，不能说"*一日子、*两日子……""*一会子、*两会子……""*一时日、*两时日……"，例如：

(28) 王仙客居然跑出来了，嘴里叫道：孙老板，什么风把你吹来了？<u>有日子</u>没见了，快进来。（王小波《青铜时代》）

(29) <u>有会子</u>没来了，兄里姊妹们有想我的么。（百度贴吧，20131004）

(30) 秦王吭一声："我来问你，朕命你入海求仙多<u>有时日</u>，为何不见绩效，难道成心捉弄与朕不成？"（张炜《你在高原》）

这一类的名词性成分只能进入"有+NP"结构，不能进入"没+NP"结构，如"*没（有）日子""*没（有）会子""*没

（有）时日"。

与之相应的是,与时间量有关的名词性成分"多久""几天""两天"等,可进入"没+NP"结构,"没多久""没几天""没两天",例如:

(31) 这一个中午,吃过了午饭,我们去丹江玩了一会水,就爬上被村人称为光棍楼的魁星楼,<u>没多久</u>便呼呼睡着了……(贾平凹《我是农民》)

(32) 原来,两人从见面起<u>没几天</u>就好上了,现在都好几个月了,我们居然还皮毛不知。(麦家《暗算》)

(33) 世钧向来不叫她什么的,只向她起了一起身,正着脸色道:"刚回来<u>没两天</u>,这姨太太已经是个半老徐娘了"。(张爱玲《半生缘》)

如强行进入"有+NP"结构的话,语义就不再指与主观小量义对应的大量义,而是实指义,如"有多久""有几天""有两天"。

(二)"没"与名词性成分组构的话语功能

在功能语言学研究的背景之下,话语互动的研究在海内外已悄然兴起,为基于"没"字否定应答语的研究提供了契机。关于这类否定应答形式的研究,国外学者早有涉及:比较有代表性的有 Horn(1985,2002,2011)所作的一系列代表性作品[1];Schneider(2005)、Andor József(2009:153-164)对英国、美国、爱尔兰三国英语中"No problem"以及相关应答语进行了细致的研究;Searle,J.(1976)指出允诺、答应等具体应答言语行为属于有限的实现范畴。

"没"与有些名词性成分组构可以表达特殊的语用功能,该功能是其肯定形式"有"所不具备的。这类形式实例广泛存在并在汉语

---

[1] 转引自叶文曦《交际互动和汉语的否定表达》,《现代外语》2018年第4期。

口语会话中高频使用，例如：没关系、没劲儿、没事儿、没影儿、没边儿、没问题、没辙、没说的、没必要等。以上名词性成分的属性都是抽象的，是抽象名词。

方清明（2014）考察汉语口语里由"没+抽象名词"构成的应答标记，主要涉及"没问题、没关系、没事儿"三个语用标记。"没问题"当作请求策略使用；"没关系"主要用来回应对方的道歉；"没事儿"用在非正式的场合中，在语用特点上容易与对方拉近距离。叶文曦（2018）探讨了否定表达式成立的语用条件，并认为否定是不同话轮之间产生关联的重要手段，并认为否定的表达具有明确的"意向性"因素，主要反映了言者的目的和意图，要求收到某种语用效果。"没"与抽象名词性成分搭配具有特殊的人际交互功能和篇章功能，例如：

(34) 演员甲：会的，殿下。
哈：我们明晚就听这出戏。若有必要，你能否穿插我写的一段于此剧，大约十二到十六行字？
演员甲：<u>没问题</u>，殿下。
哈：好极了！（莎士比亚《哈姆雷特——王子复仇记》）

(35) "我想彭大叔不会介意的。"他说。
"<u>没关系</u>。"老彭用尖细的嗓音说。他站起来走向卧室。
"如果你喜欢，可以睡我的床。对小姐来说也许不够干净。"
（林语堂《风声鹤唳》）

(36) 李老师点出戏名来。"那是老古董，现在不准唱！"
珍珠说。"<u>没事儿</u>。"
李老师坚持说，"放学了，谁也听不见，我们一听就完了。"
说罢，已经拉响板胡，开始了悠扬的"过门"音乐。

珍珠唱起来：耳听得谯楼上起了更点，小舟内，难坏了胡氏凤莲。（陈忠实《珍珠》）

（37）"男的不叫'开苞'那叫童男子。行呀，老章，你他妈样样都是真格的，连那玩意儿都是原装货！说吧，你需要啥，包在我身上！"我开门见山地向他说了我的打算。
"<u>没说的</u>！"他拍拍胸脯。"我去找曹学义。他要不批，我让他尝尝全场北京青年这帮哥儿们的厉害！这些'丫亭'还不知道，北京连老战犯都释放了哩！"（张贤亮《男人的一半是女人》）

在会话互动过程中，否定表达结构"没+名词性成分"处在前后话轮之中，而且是相对的，该结构既可以作为前一话轮的后话轮，也可以作为后一话轮的前话轮，因此可以从话语功能和序列位置的对应情况进行考察，探寻话语表达的"立场""意向性""目的"等因素，以至探求其机制和动因。

（三）"有""没"比较句的不对称

在语言系统中普遍存在着不对称现象，"有""没"比较句式也不例外。董祥冬（2015）论证"有"字句式结构的衍化以及动词"有"的功能变化、语义扩张关系是"领属义→涉量义→比较义"[①]，从历时的角度来看，其引申关系具有承继性。因此，除"有"字句的"领属"与"存现"语义类型外，还可以表示"达到某种量度或程度"的比较义。由此可见，可表估量或比较的"有"字义是其本

[①] 董祥冬（2015）的研究将"有"字领属句按照典型性分为：持久领属＞短时领属＞不可让度领属、无生可让度领属＞抽象领属＞无生不可让度领属，并认为动词"有"的语义从左至右逐渐泛化，所表达的领属义变得异常宽泛。所以，数量成分就有了进入"有"字领属句的可能性，而后逐渐发展出了"有"字涉量句。"有"字涉量句的出现使"有"字句有了量的标准，两个量之间可以进行比较，因此，"有"字比较句应运而生。

义的延伸。

关于"有"字比较句的用法，丁声树（1961）、吕叔湘（1981）、朱德熙（1982）等曾有所提及，温锁林（2012）将该类"有"字句（本章后文所讲的"有"字句都表比较）分为两种：一是表比较，二是表达到某数量，并针对"有"的第二种功能进行讨论。对于表比较的"有"字句，学界主要有胡裕树（1961）、詹开第（1981）、刘月华（1983）、宋玉柱（1987）、曹炜（1987）、张豫峰（1999）、刘苏乔（2002）等做过专门的研究，其中有些学者将"没（有）"字比较句作为"有"字比较句的否定式统一处理；对于"没"字比较句的专项研究者主要有史有为（1994）和杨惠芬（1998）。虽然学界对于该类句式的研究有一些见地，但并未深入发掘"有""没"比较句的不对称现象。例如：

（38）张三有李四那么高。
（39）张三没李四那么高。
（40）张三没李四那么矮。
（41）*张三有李四那么矮。

对于该句式的研究主要涉及"NP + 有 + NP +（那么）AP"和"NP + 没 + NP +（那么）AP"两个句式，通过对比较主体（张三）、比较客体（李四）、量度词（高）和程度指代成分（那么）的分析，试图探寻其不对称的根本原因，从比较句非对称性的角度来解释"有"和"没"各自功能与量度词的搭配情况。

第二节 "有""没"的共现现象

本书后半部分涉及的"有""没"共现现象，虽说是共现，并且作为一个整体结构或框式结构灵活运用，但也并非对称的。

与"有""没"组构的不对称现象有所不同,"有""没"共现时的不对称现象相对来说较为隐晦,需要将其放入相应的句法环境中才能对其形式和功能进行细致的分析,然后根据所呈现功能的不同,对"有"与"没(有)"的共现情况进行细致的划分,从划分结果中能够得到共现时"有"与"没(有)"主观倾向上的不对称,表现为在不同句式中语义侧重点不同,在有些句法或语用环境中语义偏向于肯定的"有",有些语义则偏向于否定的"没"。"有""没"共现研究的主要目的是厘清"有""没(有)"共现时所在句的功能类别,在分析功能类别的同时,找到"有"与"没"不对称的深层动因。

本书关于"有""没"共现现象的研究主要分为下面两类。

一 "有没有"疑问句式

在现代汉语中,当肯定形式"有"与否定形式"没有"共现时,其所在句一般是具有疑问语气的,也就是疑问句。在这类句式环境下,对"有"和"没有"不对称的研究当以"有没有"疑问句入手。

"有没有"疑问句从表层形式上来看属正反问句,然而在不同的语用环境中具有不同的功能类别。对于该类句式的研究前贤学者们已有所涉及。吕叔湘(1942)将具有疑问语气成分的句子分为三类:一是询问句,有疑且问;二是反诘句,有疑问之形而无疑问之实;三是测度句,介于疑信之间。邵敬敏(1996)提出,疑而询问,是疑问句;无疑而问是反问句;疑而不问,是猜测句。徐盛桓(1999)也认为,疑问句可以有疑而问,也可以无疑而问,在有疑而问中还存在猜测而问。在有疑问语气成分的句子中,以上三位学者均认为疑信之间存有疑而不问的一类。

此外,邢福义(1990)、邝霞(2000)、董秀芳(2004)、王森等(2006)、孙瑞、李丽红(2015)等对"有没有"问句做过深入的分析,指出其间存在不同的类别和功能。以上研究各具特色,但都未能明确指出"有没有"疑问句的内部类别及其间的关系。按照吕叔湘先生的提法,"有没有"疑问句从功能类型来看可分为三类,那么这三种问句类型之间的关系是什么样的呢?

以上研究表明,"有没有"问句形式多样,其中有些类型仅表疑问,但也有些类型询问功能已经弱化,能够充任测度或反诘句,既能表疑问,也能表肯定或否定。并且,由于发话人疑惑程度的不同,疑问句可划分为不同的类型,那么真性问和假性问之间肯定存有似真似假的过渡情状,"有没有"问句理应如此。例如:

(42) 刘克举说:"全镇13个村我都吃过饭,我们村属中游。"江泽民操着湖北话问:"你家<u>有没有</u>'白条子'?"刘克举答道:"没有。村里比我差的还有,主要是家里没劳力的。"(《人民日报》1992年12月27日)

(43) 她把剪子垂下来。"我猜你是想打听,我们在整修房子时,<u>有没有</u>发现什么东西?"罗莎点点头,"差不多。"(米涅·渥特丝《女雕刻家》)

(44) 这叫什么事呀,自己店里贴的广告自己不知道,张口50,闭口40,要说这卷我买了就用,3月份到期的效果还更好一些,但这价格也太随意了吧,想起一出是一出,还<u>有没有</u>一个起码的商业准则?(《人民日报》2001年2月16日)

通过对比发现,例(42)是有疑而问,属于询问句;例(44)是无疑而问,属于反诘句;而例(43)处于有疑和无疑的中间地带,即对于要发问的情况既非完全不知也非完全了然,而是有所知但并不确定,属于测度句。

从形式特征来看,一般情况下"有没有"询问句的回答是"有"或"没有","有没有"测度句的回答方式则不固定,在"有没有"反诘句中,"有没有"常被语气副词"还""究竟""到底"等修饰,由于是无疑而问或可以说是明知故问,所以一般无须答复。

"有没有"测度句由于是介于询问句和反诘句的中间地带,因此功能的界定较为复杂，既有近似于询问句的功能也有接近于反诘句的功能，但猜测和祈使是其主要的功能。

二 "有 X 没 X"结构

"有 X 没 X"在现代汉语中是一种常用的结构表达式，尤其在口语语体中使用较为频繁。该结构主要表达语言使用者对"X"主观上的某种评议，经由肯定形式"有"和否定形式"没"正反两方面的语义叠加，实现对"X"的事件性描述。"有 X 没 X"是半实体框架结构，由常项"有""没"与变项"X"组成。以往，学界对于半实体框架下"有……没……"结构的关注仅限于"有 X 无 Y"，而对于"有 X 没 X"（包括"有 N 没 N"）的结构变项属同一形式的情况还有待进一步挖掘。王丽芳（2008）、贺君（2012）将其作为"有 X 无 Y"的子类成员，巴一斯（2012）、张虹（2013）在讨论"有 X 无 Y"时没有提及"有 X 没 X"，仅有顾鸣镝（2016）在分析"有 X 无 Y"整合层级的同时，在余论中谈到"有 X 无 X"被投射至性状域，不仅表示如"有罪无罪"的双重可能性的确切含义，还引申出了如"有意无意"等"似有似无"的整合意义，但并没有进行深入探讨。

综合前人的研究，并对变项"X"是同一形式的"有 X 没 X"进行综合探索，发现结构内部的语义关系是多样的，存在多种性状对立的情况，并具有多重表义功能，而且在不同的语用意图下能够表达不同的语义倾向。

基于以上考虑，本书主要对变项属同一形式的"有 X 没 X"从结构类型的综合分析、结构的词汇化以及从构式视角探讨该结构的演变以及发展方向。

（一）"有 N 没 N"的结构类型

"有 X 没 X"结构共分为四类，分别是：①有 Np 没 Np；②有 Vp 没 Vp；③有一 Q 没一 Q；④有的没的，四类形式。据大数据与语言教育研究所（BCC）的数据不完全统计，其中第一类"有 Np

没 Np"约占比 80% 以上;第二类"有 Vp 没 Vp"约占比 10% 以上;第三类"有一 Q 没一 Q"和"有的没的"总共占比不到 10%。因此,对"有 X 没 X"的考察当以"有 N 没 N"为主才更为全面更有代表性。从历时的角度来考察"有 N 没 N"结构,我们可以发现该结构的"前结构形式"应该是上古时期四言结构的一种表述方式"有 N 无 N",例如:

(45)<u>有罪无罪</u>,予曷改有越厥志?(《今文尚书》)

由于受到书面用语口语化的影响,加之"没"取代"无"的用法后,从元代开始"有 N 无 N"渐渐让位于"有 N 没 N",例如:

(46)贼们怎知你<u>有钱没钱</u>。小心些还好。(《老乞大谚解》)
(47)狄元帅暗说道:"本帅今朝已在计穷力竭之际,只这一战之下以决生死。况且他是番邦之女,本帅又不想他为妻,管他什么<u>有情没情</u>。既不肯和息,与他决一个胜负便了。"(《五虎征西》集藏\话本)

现代汉语中的"有 N 没 N"经过判定,我们认为属于隐性的从句组合结构,从语言演化、习得和运用的角度来考虑,最初该结构的形成很可能出于韵律压制或语言的经济性,将两个相对独立,但又有关联的语义核心组成一个整体结构。

同一结构形式下的"有 N 没 N"构成的复合句可被定义为并置的双核心关系结构类型,根据是否存在独立/非独立性、从属/非从属性和完整/非完整性的语义侧重,可划分为三个"丛点"的斜坡。① 例如:

---

① 本章所引用的"三个丛点斜坡"的概念,主要是基于 Matthiessen and Thompson 1998;C. Lehmann 1998,1989b;Langacker 1991d 等的有关论述。

（48）虽然只有十几平方米的一间房，两个干部，妹子们都很自然地把它当成了"家"，<u>有事没事</u>都上这儿坐坐，嘻嘻哈哈说说家乡话也痛快。（《人民日报》1989年4月29日）

（49）1981年初，富山承包了大队卫生所。乡亲们看病吃药，手里<u>有钱没钱</u>照样来。他常说："钱不关紧，人关紧。钱可以迟三过五，病不能耽误一会"。（《人民日报》1983年6月7日）

（50）<u>有脸没脸</u>啊，这么自贱，买中兴机之前建议先了解他们更新刷机包的速度。（微博）

例（48）"有事没事"可理解为"有事的时候上这儿坐坐，没事的时候上这儿坐坐"；例（49）"有钱没钱"可理解为"即便没钱也照样来"；例（50）"有脸没脸"可理解为"不要脸！"其对应的结构关系分别是"并列结构"，指相对独立的结构在语用环境中才"有意义"和有"相关性"，整体化程度低，连接具有最大显性特点；"主从结构"，指相对的依赖关系，且不能独立存在的从句，具有较强的依赖性；"从属结构"指完全依赖的关系，具有整体化程度强、最小显性连接等特点。

三种结构类型的"有X没X"韵律特点、"有X"与"没X"语义关联、句法特征以及言者主客观程度都有所不同。

（二）"有X没X"的词汇化

今天的词法曾是昨天的句法（Givón，1971）。"有X没X"从最初充当句子主干的述谓成分转向充当句子附加成分的习语，经历了由句法功能向词法功能的转变。由于"X"词性及内部结构关系不同，A、B、C、D四类"有X没X"习语化的先后顺序也不尽相同。从历时角度来看，A类和B类中的一些用例在句法功能和语义凝固性上已相当于习惯用语，但到了现当代被高频使用，是因为其在满足条件的句法位置上出现频率有所增加，才使其更加凝固并趋向于习语。已被词典收录的C类"有一搭没一搭"和D类"有的没的"一出现就基本符合习语化条件，所以较早地被收录到辞书中。总的来看，A 类和 B 类"有 X 没 X"相较于 C 类和 D 类词汇化程度稍低，这主要与其内部的词汇特征有关，此外还掺杂一些社会因素，如规约化导致的词义融合和去理据性等多方面因素造成的。

（三）"有 X 没 X"的演变

语言是大量异质的"构式（construction）"的集合，每个构式都是跟其使用的语境密切相关的，且总是根据实际的使用来调整和改造着自己的形式（张伯江 2005）。由于"有 X 没 X"结构的意义具有不可推测性，"有 X 没 X"属典型的构式。用构式语法理论来考察，能够对其结构义及其用法和原由、X 的约束条件、构件义和构式义的关系进行系统的研究。构式"有 X 没 X"是由肯定意义的"有"和否定意义的"没"在其认知语义的相互作用下组构而成。在该构式框架中，"有"和"没"语义互动，对"X"施加影响，导致该构式表义的多样性。构式"有 X 没 X"，按照是否具有推导性分为语法构式和修辞构式两种属性，在此基础上又按照逻辑关系分为三类，并表达了丰富的语义色彩。

构式"有 X 没 X"从表层形式来看是现代汉语中常见的一种语法构式，表示事物的存在或消失，但在共时平面上，该构式同时存在多种同构异义的现象，既有语法构式也有修辞构式，而且构式的逻辑关系和语义色彩也有所不同。通过对该构式的历史语料调查与分析，发现现代汉语中共存的 A、B、C 三类构式能够从古汉语的"有 X 没/无 X"构式演变的过程中找到踪迹，并且现代汉语中的"有 X 没 X"从 A 类到 C 类存在一个由低到高的语法化等级序列。同时，通过分析我们发现变项"X"由实义词演变为泛义词，常项"有"和"没"随着语法化等级的进一步提高，已经由实义动词发展为副词而后演变为类词缀的附着性成分，如 A 类"有人无人" ＞ B 类"有报无报" ＞ C 类"有脸没脸"。

"有 X 没 X"语法化与修辞化是在互动中进行的，由最初的原构式发展至现构式经历了螺旋式的前进过程，可以说语法化与修辞化是该构式发展变化的根本动因，同时还受到构式内部和外部多种因素的相互影响。

如今具有习语特性的"有X没X"结构是典型的修辞构式。通过探究该构式的修辞动因，发现"有X没X"在共时平面的同构异义的现象，可以在历时演变过程中找到线索。

第三节　本章小结

本章主要就"有""没"组构的不对称及共现现象进行概述式地说明，明确本书不对称现象的研究范围和内涵。在前人研究的基础上，本书使用"有""没"与名词性成分的组构和"有"与"没（有）"的共现现象两大块来框定本书的研究对象，即一是在现代汉语中高频使用的"有"字句与"没"字句，二是"有"与"没（有）"共现的实体或半实体结构。以上两类表达形式都是汉语中较为经典的表达形式，主要用于表达主体对于某性状的评价或主观上的认知。

本章提供了"有""没（有）"组构与共现现象中较有代表性的样例或说明性文字供参照。文章的第三章、第四章、第五章是"有""没"与名词性成分组构总括性的研究，第六章、第七章、第八章是组构的个案研究，第九章、第十章、第十一章、第十二章是"有""没"共现的研究。

"有""没"组构的个案研究遵循以下原则：①视角新颖，避开以往学界过多涉及的研究对象；②选取较有代表性并且高频使用较为经典的个案进行研究；③对其进行深入挖掘，以求发现其机制和动因。因此，选取"'有意见''有问题'语义负向偏移""应答语'没问题'的话语互动""'有''没'比较句的不对称"为研究对象，探究其句法、语义及语用特点并揭示其机制和动因。

"有""没"共现的研究主要参照以下因素：①共现形式"有没有"侧重问句形式的语用分析，划分类别寻求肯定与否定不对称的内因；②共现形式"有 X 没 X"选取同一形式的变项"X"，目的第一个是能更好地发现"有"与"没"不对称，第二个是对于该形式的研究学界并不多见；③可从构式视角进行研究。因此，选取"'有没有'的界定与功能特征分析""'有 N 没 N'的三种结构类型及语义和语用分析""构式视角下'有 X 没 X'的特征及演变"。

第 三 章

"有/没"与名词性成分组构的不对称

"有"和"没"在现代汉语中是一对较为典型的肯定与否定形式标记。朱德熙（1982）提出"有"是准谓宾动词，能带名词宾语，而"没"是其否定形式，如"有人"的否定形式是"没有人"。"有"和"没"与名词性成分搭配，可以说是一对具有肯定和否定标记的动词，充当述语，其后的名词性成分充当宾语。述宾式"有NP""没NP"可以充当谓语、宾语、定语、状语、补语、独立小句等句法成分，在这些句式中表达正面和反面相对义时，"有NP"和"没NP"有时是对称的。例如：

(1) a. 听他的口气，这事大概<u>有门</u>儿。
    b. 听他的口气，这事大概<u>没门</u>儿。
(2) a. 他老想挣大钱，我看<u>有戏</u>。
    b. 他老想挣大钱，我看<u>没戏</u>。
(3) a. 两个人的心里都<u>有数</u>。
    b. 两个人的心里都<u>没数</u>。

但是在一些情况下，"有NP""没NP"却是不对称的。例如：

（4）a. 他出去<u>有</u>会子啦！
　　b. *他出去<u>没</u>会子啦！
（5）a. 桌子上<u>有一本书</u>。
　　b. *桌子上<u>没一本书</u>。
（6）a. *小明<u>有多久</u>就写完作业了。
　　b. 小明<u>没多久</u>就写完作业了。
（7）a. *这是<u>有影</u>的事。
　　b. 这是<u>没影</u>的事。

在上述例句中，例（4）、例（5）的 b 组不合格，例（6）、例（7）的 a 组不合格。可见，并不是所有的"NP"都可同时进入"有 NP""没 NP"的组构中，这意味着"NP"的肯定形式"有 NP"和否定形式"没 NP"对"NP"的选择有一定的条件限制。

"NP"充当"有 NP"和"没 NP"动宾结构的宾语时，形式和语义匹配情况非常丰富。通过对相关语料的综合分析，我们发现"NP"可以是定量/非定量成分、离散量/非离散量成分、有定性/非有定性成分、有界/无界成分、语义程度低/语义程度高的成分等。而且"有 NP""没 NP"体现了多样的对称性（包括对称性与不对称性）分布，呈现出不同的语义及语用倾向。这种现象的存在与"NP"本身的语义特征和与其搭配动词"有""没"的功能特性密不可分。

谈到不对称性，必然是建立在对称性分布基础之上的，以对称来反衬不对称。本章通过分析"有 NP""没 NP"的对称性，试图对与"有""没"搭配的"NP"归属类型进行划分，讨论其对称与不对称的各种情况，并诠释造成二者不对称的各方面因素，以求为接下来其他章节的分析做铺垫。

本章所用语料除例（1）—例（8）为作者自拟，其余主要语料出自北京大学中国语言学研究中心现代汉语语料库（CCL）、北京语言大学现代汉语语料库（BCC）和《现代汉语词典》（第 7 版）中的例句。

第一节 "有NP""没NP"的对称分布

"有""没"是一对表示肯定与否定相互对立的词,其组构的"有NP"和"没NP"对称分布有两种情况:第一类是二者相对自由地出现在各自相同的句法环境中表达肯定和否定的主观评价义,不受共现条件的制约;第二类是"有NP"、"没NP"必须出现在二者共现的句法环境中才是对称的,否则不对称,其中之一还会不合格。

一 非共现条件下"有NP""没NP"的对称

此类"有NP"和"没NP"结构形式对称,语义指向可为同一对象也可为不同对象,如既可以指向相同动作行为的施事,也可以指向不同动作行为的施事;既可以指向相同事物的领事,也可以指向不同事物的领事;既可以指向相同事物的受事,也可以指向不同事物的受事;既可以指向同一人的内心想法,也可以指向不是同一人的内心想法。虽然语义指向既可为同一个体也可为不同个体,但语义侧重点是相同的,总体上呈现整齐对称的形态。

(一) 形式及语义对称,语义指向为动作或行为的施事

该类"有NP""没NP"所在句法环境相似,都侧重于对动作本身性质义的评价,即动作行为是否令人满意,语义指向以动词为核心的中心语。例如:

(8) 他说话<u>有谱</u>,靠得住。[《现代汉语词典》(第7版)]
(9) 小宝再次承诺明天回来,阿姨一直问我,烦死我了,谁不知道他说话<u>没谱</u>。(微博)

例(8)、例(9)的"有谱"和"没谱"均是对"说话"这种行为习惯的评价,并根据已有认知经验对该行为进行判断,满足心

理要求的给予肯定,反之为否定。

例(8)、例(9)中的"有谱""没谱"语义指向不是同一个"他",如果将"有谱"和"没谱"互换使用,并将例句改写,句子中的语义指向也可以是同一个"他",例如:

(10) 他说话<u>没谱</u>,靠不住。[对例(8)的改写]
(11) 小宝再次承诺明天回来,阿姨一直问我,我很确定,都知道他说话<u>有谱</u>。[对例(9)的改写]

因此,可以证明"有谱"和"没谱"形式及语义完全对称。

(二) 形式及语义对称,语义指向为领事

该类"有NP""没NP"形式对称,语义指向均为"有"和"没"的领事,侧重于指领事者所领有事物的状态,强调领有与否对事件产生的影响。例如:

(12) 老师穿着一件灰鼠的外套儿,我一瞧这我<u>有词儿</u>了。(《中国传统相声大全》)
(13) 我<u>没词儿</u>了,我想不出再说什么了。(王朔《永失我爱》)

以上两例中的"有词儿""没词儿"所在的句法环境一致,语义指向均为领有主体的领事者,其结果是由此而产生了事件方向的变化,例(9)是有话要说,例(10)是无话可说,但都产生了变化,呈对称分布。该类形式的施事多在句中出现,即便不出现也可在上下文语境中找回。

例(12)、例(13)中的"有词儿""没词儿"语义指向不是同一个"我",如果将"有词儿"和"没词儿"互换使用,并将例句改写,句子中的语义指向也可以是同一个"我",例如:

（14）老师穿着一件灰鼠的外套儿，我一瞧这我没词儿了。［对例（12）的改写］

（15）我有词儿了，我想出再说什么了。［对例（13）的改写］

因此，可以证明"有词儿"和"没词儿"形式及语义完全对称。

（三）形式及语义对称，语义指向为受事

该类"有NP""没NP"形式对称，语义指向均为动作的受事，侧重于对受事对象的评价。例如：

（16）听我舅舅说吧，他写那个家谱挺有意思。（《北京话调查资料》1982年）

（17）生活真没意思，我不知道该做什么，我们去买只猪来养吧。（马兰《闲活》）

上两例中的"有意思""没意思"均是对受事对象"家谱"和"生活"的肯定和否定评价，也就是某人做了某事后，再从主观的视角进行是否有兴趣的判定。

例（16）、例（17）中的"有意思""没意思"语义指向一个是"家谱"、一个是"生活"，如果将"有意思"和"没意思"互换使用，并将例句改写，句子中的语义指向也可以是同一事物，例如：

（18）听我舅舅说吧，他写那个家谱没意思。［对例（17）的改写］

（19）生活真有意思，我不知道该做什么，我们去买只猪来养吧。（马兰《闲活》）

因此，可以证明"有意思"和"没意思"形式及语义完全对称。

（四）形式及语义对称，语义指向为内心想法

该类"有NP""没NP"形式对称，语义指向为个人内心的某种观念，侧重于对人内心想法的揣测和评价。

（20）无论人家说什么，究竟哪些东西在东莞行得通，他们心里有底。(《1994年报刊精选》)

（21）对于大选结果，他们心里没底，但还是希望选出来的议会和政府能多为百姓办实事……（新华社2004年12月新闻报道）

以上两例是对于他人思想的主观认定，二者都存在着对于性状结果已知的预设。

例（20）、例（21）中的"有底""没底"语义指向不同的"他们心里"，如果将"有底"和"没底"互换使用，并将例句改写，句子中的语义指向也可以是同一事物，例如：

（22）无论人家说什么，究竟哪些东西在东莞行得通，他们心里没底。［对例（20）的改写］

（23）对于大选结果，他们心里有底，但还是希望选出来的议会和政府能多为百姓办实事……［对例（21）的改写］

因此，可以证明"有底"和"没底"形式及语义完全对称。

二 共现条件下"有NP""没NP"的对称

某些组合形式（组合项及其序列）在简单句中受到限制，但在对举表达式中可以实现（陈一，2008）。"有NP""没NP"在共现情况下也是如此，有些"有NP"或"没NP"单用时会受到限制，但在共现的对举语境中能够成立，并且二者是整齐对称的，形式上体现为相邻，语义上体现为相互融合不分彼此。可以是四言格，也

可以是由四言格扩展而来的形式，是一种汉语特有的语言形式。共现条件下的"有NP"和"没NP"多数是四言格，如"有事没事""有钱没钱"等，是一种格式（format），其他形式如"有一口没一口""有一搭没一搭""有辙啊没辙啊"等，可被认为是四言格的扩展形式。

雅各布森在《语言学与诗学》中提出，语句的构成总是有选择（selection）与组合（combination）两轴，选择轴相当于索绪尔的纵向类聚关系（paradigmatic relation），组合轴相当于索绪尔的横向组合关系（syntagmatic relation）。诗性语言的基本特点就是，把本来在纵向选择轴上的对等词语拉到横向组合轴上，使前后邻接的词语呈现出音与义的整齐和类似[①]。因此，共现条件下"有NP没NP"可被理解为一种诗性的对言，出于格律的压制，使本不合语法的"没NP"或"有NP"合法化。我们将这种合法与不合法的相互依附分为两种情况，一种是不合格的"没NP"依附于合格的"有NP"，另一种是不合格的"有NP"依附于合格的"没NP"。

（一）否定形式依附于肯定形式而得以存在

有些名词能与肯定形式"有"组配成词，但不能与否定形式"没"进行组配。例如：

（24）事隔多少年，一有摩擦就提醒人家欠的情，不管与过去<u>有关没关</u>让人家抬不起头，人家也不高兴。（王朔《我是"狼"》）

（25）你别急，向我说老实话，你对她<u>有意没意</u>？（李英儒《野火春风斗古城》）

在例（24）中，"关"是指关系，"有关"义为与某些方面有

[①] 转引自沈家煊《汉语大语法和四言格》，上海外国语大学语法和修辞互动高端论坛演讲稿，2018年10月。

关,如"有关方面""有关部门"等,但一般不会说"*没关",即便是"没关系"也是指不要紧、不用顾虑等义,与有无关联之义有明显区别,但这里的"没关"由于受到对举形式"有关没关"的影响,"没"也可以与"关"进行搭配,被赋予了关联的否定义。

在例(25)中,"意"是指情感意向,"有意"是指对某人"有意思""有情感",如"落花有意流水无情""有心意"等,但一般不说"*没意",如果单看"没意思"的用法,只能理解为对某事物有无兴趣,不会指情感方面的体验,但在对举形式"有意没意"中,"没意"被赋予了临时的情感否定义。

(二)肯定形式依附于否定形式而得以存在

有些名词能与否定形式"没"组配成词,但却不能与肯定形式"有"进行组配。例如:

(26)有事说事别吓唬人啊……你到底是<u>有辙啊是没辙啊</u>?(《郭德纲相声集》)

(27)"没怎么"谭丽低下头玩着垂下来的桌布角。"你们好歹还爱过。""我们也是瞎爱,<u>有影没影</u>自己觉着罢了。"(王朔《玩的就是心跳》)

例(26)中的"没辙"已凝固成词,意思是没有办法,与"辙"的本义无关,用的是"辙"的引申义。而"有辙"在现代汉语中没有相应的词,就算是短语"有+辙"也是选取"辙"的本义即:车轮走过在地上留下的痕迹。然而"有辙"在此处则表"没辙"的肯定形式,被赋予了合法性,意思是"没有办法"的肯定义,即"有办法"。

例(27)中的"没影"同样也已凝固成词,此处义为没有原由或根据,与"影"的本义无关,用的是同样是"影"的引申义。而"有影"在现代汉语中没有相应的词,是短语"有+影"的组合,选取"影"的本义,义为有影子,但在此处被赋予了词的功能,充任"没影"的肯定形式。

从肯定形式"有NP"和否定形式"没NP"的共现特点可知，在对举语境下，整个句子的结构性对称促成了"有NP"与"没NP"的功能性对称，使本不合法的形式合法化，本不对称的形式对称化。

第二节 "有NP""没NP"的不对称分布

"有NP""没NP"的不对称分布主要体现在以下几个方面：一是"有"后面加表示时间的名词性成分时，表时间大量义，"没"虽然是其否定形式，但并不完全具备这项功能，因而没有直接对应的形式；二是"没NP"多数可在语篇中充当话语标记，也可为独立小句不与其他句法成分发生关系，且"没"后名词语义虚化程度较高，"有NP"无相对应的形式和意义；三是"有"和"没"所指的不对称，即"有"只能指称定指的事物，而"没"则指称不定指的事物；四是有界和无界的不对称导致"有"和"没"搭配范围的不一致；五是当"NP"语义程度极高时，只能用在"有NP"肯定结构中而不能用于"没NP"否定结构。

一 有"有NP"无"没NP"

（一）"有"后接时间名词表时间增量

当"有NP"中的"NP"为时间名词，且指称过去已发生的动作时，其对应的否定形式"没NP"不存在。例如：

（28）华子妈笑了："好好，向南来了，阿姨<u>有日子</u>没看见你了。"（石康《奋斗》）

（29）他出去可<u>有会子</u>啦！[《现代汉语词典》（第7版）]

（30）秦王吭一声："我来问你，朕命你入海求仙多<u>有时日</u>，为何不见绩效，难道成心捉弄与朕不成？"（张炜《你在高原》）

上例中的"有"语义指向动作发生的时间，无论时间名词"NP"如何，都指持续的时间增量义，表示从动作发生到现在为止已经持续很长时间了，可以用"很久"来替换。"有"与"日子""会子""时日"等时间名词组配具有结构赋义的特点，表主观时间增量或大量义，语义发生偏移。而与之对应的否定形式"没 NP"并不能直接否定时间大量义，如"*没（有）日子""*没（有）会子""*没（有）时日"等，因为"没"与时间名词组构不能够发生语义的偏移，这就造成了时间名词肯定与否定形式的不对称现象。

表达这类时间增量义"有 NP"的反义概念并非没有对应的形式，但是需要先否定其时间增量义然后再否定时间名词，比如添加时间副词"多少""多长"等，组构为"没（有）多少/很长 NP（时间名词）"。例如：

（31）过了<u>没有多少日子</u>，赵国人不分贫富贵贱，都穿起胡服来了。(《中华上下五千年》)

（32）然而干了<u>没有多长时间</u>，他就不辞而别了。(《人民日报》1993 年 2 月)

（33）我一个表弟妹得了重病，应该也<u>没多少时日</u>了，她父母那刚拆迁在她名下有一套房子现在让她立遗嘱给孩子行吗？（网络语料）

（二）"有"可指称定量名词性短语

"有"和"没"都可接非定量的名词，如"桌子上放着一（两、三……）本书"，其肯定形式为"桌子上有书"，否定形式为"桌子上没书"，那么"书"在例子中是非定量名词。石毓智（2011）指出，如果用"没"来否定名词，那么该名词必须具备非定量或离散量的特征，否则不能用"没"来否定。比如"桌子上没有书"可以说，但是"*桌子上没一本书"一般情况下不成立，只说"桌子上没书"即可。原因是"书"受到数量短语修饰后，整体成为定量的名词性短语，已不具备非定量的特征，因此，当"有NP"中的"NP"为定量名词性短语时，"有NP"是合格的，而"没NP"不合格。

此外，受数量词语修饰的抽象名词不可以说是指称具体的量，但是有些可以进入"有NP"却不能进入"没NP"。例如：

（34）程心说："我是有一个想法……"（刘慈欣《三体》）
（35）白正谊律师对记者说：对此事我有两点看法……（《1994年报刊精选》）

原因为，表示领有或存在的"有"即可指称无界的事物，如"有水"；也可指称有界的事物，如"有一桶水"。而"没"所否定事物的界限并不清楚，无法用其指称有界的事物，如可说"没想法""没看法"等，但不能说"没一个想法""没两个看法"等。

（三）"有NP"的有界性

沈家煊（1995）提出数量词对句法结构的制约作用体现了人类认识上"有界"和"无界"的对立，人们感知认识事物在空间上存在"有界""无界"的对立现象，感知性状在量或程度上也有"有界""无界"的对立。还指出边界是可以抽象的，例如"主意"是抽象事物，但也可以把它看作是有头有尾的边界个体，例如可以说"一个主意"。而"有"的否定形式"没"则排斥作宾语的数量词，如不能说"*没一个主意"，甚至排斥表约数的数量词，如"一些""些许"等。但表存在的"有"却经常与表约数的数量词搭配使用，例如：

（36）读完之后，颇为彭晓雷鸣不平，有一些意见同林大中同志商榷。（《读书》1979年第6期）
（37）我们把给两位老人的补助款交给老人，想让心上结冰的时刻能有些许温暖。（1993年作家文摘）

以上两例中的"一些意见"和"些许温暖"都不可以被"没"否定,因为被数量词语修饰的抽象名词也具备沈家煊先生所说的感知性状在量或程度上的"有界"。"意见"和"温暖"本是"无界"的抽象事物,被数量词修饰后具备了"有界"的属性,因此,只能与"有"搭配,而"没"由于界限不清不具备否定"有界"的事物。即便是"没"否定数量词语也是在特定的情况下,如"他没一个主意",但为什么"*他没(两、三……个)主意"不能说,而"他有(两、三……)主意"又可以说呢?因为"没"在此处主要否定的是主观小量词语"一个",可变换为"他连一个主意都没有",而并非是真正否定数量名结构。

二 有"没NP"无"有NP"

(一)"没"后接时间名词表时间减量

"没"可以作为主观标记来指称各类概数词语,"没"不但可以附在概数词"几"的前面,而且还可以附在概数词"两"的前面作为主观减量的标记(张谊生,2006)。当主观小量词语或小量概数词语充当"NP"时,可进入"没NP"结构,这也是"没NP"特有的功能之一,"有NP"不具有此项功能。例如:

(38)他本来情怀郁闷,途中调马为乐,究是少年心性,<u>没几日</u>便开心起来。(《神雕侠侣》金庸)

(39)那反复出现的甜嫩嫩"苗条美食我都要"的广告定位语,<u>没两天</u>就成了一些姑娘小伙儿的口头禅。(《1994年报刊精选》)

以上两例中的"几日""两天"是概数而非实指,在"没NP"中已失去原义而表示减量,是对于时间小量的主观评价。假设用"有"进行肯定,那么"几日""两天"则变为实数,失去了原有的概数义,所以在此处不能进行替换。"没"同时可以否定概述词,如

"没多久""有几天"等，甚至用法已经凝固，而"有"在非疑问句且无标记的用法中则不能说"*有多久""*有几天"等，例如：

（40）萧萧做媳妇时年纪十二岁，有一个小丈夫，年纪还不到三岁。丈夫比她年少十来岁，断奶还<u>没多久</u>。（沈从文《萧萧》）

（41）播下种子，雨水一淋，十天半个月就开花了。河边、田埂上、山坡上，哪儿都能长，刀割一茬，<u>没几天</u>又窜杆开花了。（格非《江南三部曲》）

（二）"没"后的专属义"NP"

一些名词被"没"否定之后语义会发生转移，这与"没"具有对未然事件否定的功能有关。有些名词与"有"搭配表示已然存在，如"有影儿"（指有身影或影相）"有音儿"（指有声音）"有辙"（指有车辙）等。而"没"可以用于表未然的句子（马真，2004：206），这些名词被"没"否定后语义会发生转移，并随着使用的泛化，已发生转移的"NP"语义一般不能再被"有"所肯定。例如：

（42）人说，"<u>没影儿</u>的事。"看来，这句话还真落到了我的身上了。（1994年作家文摘）

（43）"租房的事你怎么<u>没音儿</u>了？"吴保全说。（范伟《我的倒儿爷生涯》）

（44）每堂训练课我总是费力地用中文讲了再用英文讲，可面对3名俄罗斯队员，我就<u>没辙</u>了。（《1994年报刊精选》）

上例中的名词"影儿""音儿"和"辙"被"没"否定后语义都发生了转喻，分别指代"根据""消息"和"办法"，而且仅被"没"否定后才会出现以上三个义项，因此其具备了专属义。而"有"与这些名词搭配则表示客观现实的已然存在，不具备词义发生转移的条件，所以上述三例中的"没"无法用肯定形式"有"直接替换。

三 "有 NP""没 NP"外部句法环境的不对称

（一）表语义负向偏移的"有 NP"可受程度副词修饰

"有 NP"的语义负向偏移，是指当"有 + NP"偏向贬义的"坏、小、少"时，统称为语义负向偏移（温锁林、刘元虹，2014）。"有 NP"具有性质形容词属性，可受程度副词"很"修饰，如"很有道理""很有意义""很有看法""很有意见"等。其中，褒义的"很有道理""很有意义"对应的否定形式为"很没道理""很没意义"，而贬义（即语义负向偏移）的"很有看法""很有意见"则无对应的否定形式，如一般不可讲"*很没看法""*很没意见"。例如：

（45）"是，我也对这种现象很<u>有看法</u>。"华先生点头赞同。（王朔《你不是一个俗人》）

（46）为了这件事，济尔哈朗对父亲很<u>有意见</u>，认为他有些偏心，袒护岳托。（李文澄《努尔哈赤》）

原因是"没（有）看法""没（有）意见"本身就是对"有意见""有看法"贬义色彩的否定，语义由负向偏移转向正常，无主观的语义倾向，更无性质形容词的属性，因此不能被程度副词"很"修饰。

（二）充当话语标记的"没 NP"

有些"没 NP"具有话语标记功能，表现为：在语音上有独立语调；句法上有独立性，可位于句首，有语篇衔接功能；在语义上既不影响真值条件也不增加语句表达的命题内容；风格上多用于口语。以上功能特征符合殷树林（2012）提出的关于话语标记的定义"话语标记是有独立语调的，编码程序信息用来对言语交际进行调节和

监控的表达式"。例如:

(47) 列车长满口答应说:"没问题,保证能坐上卧铺。"(《人民日报》1998年)

(48) 我妈说,"没关系,跟他随便聊聊好了。"(姚明《我的世界我的梦》)

(49) 当淳于黎丽离去的时候,梅子说:"多么好的一个姑娘,你这小老乡真没说的。"(张炜《你在草原》)

上三例中的"没问题""没关系""没说的"是典型的话语标记,表示果决性的肯定语气,大概意思是"可以""不要紧""非常好"。之所以"没NP"会形成话语标记,是因为话语标记是由相应的实词成分语法化、凝固化而来(孙莉萍、方清明,2011)。"没问题""没关系""没说的"经过长时间广泛高频使用后语义已凝固并且虚化,与"问题""关系""说的"本义偏离较远。而"有NP"则不具备话语标记的功能,也不会在该位置上发生语法化,因此"有问题""有关系"整体语义没有发生较大偏移,而"*有说的"不合法。

通过以上分析,"有NP""没NP"的对称与不对称分布情况如表3-1所示:

表3-1 "有NP""没NP"的形式和语义/句法的对称性分布

对称性	条件	形式		语义/句法功能
对称	非共现	有NP$_1$	没NP$_1$	对客观现象的主观认定
	共现	有NP$_2$	没NP$_2$	对举表全量语义范畴
不对称	仅"有NP"合格	有NP$_3$	—	时间增量、定量、有界
	仅"没NP"合格	—	没NP$_3$	时间减量、专属义
	外部句法环境	有NP$_4$	—	语义负向偏移,可被"很"修饰
		—	没NP$_4$	话语标记

第三节 "有NP""没NP"的不对称原因

"有"和"没"与名词性成分组配不对称的原因很多,有微观层面的,如句法、语义的制约与影响;也有宏观层面的,如社会文化因素、语言历时发展的因素、人们认知倾向性的因素、语用原则的制约等。本章对"有NP""没NP"不对称的原因解析主要立足于宏观层面,从微观层面,即语义倾向性的考察仅起辅助的作用。

一 "有""没"出现时间先后有别

从历时视角考察动词"有"和其否定形式"没"的出现时间可知,"没"的出现要远晚于"有"。曾有学者对甲骨文中的谓宾动词做过调查研究(郭凤花,2002),而有详细文献记载的"有"可追溯至西周时期。两周金文中"有"共102例,句法形式上全部带宾语,所带宾语有体词性和谓词性两类,其中宾语可为指人名词、处所名词、抽象名词、数词(武振玉、梁浩,2013)。而"没"在唐代以前是一个普通动词,义为沉没,到了唐代它发展成了领有动词的否定式,在13—15世纪,"没"才发展出了一个重要用法,可以作为领有动词"有"的否定标记,这是它向普通动词否定标记发展的关键一步(石毓智,2004)。由此可以得知,"有"和"没"的发展历程是不同步的,虽然"没"是其否定形式,但并不能否定所有义项。

二 "有NP""没NP"的语义泛化轨迹不同

不对称情况下可与"有"搭配的"NP"充当宾语时有以下几个义类:①存在优点,令人满意;②时间增量名词表大量义;③定量的事物;④受数量词修饰的有界抽象事物;⑤语义发生负向偏移的抽象名词。可与"没"搭配的"NP"充当宾语时有以下几个义类:

①存在缺点，令人不满；②时间减量名词表小量义；③语义发生转喻并成为专属义；④语义虚化，须与"没"搭配才能表义。"有""没"搭配宾语语义演变进程不一致，有"NP"搭配范围更广，语义也更为丰富，而没"NP"的义类及其各义类的实例相对要少，适用范围存在较大的局限性。"有NP"由于可以表示事件符合人的心理要求，可以用来表示好、多、大，动作行为或领事、受事均使评价人满意，因此，"有NP"的语义逐渐演变出了特定范围内事物的状况义；而"没NP"由于是否定性的用法，负面的用法较多，表示的行为动作或状态多数是人们所不期望存在或发生的，久而久之泛化出了许多特定的专门用法，如"没问题""没关系"等。"有""没"与名词性成分进行搭配时，由于各自义类的多样性会产生不同的适配结果，因此造成了"有NP""没NP"形式和语义的不对称。

三 "有""没"与名词组配的偏向性

当"有""没"与名词性成分组配时，是一对具有肯定和否定标记的动词，本身就含有正面和负面的语义特征，因此可以与任何没有修饰成分的中性名词直接组合，而带有泛指时间性名词和定量、有界性抽象名词性短语倾向与"有"进行搭配，带有概数时间性名词短语和语义转喻后完全虚化的名词倾向与"没"进行搭配，正是由于不同语义倾向的名词性成分与"有""没"组配，所以促使了"有NP"和"没NP"不对称现象的产生。除此之外，肯定的无标记性和否定的有标记性（沈家煊，2015）造成了语义组配的不对称，就如表示极大量的词语多用于肯定句，表示极小量的词语多用于否定句（石毓智，2001）。"有NP"和"没NP"的使用受"有无标记性"的约束，而且在特定句法语义环境下，"有NP"和"没NP"的选择具有排他性，造成了二者的不对称。

四 认知心理的倾向性

人们天然的认知取向往往是倾向于美好的一面排斥坏的一面，

因此在所有语言中，褒义词的使用频率总是高于贬义词。Boucher 和 Osgood（1969）就该现象提出了"乐观假说"（Pollyanna Hypthesis），并指出"人总是看重和追求好的一面，摒弃坏的一面"[①]。据有关语料考察发现，表示褒义倾向的"有 NP"比例要远多于表示贬义倾向的"有 NP"，"没 NP"由于是否定用法，一般表贬义。[②] 表褒义的"有 NP"一般是无标记项，而表贬义的"没 NP"一般是有标记项，这足以体现社会"好"与"坏"的评价标准和人类"乐观"的心理倾向性，这也充分反映了人们趋向于正面积极方面的期待性。因此，很多时候虽然需要表达负面的意思，但都会下意识地采用类似于"有问题""有成见"这类以肯定形式来表达负面倾向的形式，从而造成了"没 NP"的低频率使用和相关用法的空缺。从认知层面来看，"有"比"没"的识别更为显著，因为"有"即是"现"，可理解为是一种存在，容易在人们的心理中占据一定的位置。"典型成员或无标记项具有认知上的'显著性（salience）'，它们最易引起人的注意，在信息处理中最易被储存和提取，它们在人形成概念时最接近人的期待或预料（Comrie，1986）。"[③] 无标记项"有 NP"在认知上更为显著，更易被人们的认知处理和感知，因此"有"被使用的频率相对"没"来说要高一些。

第四节　本章小结

本章以肯定形式"有"和否定形式"没"与名词性成分组配的对称性为研究对象，分析其大致的对称分布和不对称分布情况，以

[①] 转引自沈家煊《不对称和标记论》，江西教育出版社1999年版，第185页。
[②] "有 NP"以褒义为主，但也有一些表贬义，如"有问题""有成见""有看法""有城府""有心机"等。同样，"没 NP"以贬义为主，但也有一些表褒义，如"没问题""没说的""没治了（倾向好）"等。
[③] 转引自沈家煊《不对称和标记论》，江西教育出版社1999年版，第36页。

便对"有""没"与名词性成分组配的可能性和现实性有一个基本的认识。通过分析可知,"有NP"和"没NP"可分为非共现条件下的对称分布和共现条件下的对称分布两类,通过相关语料考察可知,前者是研究的重点,也是整篇论文的关键所在,后者虽然使用也较为频繁,但局限于特定的格式内,受格式的影响才导致了对称性的形成,并非是其本身具有对称性,因此,对"有+名词性成分"和"没+名词性成分"不对称的解释,将以非共现条件下的对称及不对称分布位为研究的着眼点。至于共现条件下"有NP"和"没NP"将在后文设专门章节从特殊用法的角度展开讨论。

  本章一边梳理对称与不对称的各种情形,一边用有关理论进行说明论证,对下文的具体分析与解释来说,起到了一个抛砖引玉的作用。通过上文"有""没"与NP(名词性成分)的组构分析可知,呈对称性分布的NP(名词性成分)可以是具体名词性成分,如"有书/没书""有人/没人""有词儿/没词儿"等;也可以是抽象名词性成分,如"有戏/没戏""有门儿/没门儿""有日子/没日子"等。呈不对称分布的NP(名词性成分)却无一例外的都是抽象名词性成分,即便NP本身是具体名词,只要特定语境下其不对称性凸显,那么NP具体名词的词性必然是已向抽象名词转移了的,如"这家人有钱"中的"钱"并非指可以量化的"一元钱、两元钱"等,再如"屋子里有人""他局子里有人",前一句中的"人"是具体名词,实指"屋子里的人";后一句中的"人"是抽象名词,虚指"局子里的某个关系"。"人"在特定的语境中语义发生了转移,由具体变抽象,其不对称性即从语义抽象化的转变开始。

  类似于"有钱""有人"与"没钱""没人"的不对称性究竟体现在何处,因何不对称?我们将在下文给予解析。

第 四 章
"有/没"与抽象名词组构的不对称

在现代汉语自然语言中,有些名词的肯定形式存在"同形异义"的现象,即同一形式表现为具体义和抽象义两种情况,先来看以下两例①:

(1) "我身上有钱,要是买着了就先给你垫上。"李白玲说。(王朔《橡皮人》)

(2) 他有钱,有洋楼,有汽车,有儿女,有姨太太……(老舍《且说屋里》)

例(2)的"有钱"相较于例(1),不同之处在于:①句法上,"有"和"钱"结合得更紧密,可受程度副词修饰(如"很有钱""非常有钱"等),还可做定语(如"有钱人");②语义上,结构表义抽象化导致名词"钱"不可计数,语义已有所引申;③语用上,"身上有钱"的"钱"是定指的,而此处的"钱"是不定指的。

例(2)的"有钱"非本义,表示"拥有或具有财富",且隐含

---

① 本章语料多数来自CCL(北京大学中国语言学研究中心语料库),部分例句从已有论著中转引(已注明),其余为自拟。

大量义，本书称之为"抽象名词的肯定形式"①。再来看与之相应的否定形式，例如：

（3）入校后，他没钱交学费，也没钱吃饭。(《人民日报》2000年)

（4）他没钱，没住处，没饭吃，只好来跟方家一块儿过。(老舍《鼓书艺人》)

例（3）、例（4）"没钱"看似既可以否定例（1）具体的"有钱"，也可以否定例（2）抽象的"有钱"，实则不然。抽象名词②的肯定形式往往能够产生语义增值，即例（2）的"有钱"表"钱多"甚至是"富裕"，而其否定形式"没钱"则是倾向于"无"。因为表大量"有钱"的否定义应该是表小量的"钱少"，如"有一点钱"，而不会是"无钱"。

抽象名词肯定与否定形式在量上的非对称性在汉语中广泛存在，虽然已有学者对该语言现象进行论述，如石毓智（1992）、沈家煊（1999）等，但并未对导致该现象发生的根本原因进行解释，因此，这将是本书研究的重点。我们要解决的问题是：抽象名词肯定与否定形式的不对称性体现在哪些方面？名词肯定与否定不对称的功能差异如何，是什么原因导致了名词肯定与否定的不对称？本书拟对该不对称现象进行分析，并从功能语言学角度出发，探究其中的原

---

① 本章所探讨的抽象名词肯定与否定形式，是指肯定形式"有 + 抽象名词"和否定形式"没 + 抽象名词"的肯否结构。因为对于抽象名词来说，其肯定和否定最为明显并带有标志特征的是"有"和"没"，除此之外肯定标志"是"不能肯定抽象名词，而否定标志"不"虽然可以否定其中一些，如"不气派""不规矩"，但"朝气""感情"等抽象名词就不能用"不"来否定。所以就抽象名词的肯定与否定而言"有"和"没"是最为典型的标志。因此，本书研究的主题"抽象名词肯定与否定形式"指"有/没 + 抽象名词"。

② 文中的所出现的"抽象名词"或"名词"，指的是语义较为抽象的"名词性成分"，其中包括名词和名词性短语。

由并做出一定的解释。

第一节 抽象名词的特征

名词分为具体名词和抽象名词，抽象名词的语义与功能特征相对于具体名词有较大区别。最早提出抽象名词概念的是黎锦熙，他在《新著国语文法》最先指出汉语抽象名词具有"无形可定、无数可数"的特征①，随后赵元任、朱德熙、彭睿、唐善生、王珏、刘顺②等，分别从句法和语义角度对其进行划分。

对于抽象名词肯定形式的研究成果较为丰富，主要有饶继庭、吕叔湘、彭少峰、于根元、李宇明、贺阳、张豫峰、杨玉玲、李先银、荣晶③等。其中，吕叔湘在《现代汉语八百词》中论述过"有+名"不只表示具有或确认，还表示程度，即便不用程度副词修饰也有程度深的意思。贺阳给出了较为全面的论证，指出"具体名词

---

① 参看黎锦熙《新著国语文法》，商务印书馆1924年版，第97—98页。
② 参看赵元任《汉语口语语法》（吕叔湘节译），商务印书馆1968年版，第235页；参看朱德熙《语法讲义》，商务印书馆1982年版，第42页；参看彭睿《名词和名词的再分类》，北京语言文化大学出版社1996年版，第99—101页；参看唐善生《"程度副词+名词"与"程度副词+有+名词"结构》，《华中师范大学学报》（人文社会科学版）2000年第3期；参看王珏《现代汉语名词研究》，华东师范大学出版社2001年版，第140—143页；参看刘顺《现代汉语名词的多视角研究》，学林出版社2003年版，第174页。
③ 参看饶继庭《"很"+动词结构》，《中国语文》1961年第8期；参看吕叔湘《现代汉语八百词》，商务印书馆1986年版，第630页；参看彭少峰《谈形容词性述宾词组》，《汉语学习》1986年第5期；参看于根元《副+名》，《语文建设》1991年第1期；参看李宇明《能受"很"修饰的"有X"结构》，《云梦学刊》1995年第5期；参看贺阳《"程度副词+名"试析》，《汉语学习》1994年第2期；参看张豫峰《"有"字句的语义分析》，《中州学刊》1999年第3期；参看杨玉玲《认知凸显性和带"有"的相关格式》，《修辞学习》2007年第5期；参看李先银《容器隐喻与"有+抽象名词"的量性特征》，《语言教学与研究》2012年第5期；参看荣晶、丁崇明《两种不同性质的"有+N"结构》，《中国语言学报第十六期》2014年。

构成的"有+名"不能受程度副词修饰，只有抽象名词构成的"有+名"才能受程度副词修饰。朱淑君、杨玉玲将抽象名词放入"有+名词"结构中进行研究，认为抽象名词包含量的因素，并可受程度副词修饰。由于抽象名词的肯定结构"有+名词"具有认知的凸显性，所以语法学界关于抽象名词的研究多集中于该结构所凸显的量性特征。

以往对于抽象名词否定形式的研究存在误区，通常认为否定形式"没+名词"与表大量义的肯定形式"有+名"语义完全相反，如"没钱""没技术""没道理"等，表少量或小量义，如杨玉玲、尚国文[①]。这显然是没有深入考虑"有""没"的功能特性和名词肯定与否定形式的语义及语用表现。考察实际语料会发现，"没+抽象名词"的表义倾向并非与"有+抽象名词"相互对应，例如：

（5）因为家里<u>有钱</u>，所以我得加倍的自尊自傲。（老舍《阳光》）

（6）继母对双喜说："家里<u>没钱</u>，交不起学费，你回家干活！"（《人民日报》2000年）

例（5）的抽象名词肯定形式"有+名词"表"钱"的数量高于平均值或期望值，而"没+抽象名词"则是尚未达到要求值，"钱"的语义在此处已抽象化，并非指钱的多少，而是指需求的量，没有达到需求即为"无"。因此，表抽象义的"没钱"并非与大量义的"有钱"相对。

有鉴于此，需要我们从抽象名词形式特征入手，来探究名词肯定与否定功能区别，以求发现其不对称性的根本原因。

[①] 参看杨玉玲《认知凸显性和带"有"的相关格式》，《修辞学习》2007年第5期；参看尚国文《"没+NP"结构的量度特征分析》，《汉语学报》2010年第1期。

第二节　抽象名词的肯定与否定形式

一　抽象名词的分类

"没"是"有"的否定形式，也就是"没（有）"，对抽象名词的肯定形式进行分类，实际也是对其否定形式进行分类。

只有抽象名词构成的"有+名"才能受程度副词修饰①。通过对 CCL 语料统计分析，发现在抽象名词中，有些直接就能进入"有+名词"结构，有些需要经过本义的引申或添加变换后才能进入。据此，本书把能否受程度副词修饰作为"有+名词"结构表义抽象化的鉴别标准，对该结构进行分类。

李先银将抽象名词分为两类：一类是不能独立存在的寄生抽象名词，如价值、能力、好处等，这类抽象名词能直接进入"有+名"结构中；一类是主生抽象名词，如文明、科学、宗教等，这类抽象名词不能直接进入"有+名词"结构中②。我们认为，如果在主生抽象名词后添加寄生抽象名词，如"文明精神""科学思想""宗教信仰"等，也可以进入"有+名"结构中并可受程度副词修饰。唐善生③提出过一些可受程度副词修饰的具体名词，如男人、国际、现代等，可以添加其他成分使其抽象化，并可以放入"程度副词+有+名词"结构，如"很有男人气""超有国际范""很有现代气息"等。因此，我们把不能进入"有+名词"结构的抽象名词，和可受程度副词修饰并可被抽象化的具体名词归为一类。除此之外，还有一类是上文所述进入"有+名"后，既可以表具体义也可以表抽象义的名

---

① 参看贺阳《"程度副词+名"试析》，《汉语学习》1994 年第 2 期。
② 参看李先银《容器隐喻与"有+抽象名词"的量性特征》，《语言教学与研究》2012 年第 5 期。
③ 参看唐善生《"程度副词+名词"与"程度副词+有+名词"结构》，《华中师范大学学报》（人文社会科学版）2000 年第 3 期。

词,如"钱"等。据此,我们将进入该结构的名词性成分分为三类:

第一类,有些名词本身就是抽象名词,可直接进入抽象名词的肯定结构中,整个结构可被程度副词修饰。如:哲理、感情、情趣、规矩、福分、个性、智慧、魅力、气势等。

第二类,有些抽象名词或具体名词[1],经添加其他成分后使其抽象化,可以进入"有+名词"结构,并可受程度副词修饰。抽象名词,如:文明、科学、宗教;具体名词,如:指人(官僚、男人、英雄等),处所(国际、东方、山东等),时间(现代、历史、青春等)。

第三类,有些名词本身表具体义,可直接进入该结构,但是进入后其肯定形式"有"与这类名词结合,表义抽象化了。如:钱、人、头脑、墨水等。

二 抽象名词肯定与否定形式的区别

张豫峰[2]从句法平面来分析"程度副词+有+宾语"现象,认为该结构中的"有"与宾语结合得非常紧密,程度副词不是修饰动词"有",而是修饰"有+宾语"。即便上文中有两类"有"后的成分本身不是抽象名词,那么也需要将其变为抽象义才能激发"有NP"结构所具有的量的特性。因为抽象名词本身就具有内含义,具体名词需要经过本义的引申才能体现其内含义。

赖慧玲指出"有+名"表义不同的根本原因在于名词量性特征的不同,抽象名词量度性强而具体名词计数性强[3]。"有"字领有句具有表好(褒义)和表多(主观大量)的语义倾向[4],这就要求抽

---

[1] 此处的抽象名词是指上文中李先银所提出的两类抽象名词中的主生抽象名词;具体名词是指上文中唐善生所提出的可受程度副词修饰的具体名词。具体的界定标准及特点可参见上两条脚注。

[2] 参看张豫峰《"有"字句的语义分析》,《中州学刊》1999 年第 3 期。

[3] 参看赖慧玲《名词的量性特征和"有+名词"结构》,《苏州大学学报》2009 年第 3 期。

[4] 参看刘丹青《"有"字领有句的语义倾向和信息结构》,《中国语文》2011 年第 2 期。

象名词必须具备很强的量度性才能够与之搭配。

抽象名词的否定形式,即"没+抽象名词"是"有+抽象名词"的否定,以上所述的三类抽象名词都能被"没"否定。从自然语言的肯定与否定的标记特征来看,在实际的语言运用中,由于否定形式是有标记的用法,出现频率要低于其肯定形式"有+抽象名词"。不仅如此,"没+抽象名词"的句法和表义功能也与"有+抽象名词"有较大的区别,具体表现为:

在形式上,"有+抽象名词"能够受程度副词修饰已被普遍接受,且是学界公认的用法,据CCL语料库检索,共计近一万例。而"没+抽象名词"受程度副词修饰的用法并不常见,据CCL语料库检索,合格的仅一百多例,多数是基于修辞性用法的需要,属于非惯常性搭配。能受程度副词修饰的"有+抽象名词"修饰的结构就是程度量的一种表达式①,而"没+抽象名词"一般不能被程度副词修饰,因而不能表达程度量。

在语义及语用上,表具体(存在)领有的"口袋里有钱"和抽象领有的"某人有钱",其中"钱"都是有指的。根据陈平对于指称的分类标准,名词性成分首先被分为有指和无指两类,其中有指又包括定指和不定指两类。② 因此根据分类标准,表处所的"钱"是定指成分,表属性的"钱"是不定指成分。他在论述无指成分的范围时,提出否定结构中在否定管界内的成分是无指成分,比如"口袋里没钱"。当"钱"作为抽象名词讲,比如"这个人没钱",同样也是无指的。因为,否定词的功能只在于对具体肯定项所指内涵做绝对超离,但并不另外指向任何一个别的肯定项。③ 也就是说,

---

① 参看姚占龙《能受程度副词修饰的"有+名"结构就是名词程度量的一种表达式》,《汉语学习》2004年第4期。

② 参看陈平《释汉语中与名词性成分相关的四组概念》,《中国语文》1987年第2期。

③ 参看张新华、张和友《否定词的实质与汉语否定词的演变》,《中国人民大学学报》2013年第4期。

否定词"没"之后的成分语义是虚无的,因此言者不会用它来指称任何对象。徐烈炯提出当说话者并不用某个词来指称任何对象时,它就是无指的。① 可以说,"没"后的成分无论是具体名词还是抽象名词都是无指的,这主要与"没"的否定功能有关。

那么,既然"没"能够否定抽象名词,形成否定形式"没+抽象名词",为什么在形式和表义倾向上与肯定形式"有+抽象名词"不对称呢?下面我们从"有"字领有肯定和"没"字存现否定的扭曲关系来进行分析。

第三节　名词肯定与否定的不对称性及扭曲关系

名词的肯定形式"有"是汉语中仅次于"是"的第二高频动词(刘丹青,2011)。它的义项较为丰富,至今尚未有明确的定论。学界大致有以下几种认识:

丁声树等认为"有"存在以下四种意义:表领属、表存在、表列举、表量度和比较[2];朱德熙认为"有"的四种意义是:表领属、表存在、表度量或比较,在一些方言中用作完成体助词[3];刘月华等认为"有"字有五种意义:表领有或具有、表存在、表发生和出现、表列举和包括、表达到或比较。[4] 吕叔湘(1986)认为"有"有三种意义:表领有或具有、表存在、表性质或数量达到某种程度。[5] 虽然"有"字的义项较为丰富,但最为根本的意义是领属(领有)和

---

① 参看徐烈炯《语义学》,语文出版社1995年版,第254页。
② 参看丁声树等《现代汉语语法讲话》,商务印书馆1980年版,第78—82页。
③ 参看朱德熙《语法讲义》,商务印书馆1982年版,第42页。
④ 参看刘月华等《实用现代汉语语法》,外语教学与研究出版社1983年版,第691—696页。
⑤ 参看吕叔湘《现代汉语八百词》,商务印书馆1986年版,第630页。

存现，其他义项如量度和比较等都是在此基础上引申出来的。本书所涉及的仅有领属和存现两个义项，因为这两个义项都是与名词性成分直接搭配。《现代汉语词典》（第7版）对"有"字"领有"和"存现"义项的解释是与"没"相对，也就是说"没"既可以否定"领有"也可以否定"存现"①。但在具体的动名组配（有/没＋名），特别是"有"或"没"与抽象名词组配时，并非是相互对称的。接下来将探讨这种表义功能的非对称性。

一　名词的肯定与否定的表义功能

（一）具体名词的肯定/否定形式表存现义

就具体名词来说，表肯定的"有"和表否定的"没"是对称的。赖慧玲通过分析"有＋具体名词"和"有＋抽象名词"结构的差异，指出前者只能确认事物的存在，不体现程度的差异，而且"具体名词"往往是实体，占据空间②。根据实际语料考察发现，"没＋具体名词"也是如此，即"有/没＋具体名词"都表存现，例如：

（7）呼伦贝尔草原有一条河，叫圈儿河。（汪曾祺《旅途》）

（8）从前有座山，山上有个庙，庙里有个和尚讲故事从前有座山，山上有个庙，庙里有个和尚讲故事，讲的什么故事呢？讲的是从前有座山，山上有个庙，庙里有个和尚……（《1994年报刊精选》）

（9）他在解放初期任石家庄军事学校校长，学员每天上早操，操场没有厕所。（《1994年报刊精选》）

---

①　参看中国社会科学院语言研究所词典编辑室编《现代汉语词典》（第7版），商务印书馆2016年版，第1578页。

②　参看赖慧玲《名词的量性特征和"有＋名词"结构》，《苏州大学学报》2009年第3期。

（10）不知你注意到没有，广东的地名很有意思：佛山<u>没有山</u>，南海<u>没有海</u>，花都<u>没有花</u>。(《人民日报》1994年)

例（7）、例（8）是对"河""山""庙""和尚"客观存现的肯定；例（9）、例（10）是对"厕所""山""海""花"存现的否定。通过语料检索发现，所有具体名词的"有"字肯定形式和"没"字否定形式都与典型的存现有关。

（二）抽象名词的肯定形式表领属

一般情况下"有+NP"指称的主语是人或物，即某人或某物具有或拥有"NP"的某种性质特征，即表领有的意义。最为典型的就是李先银（2001）提出的"寄生抽象名词"，对应的是本书所列举的第一类抽象名词，这一类词由于不能独立存在，并且是特定主体的内在情状，表示主体（主语）所具有或拥有的某种内在性质特征或某种属性，并不是客观存在的事物，因此抽象名词的肯定形式仅表领属。例如：

（11）精通英语、法语、日语的化妆老师 Cherie 真的很<u>有魅力</u>。(张晓梅《修炼魅力女人》)

（12）许多学者都认为，俞大维是台湾最<u>有学问</u>的一位部长。(朱小平《蒋氏家族全传》)

（13）把未成年人培养成<u>有理想、有道德、有文化、有纪律</u>的社会主义公民。(《1994年报刊精选》)

例（11）的"有魅力"是化妆老师 Cherie 所具有的特质；例（12）的"有学问"是俞大维所具备的；例（13）的"有理想""有道德""有文化""有纪律"是对未成年人将来所应具有素质的要求。以上表性状的抽象名词都是某事物所具有的性状特点，由于语义较为抽象，附着性强，因此这类词仅表领属。

（三）抽象名词的否定形式表存现

"没+抽象名词"不同于"有+抽象名词"，这与"没"的否定功能有关，由于其语义虚无，并且是无指的，因此交际双方仅需关注指称主语所领有的"抽象名词"目前存在与否，不会关注主语的领有情况。

关于"没"否定存现的说法，郭锐（1997）较早地指出，现代汉语中"没"有两种基本用法，一是对事物存在的否定，二是对过程性成分的否定，并说明二者从更高层次来讲是相同的，都是事物存在和事件存在的否定。侯瑞芬（2016）论证过"没"作为存现否定的用法，她认为"没"重点关注"有没有"这种事或物的存现，对"有"的否定都是对存现的否定，如否定性质义抽象名词"没男人气""没淑女样儿"。两位学者的研究成果对本文关于抽象名词肯定与否定不对称的研究有很大启发，结合类似于"有钱"一类同形异义形式的否定，我们了解到肯定具体义和肯定抽象义的语法功能是不同的，但否定具体义和否定抽象义的语法功能却又是相同的。前面讨论过抽象名词的肯定形式仅表领属，那么为什么本义就表抽象的第一类名词也表存现呢？如"没文化""没水平"等。

因为其肯定形式如"有文化""有水平"表示大量，是位于其反义形式"有一点文化""有一点水平"之上的大量，也就是说"有+抽象名词"肯定的并非是全量，而与肯定形式相对的否定形式否定的则是该事物的全量[①]，如"没一点文化/水平""一点文化/水平都没有"等同于"没文化/水平"。"没"是一个否定词，否定词无实质内涵，并且是对事物特殊存在方式的否定[②]，因此被"没"否定的事物是虚无的根本就不存在，更无所谓领属，这自然就解除

[①] 参看姚占龙《能受程度副词修饰的"有+名"结构就是名词程度量的一种表达式》，《汉语学习》2004年第4期。

[②] 参看张新华、张和友《否定词的实质与汉语否定词的演变》，《中国人民大学学报》2013年第4期。

了抽象名词的领属关系，也就不再表示领属义。例如：

（14）她深有体会地说："过去我没文化，看啥不懂，干啥啥不会，见人好像矮半截。"（《1994年报刊精选》）

（15）在谈到职务时，年四旺说："当时我说我是个大老粗，没水平，不是当官的材料。"（1996年作家文摘）

诸如"文化""水平"等第一类抽象名词的领属关系解除，意味着这一类"寄生抽象名词"（李先银，2001）的属性义与主语没有了任何关系，仅能表示某种现象是否存在。因此，三类抽象名词被"没"都是对存现的否定。

对于具体名词来说，其肯定和否定功能对称，而对于抽象名词来说是不对称的。这与肯定形式"有"和否定形式"没"表义功能上的不对称有关。具体来说是"有"的肯定形式分为肯定存现和肯定领属两种情况，即当肯定具体名词时是肯定存现，肯定抽象名词时是肯定领有。而"没"字否定形式，仅能够否定存现不能够否定领有。

二 名词肯定与否定的扭曲关系

汉语的"有"不同于英语的"there be"，"有"既表"在"（existence）又表"现"（侯瑞芬，2016）。表存现的"有"字句与英语的存现句不同，那么表领有的"有"字句也不同于英语的"have something"，与之对应的否定形式同样如此。例如：

（16）A：钱包里有钱。
英语：There is money in the wallet.
B：钱包里没钱。
英语：There is no money in the wallet.
（17）A：他（很）有钱。

英语：He is very rich.

B：他（*很）没钱。

英语：He has no money.

  对例（16）、例（17）的肯定句 A 和否定句 B 进行英译，从翻译结果可以看出，例（16）的肯定句和否定句都表存现，无论从形式上还是从语义上来看，完全是对称的。而例（17）肯定句中的"有钱"由于已具备形容词的属性，可受程度副词"很"修饰，所以直接翻译为"rich"，而"没钱"并不是被翻译为"poor"，即便添加程度副词"很"也是没有任何意义的，其结果都是"no money"，这说明例（17）B 的语义并未和例（17）A 一样发生引申，"没钱"在此处用了直译的方式，表示他现在的状态并非是"rich"的反义词"poor"（穷、钱少），而是"no money"（没钱）。

  汉语对于名词的肯定和否定，虽然外在形式对称，但是从内部的语义功能来剖析，可发现其非对称性的特征。有些名词一旦进入肯定式结构，往往其整体功能发生游移，具备形容词形的特点，肯定形式下结构语义抽象化是造成不对称的根本性因素，而这些名词进入否定结构，虽然语义是抽象的，但是由于"没"字自身功能特点的因素，使其丧失了属性特征，仅表一种现象是否存在。

  因此，可以说"没 + 具体名词"是对"有 + 具体名词"的否定，而"没 + 抽象名词"并不是对"有 + 抽象名词"的否定。因此，对于名词的肯定形式"有 + 名词"和否定形式"没 + 名词"来说，其所对应的领有义和存现义并不是一一对应的，这种不对应关系可以称之为"扭曲关系"（skewed relations），图示如下：

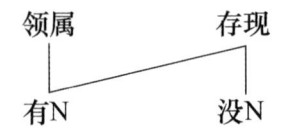

```
领属          存现
  \          /
   \        /
   有N      没N
```

名词的肯定形式既可以肯定领有也可以肯定存现，而名词的否定形式只能否定存现。通过上文的分析，已经得知名词的肯定形式和否定形式表义的情况（即表领属还是存现），以及其表领属或存现的具体原因。但是，导致这种"扭曲关系"的根本动因是什么？有哪些因素导致了名词肯定和否定形式的非对称现象？下面我们从常项（"有""没"）和变项（名词）来进行分析，并加以解释。

第四节 名词肯定与否定不对称性的动因

名词都是表示某种事物的，具有"指称性"（referentiality）。名词性成分的"指称性"可以说是语言表达形式（language expressions）和世界上事物之间的一种对应关系。[1] 本章所探讨的名词是指属性义名词，在表示某种事物的同时，还隐含了与另外事物之间的依存关系，它涉及名词的指称义（referential meaning）。名词指称义是进入句子后才具有并显现出来的一种意义，反映的是名词性成分与其所指之间的关系。[2] 这类名词在句中必须与其他成分发生关系才能成立，因此，可以用名词的配价情况对其进行分析。

袁毓林按照配价理论，把现代汉语中的名词分为零价名词、一价名词和二价名词。[3] 零价名词如"水、土、大海、天空"等，都是具体名词[4]，其肯定与否定形式是对称的，所以不予考虑。袁毓林（1994）将一价名词分为亲属称谓名词、事物属性名词、整体部件名词三类，其中事物属性名词，如"质量、水平、样貌、性格"等，是本文所研究的抽象名词。二价名词如"兴趣、看法、作用"等观念情感类名词，都是抽象名词，其肯定和否定形式多数是不对称的，

---

[1] 参看李强《动态语境与无指成分的非指称性》，《当代修辞学》2015年第4期。
[2] 参看杨炎华《名的指称义对名词配价的影响》，《汉语学报》2009年第4期。
[3] 参看袁毓林《现代汉语名词的配价研究》，《中国社会科学》1992年第3期。
[4] 参看姜红《具体名词和抽象名词的不对称现象》，《安徽大学学报》（哲学社会科学版）2009年第2期。

是本文的研究对象。

进入肯定或否定结构的名词性成分，以第一类为代表，以及第二类和第三类都是表示事物的某种抽象属性义。属性义名词性成分语义是不自足的，它需要主体名词帮助它使语义具体化和定指化[①]。本章所涉及的抽象名词都是属性义名词，因此，这类名词表现为某个名词性成分一定要求与另外一个名词在语义上构成依存关系。但是，名词性成分的肯定形式和否定形式的依存要求是不同的。例如：

（18）A. 小明有钱⟷小明钱很多
　　　B. 小明没钱⇸小明钱少
（19）A. 小明有水平⟷小明水平很高
　　　B. 小明没水平⟷小明水平低
（20）A. 小明对书法有兴趣⟷小明对书法兴趣很足
　　　B. 小明对书法没兴趣⟷小明对书法兴趣低下

在例（18）、例（19）中的"钱"和"水平"都是一价名词，例（20）中的"兴趣"是二价名词，在肯定句式 A 中，这些名词必须要依存于其他名词。"钱"是指"小明的钱"，"水平"是指"小明的水平"，"兴趣"是指"小明对书法的兴趣"，这些属性义名词与主语构成典型的领属关系。并且，以上三例 A 句中的前句可推出后句，后句也可推出前句，前后是互推关系。无论句式如何变换，属性义名词性成分对主体名词始终具有依存性。并且，抽象名词的肯定形式具有形容词的属性特征，即"有+名词"指"名词"的程度深，能激活主语名词［程度］这一语义特征。

在否定句式 B 中，虽然"钱""水平""兴趣"的配价与句式 A 都相同，但是前句不能够推知后句，如"小明没钱"是指没有达到发话人所要求的一定量的钱；"小明没水平"是指没有达到发话人所

[①] 参看袁毓林《一价名词的认知研究》，《中国语文》1994 年第 4 期。

认定的水平;"小明对书法没兴趣"是指发话人认为小明没有达到对书法喜好的标准。没有达到即是不存在的事实,为什么呢?因为无论从发话人的角度或是从人类共同的认定标准考虑,达到所要求的量才能被视为存在,只有存在才能被主体所领属,达不到认定标准则是不存在的,更无所谓领属。一个根本就不存在的事物无依存性可言,更无[程度]的语义特征,甚至有些否定句式无须与其他句法成分有关联,如作为应答语或话语标记的"没问题""没说的"等,已词汇化为一个独立的韵律结构,既可以独立成句也可以作为独立小句在话语中出现。例如:

(21) 没等说完,袁厂长接了过来:"没问题。"(《1994年报刊精选》)

(22) 没说的,这辈子就当警察,当一个一尘不染的好警察(《人民日报》2000年)

与之相反,表肯定的"有问题""有说的"等"有+名词"形式,因为需要与主体构成依存关系才能存在,因此不可以独立存在。例如:

(23) 如果说我贪财,那么请证明我金钱的来源有问题。(《李敖对话录》)

(24) 乙:他还老有说的!就这么唱:"丁山儿哟该来了。"(《中国传统相声大全》)

从语义上来看,名词的否定形式没有达到发话人认定的标准即是无效的、不存在的,即便是有一定量的存在被否定后也是荡然无存的,就如同被罚款100元,就算有99元也是无济于事,例如:

(25) 这一次,警察就把我抓住了,当场就要罚款100元。

我没钱，就被警察带到了派出所，当晚就被送到了郊县筛沙子。(《中国北漂艺人生活实录》)

抽象名词也是如此，没有达到量的要求即为不存在，例如：

（26）很平庸、没水平、没性格的人，不可能进到丝宝来，更不可能成为一个领导干部，这是个前提。(《人民日报》2000 年)

（27）在市场搏击中，他体悟到："小产品，没批量，会被挤垮；只有批量，没质量，也会败北。"(《人民日报》1993 年)

由上例可知，如果前提条件被否定，那么其结论也是否定的。也就是说，名词的否定形式是客观的，是否存现跟客观现实有关，"没"否定的是客观存现。抽象名词的肯定形式由于表领属，而且具备形容词的属性特征，所以表主观领属，而具体名词的肯定形式，如"桌子上有书"又表客观存现。

因此，名词的肯定形式既表"主观肯定"又表"客观肯定"，而名词的否定形式仅表示"客观否定"，这就形成了一种"扭曲关系"：

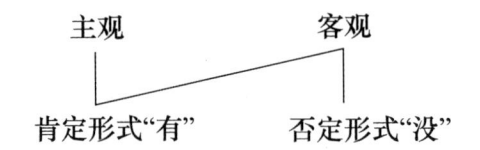

主观　　　　客观
└────┬────┘
肯定形式"有"　否定形式"没"

沈家煊（2008）提出"物理世界、心理世界和语言世界"三个世界的理论，以心理世界作为中介来反应物理世界[①]。李德鹏继而将"语言世界"分为"客观世界、主观世界和虚拟世界"，并认为如果物理世界经过了心理世界，基本还保持了物理世界的面貌，基本没有主观心理的印记，可称之为客观世界；如果物理世界经过心理世界时，心理世界赋予了其主观印记，并带有主观评价性，反映在语

---

① 参看沈家煊《三个世界》，《外语教学与研究》2008 年第 6 期。

言世界中就是主观世界①。名词的否定形式"没+名词"相当于"无+名词",否定名词是否定范畴的初始形式,直接指称一种绝无物质的事物状态,并不另外指向哪里,使思维空无所依②,因此也就没有任何心理印记,属客观世界。

对于名词肯定形式"有+名词"来说,主观性的表达是特殊的表达(能够产生语义增值),客观性的表达是一般的表达,即包括主观评价和客观叙述。而对于名词的否定形式"没+名词"来说,客观性的表达则是特殊的表达,仅表客观叙述。侯瑞芬指出"没"是特殊否定、有标记否定,是对事实的否定。③ 无论否定具体名词"桌子上没书",还是否定抽象名词"这人没心眼",都是有标记的特殊用法。

第五节 对名词肯定与否定不对称性的认识

通常认为,无论是具体名词还是抽象名词,凡是名词的否定形式"没",都是对肯定形式"有"的否定。对于名词肯定与否定的笼统认识,误认了其实质的功能特性。我们从名词肯定和否定形式表义的扭曲关系入手,明确了不对称的主要表现为:名词肯定形式表"领属肯定"和"存现肯定",而名词否定形式仅表"存现否定"。具体而言,语用上表现为"主观肯定评价""客观肯定叙述"和"客观否定叙述"的不对称;语义上表现为"领属肯定""存现肯定"和"存现否定"的不对称。这种不对称性集中体现为抽象名

---

① 参看李德鹏《论语言的客观世界、主观世界和虚拟世界》,《理论月刊》2014年第10期。
② 参看张新华、张和友《否定词的实质与汉语否定词的演变》,《中国人民大学学报》2013年第4期。
③ 参看侯瑞芬《再析"不""没"的对立与中和》,《中国语文》2016年第3期。

词的肯定与否定，如表 4-1 所示：

表 4-1　　　　　　汉语抽象名词肯定否定的不对称性

名词的肯定与否定	有 + 名词（肯定）		没 + 名词（否定）
名词	抽象名词	具体名词	抽象/具体名词
不对称性	肯定领属（属性）	肯定存现	否定存现
	主观肯定	客观肯定	客观否定
语用表现	肯定评价	肯定叙述	否定叙述
语义表现	语义增值表引申义，指程度深或大量	语义不变，表具体义或本义	语义虚无，无具体义

名词肯定与否定不对称的关键之处在于否定形式"没"不具有否定"领属"的功能。虽然"领属"和"存现"关系紧密并可相互转化[1]，但在名词的肯定和否定形式上确实有明显的区别，这种区别表现为：当名词的肯定形式表抽象义并在领属范畴之下，能触发整体的词性漂移，即名词性用法向形容词性用法漂移，且语义发生引申。而名词的肯定形式表具体义时，仅表本义且词性不变。名词（抽象/具体名词）的否定形式从对称性上来看，与具体名词的肯定形式是对称的，与抽象名词是不对称的。由此可归纳为，汉语名词的不对称性体现在抽象名词的肯定领属与否定存现的功能不匹配，主观世界和客观世界的维度不一致。可见，领属和存现以及主观和客观这两对范畴，在名词肯定和否定功能的判别标准上必须区分开来。这种区分方式对汉语肯定和否定形式的研究有较为重要的意义，可作为语法意义的标准，能够更好地分析和解释相关语言现象。

---

① 参看任鹰《"领属"与"存现"：从概念的关联到构式的关联——也从"王冕死了父亲"的生成方式说起》，《世界汉语教学》2009 年第 3 期；参看袁毓林、李湘、曹宏、王健《"有"字句的情景语义分析》，《世界汉语教学》2009 年第 3 期。

第六节 本章小结

　　以往对汉语名词肯定与否定的对称性缺乏清晰的认识，尚未充分考虑抽象名词肯定与否定形式在语义上的不对称性。本章认为，其不对称性在于"领属肯定"与"存现否定"的非对应性，可进一步论证为"主观肯定"与"客观否定"的非对应性，这种不对称性体现在能够发生语义增值的抽象事物的肯定与否定形式上。"有+名词"与"没+名词"之间表现为一种扭曲关系，这种扭曲关系存在的原因与抽象属性义名词的依存性，以及主观和客观的本质规定性有关。

　　本章以汉语抽象名词为研究对象，来探析其肯定形式"有+抽象名词"和否定形式"没+抽象名词"的不对称性。通过考察相关文献，我们发现以往对于现代汉语肯定与否定的研究，基本都是从程度或量性特征展开的，尚未对肯定否定所涉及的对象从语义的角度进行深入探讨。本章从现代汉语中抽象名词肯定与否定不对称的现象出发，剖析三类表抽象义的名词性成分，得出肯定形式"有"与名词性成分搭配（具体名词和抽象名词）可表存现义和领属义，而否定形式"没"与名词性成分搭配（具体名词和抽象名词）仅表存现义。"有""没"与名词性成分组配不对称的原因体现在名词肯定形式可表"领属肯定"和"存现肯定"两种肯定方式，而名词否定形式仅表"存现否定"。这主要是与"有""没"肯定否定的功能特性有关，其次与抽象名词肯定领属的依附性也有一定的关系。

　　现代汉语抽象名词肯定与否定不对称的原因已进行分析并解释，那么接下来需要阐明的问题是：

　　第一，"有"和"没"与抽象名词组构时，都存在哪些样态，其肯定与否定的特点是什么样的？

　　第二，"有"和"没"与抽象名词组构时，语义是否会变化，所发生的变化体现在哪些方面?

第三,"有"和"没"与抽象名词组构,其肯定与否定所发生不同语义增值的具体原因是什么?

以上问题需要细致地分析处理才能将"有"和"没"与名词性成分的研究推向深入。对抽象名词进行研究并不是忽视了具体名词,而是在具体名词的基础上对其引申义或衍推义进行挖掘,涉及句法、语义及语用的方方面面,就如同研究语言的不对称性的同时就包括了语言的对称性,不对称是建立在对称基础之上的,抽象名词同样也是在具体名词的基础之上进行研究和探索。

第 五 章

"有/没"与抽象名词组构的语义偏移

在现代汉语中,当"有"与一些名词性成分组构时,其语义会发生偏移,有的呈正向偏移,有的呈负向偏移。语义发生偏移的前提条件为:名词性成分必须是中性的。汉语语法学界关于中性名词的研究离不开"有/没 + N"结构[1],这是由"有/没"的功能属性决定的。例如:

(1) 他对您倒是挺尊敬的,经常跟我讲,我们兵团最<u>有水平</u>最有能力的干部只有江部长了。(莫应丰《将军吟》)
(2) 有人劝她,见好就收,不要弄得人家对你<u>有看法</u>。(《人民日报》1995 年 6 月)

例(1)、例(2)中的"水平"和"看法"本来为中性词,进入"有 + N"结构后,其表义功能发生了偏移,由中性义偏向了褒

---

[1] 本章由于涉及较多"有"/"没"与名词性成分组构的说法,为求简便,后文一律采用"有 + N"或"没 + N"替代,其中"N"指代名词性成分(名词、名词性短语),而且是抽象义并表性状的名词性成分。关于"性状义名词性成分"的说法下文将有所探讨。

义或贬义。"有水平"是指在某一专业方面所达到的高度;"有看法"是指不良的态度或想法。

当"没"与一些名词性成分组构时,其语义或语用会有所变化,有的语义倾向于"无",有的没有语义倾向性,有的语义虽不偏移但在用法上偏向于积极。语义发生偏移的前提条件同样要求名词性成分必须是中性的,例如:

(3) 他对福堂的这种态度非常生气:尽管你对俊武有意见,但这种事上怎能坐山观虎斗呢?你这个大队领导太<u>没水平</u>了!(路遥《平凡的世界》)

(4) 他知道,秀莲的这些举动,父母亲,妹妹都看在眼里了,但他们又都装着没看见。这不是说,他们对秀莲这种行为<u>没看法</u>。(路遥《平凡的世界》)

(5) 大约缓慢行进十五分钟后,基思停下脚步,跪下来静听森林的动静,比利也跪在他旁边,两人足有五分钟纹丝不动,最后,比利低声说:"听起来<u>没问题</u>,闻起来<u>没问题</u>,感觉也<u>没问题</u>。"(内尔森·德米勒《小城风云》)

例(3)中的"水平"为中性词,进入"没+N"结构后,由中性义偏向了贬义,指在客观上对于某事来说是没有达到标准,也就是"无水平";例(4)中的"看法"为中性词,进入"没+N"结构后,词性没有发生偏移;例(5)中的"问题"为中性词,进入"没+N"结构后,词性虽未偏移,但语用法偏向于言者积极乐观的态度。

本身就是褒义或贬义的名词性成分不在本章的研究范围之列,因为这类名词性成分在进入"有+N"或"没+N"结构后不会发生语义偏移,例如:

(6) 孩子<u>有优点</u>,也<u>有弱点</u>,问题出在大人身上,责怪孩

子不公平。(《人民日报》1994 年第 1 季度)

（7）妈说："罗撒香要生孩子，那孩子有一半是康尼的。孩子大起来，听说他爸不好，对孩子没好处。"（约翰·斯坦贝克《愤怒的葡萄》）

（8）以撒高兴得喊了起来。"你喝一杯，这对你没坏处，"他又说，斟了满满一杯酒递给放猪的，葛四有生以来还从未喝过这么好的酒。（司各特《英雄艾文荷》）

例（6）的褒义词"优点"和贬义词"弱点"进入"有 + N"结构后词性并未发生偏移；例（7）和例（8）的褒义词"好处"和贬义词"坏处"进入"没 + N"结构后，之前的贬义或褒义只是被"没"否定了，语义并未发生偏移。

中性名词性成分在"有"之后发生正向或负向的语义偏移，而在"没"之后语义只会发生负向偏移或不发生偏移，这种不对称性如前文所述是由"有"和"没"的本质区别决定的，那么语义偏移的特点和原因是什么呢？

一般情况下，"有"与"N"（名词性成分）组构往往倾向于正向偏移；"没"与"N"名词性成分组构往往倾向于负向偏移。这主要是与"有"和"没"本身的语义属性有关。清王筠的《说文释例》说："有"字从又从肉会意。近代毛公鼎、令鼎诸古字形断定"有"字系从又持肉之象。从这里我们可以了解到"有"的古文字字形为"手里提着肉"的会意字，"有"自古以来就倾向于褒义的用法。而"没"在唐以前是一个普通的动词，义为"沉没"，到了唐代它才发展成了领有动词的否定式，直至 13—15 世纪之间"没"才正式发展出了可以作为领有动词"有"的否定标记的正式用法（石毓智，2004）。邹韶华（1988）曾经统计过"有 + 名词"中，中性褒贬义名词的使用频率，并以此作为研究方法来解释褒贬义词的语义偏移，提出所谓的"语频效应"，即词语在语言使用中出现次数的多少而对语言的意义产生的影响。他通过对现代汉语中常用的

5000词的积极义与消极义使用频率进行比较统计，发现它们的分布比例大致为7∶3。邹先生从语言自身的频率因素来解释"有+N"的语义偏移。沈家煊（1996）从语言外部因素来解释该现象，他依据语用学中的"乐观假说"提出人们在生活中总是期望和追求美好的一面，摒弃不好的一面，当中性名词进入到特定的结构中时，往往偏向褒义。在现实交际中，人们为保证交流的顺利进行，往往遵循"礼貌原则"或"面子原则"，因此中性义名词在"有+N"中往往偏向褒义。"没"由于是"有"的否定形式，所以在"有+N"中偏向褒义的"N"在"没+N"中就偏向贬义。

第一节 "有+N"与"没+N"的语义偏移类别

从形式上来看，"有+N"多数呈正向偏移，而其否定形式"没+N"多数呈负向偏移。例如：

(9) 我们今天说"文质彬彬"是指一个人很<u>有文化</u>、很有儒雅的样子。（《梁冬对话王东岳》）

(10) 对于那些既<u>没文化</u>又缺资金、劳力的农民来说，要把科技引入家庭谈何容易。（《1994年报刊精选》）

(11) 宋瑞祥强调说，我们完全<u>有条件</u>、<u>有能力</u>当好东道主。（《1994年报刊精选》）

(12) 社长低声说："我<u>没能力</u>当社长，我觉得大家有必要在今天推选出一个新的社长。我推荐林雨翔。"（韩寒《三重门》）

(13) 鹤发童颜：指白色的头发，红润的面色。形容老年人气色好，<u>有精神</u>。（《中国成语大辞典》）

(14) 心境不佳的毛泽东，得了失眠症，一夜里睡不着，白天工作<u>没精神</u>，人显得异常疲困乏力。（《1993年作家文摘》）

但在少数情况下并非如此,"有 + N"除正向偏移外也会呈负向偏移,而"没 + N"除负向偏移外也会向中性或正面的用法偏移。例如:

(15) 根据《产品质量法》太钢作为经销者,产品质量<u>有问题</u>,应经销者对用户直接负责,再由经销者追究生产企业责任。(《1994 年报刊精选》)

(16) 从国家质检总局质检结果来看,规模大、知名度高的大型生产厂家的月饼质量<u>没问题</u>。(《人民日报》2002 年)

(17) 这件事的本身很难说刘子羽、姚平仲二人哪个对,哪个错,但是姚古在军队中威福自恣,部队中对他很<u>有意见</u>。(徐兴业《金瓯缺》)

(18) 五叔说人家对咱孩娃<u>没意见</u>,五婶脸上就浮着一层笑,说我看见她进灶房烧饭了,有意见能进灶房烧饭吗?(阎连科《家诗》)

关于"有 + N"组构偏移的说法已有许多学者谈到过,也做过一些研究,为我们的研究提供了坚实的理论基础。吕叔湘(1983)首先提出"有"字与许多中性意义的词组构,就有褒义或贬义色彩。他以"这就得看他的人缘儿了"和"他有人缘儿,你放心"为例,指出"人缘儿"在前一句表达中性义,在下一句中与"有"字组构就表达褒义色彩;以"两个人的看法不一样"和"她对他有看法"为例,指出"看法"在第一句是中性的,而在下一句与"有"字连用则表贬义。中性词进入到"有 + N"结构中是如何发生语义偏移的呢?邹韶华(1986)指出,"中性词的语义偏移必须处在一定的格式中,其中'有 + N'是较为典型的格式"。万中亚(2007)认为,中性词进入"有 + N"结构后,一般会发生感情色彩偏移,或偏向褒义或偏向贬义。张治(2008)认为,汉语语义偏移的发生不是由于特殊的词进入了特殊的构式,而是特殊的构式进入到了特殊的语境（评价性语境）所带来的结果。温锁林（2010）将"有/没有+N"中的"N"定义为性状义名词，并指出性状是形容词属性，但汉语中的"性状义名词"用于"有/没有"之后也表性状义，并提出名词性状义的存在是名词功能游移和词性转变过程中的桥梁。

上述学者从广义层面指出了"有+N"或"没+N"语义偏移的共性，多数是关于"有+N"正向偏移或"没+N"负向偏移的研究，少有涉及"有+N"负向偏移或"没+N"正向偏移的研究，其个案研究更是无人涉及。有鉴于此，本章将先对"有+N"的正向偏移情形进行归纳，探寻其规律，而后以此为基础来分析"有+N"负向偏移的原因。"没+N"的负向偏移同样是先对其进行归纳，寻求规律，并以此为基础来分析"没+N"正向偏移的原因。

第二节 "有+N"的语义正向偏移

"有+N"的语义正向偏移是惯常性用法，意思是在即便没有含褒义的形容词明示其语义倾向，"有+N"也能表现出其褒义的色彩。这种现象在汉语语法学界已有较多的讨论，也是现代汉语名词性成分研究的重点所在。在上一章关于抽象名词肯定和否定的不对称中，讨论过"有+N"如果发生正向偏移，那么"N"必然是抽象名词，那么本节所探讨的正是抽象中性名词的语义正向偏移现象。

学界关于该现象的研究虽然角度不同，但基本已达成这样的共识，即：语义正向偏移的"有+N"表大量义、程度高或表达某种评价义，并且已具备形容词的属性，可受程度副词"很"的修饰，即"很+有+N/NP"。从形式或语义表现上看，学界所达成的共识是完全正确的，但是，对于该现象所产生的原因及其相关原理的解释却莫衷一是。本节将试图对"有+N"正向偏移多角度的研究结果进行梳理，然后对该现象进行归纳并解释。

一 "有+N"语义正向偏移的相关研究

"有+N"既然表示程度高、大量义,还可以受"很"等程度副词的修饰,并表达一种评价(饶继庭,1961;彭少峰,1986;邹韶华,1986;贺阳,1994;李宇明,1995;张豫峰,1997),那么"有+N"结构的两个构成要素"有"和"N"必然是在相互影响的作用下,整体结构才会发生语义偏移。学界关于这两个要素的研究分别有所偏重,有些学者侧重于对变量"N"的研究,认为主要是"N"某些原因造成该结构的语义偏移;有些学者认为是常量"有"或受"有+N"结构的影响造成的语义偏移,下面我们分别对这两类不同的研究视角进行梳理。

(一)"N"的影响

由于"N"是可变量,并且具有分类操作的可能性,因此,解释"有+N"语义正向偏移现象多数是对于"N"的探讨和研究。在汉语语言学界关于"有+N"语义偏移的研究,有些学者认为是由"N"的语义触动整体结构的语义偏移。较有代表性的学者如下:

邹韶华(1986,2001,2007)强调了中性名词的语义偏移需要在特定的格式中,"有+N"是典型的偏移格式,并用语用频率效应[①]来解释与"有"字搭配为什么以正向偏移居多。也就是说邹先生认为"有+N"的偏移方向受"N"本身语用习惯的影响,"N"本身积极义用的多,"有+N"就呈褒义;"N"本身消极义用的多,"有+N"就呈贬义。

谭景春(1998)在分析名词此类转变的语义基础时,谈到副词"很""挺"与"规律、本事、礼貌、威风、感情、个性、理智"等词搭配,可在这些词前加"有",如"很/挺规律""很/挺有本事""很/挺有礼貌""很/挺有感情""很/挺有个性""很/挺有理

---

① 参见邹韶华《语用频率效应研究》,商务印书馆2001年版。他认为如"水平"之类的中性名词,大多数情况下是与正极意义搭配,所以在"有+N"中也是如此。

智"等,并提出"有+名词"格式早已有之,而"很/挺规律"等格式之后才出现,并认为,这类词是由名词转变而来的形容词,可以释"规律、本事、礼貌"为"有规律、有本事、有礼貌"。认为抽象名词的性质义最强,是名词转形容词的基础。

刘春卉(2007)将"有+N"中"N"定义为"属性名词",并统计《现代汉语实词搭配词典》中的"属性名词"共计413例,认为"有+N"是判定"N"为属性名词的标准。她对该类名词的认识与谭景春(1998)相似,都认为副词修饰下的"N"即为"有+N",只不过是在省略"有"的情况下造成的。

姚占龙(2004)认为,能受程度副词修饰的"有+N"结构就是名词程度量的一种表达式,能发生语义偏移的"有+N"结构是选取性质义较强的名词,这类名词可以直接接受程度副词修饰,并认为名词的空间性越强,与"有"字的结合越松散,空间性越弱与"有"字的结合越紧密,它们之间呈现出一种从数量向性质转化的连续统。

温锁林(2010)提出,有些名词用于"有/没"之后,像形容词的属性一样也表性状,并将其定义为"性状义名词",这种名词有强弱之别,只有少数抽象名词在构成"有"字短语时才体现出性状义。所以他认为"有"字短语具有性状义的关键因素是其中的抽象名词,而不是"有/没","有/没"只起了激活性状义的作用。

李先银(2012)认为,"有+N"中抽象的"N"只有寄生抽象名词才能进入,主生抽象名词则不能进入①。他的研究首先为哪些抽

---

① 参见李先银《容器隐喻与"有+抽象名词"的量性特征——兼论"有+抽象名词"的属性化》,《语言教学与研究》2012年第5期,第79页中关于"主生抽象名词"和"寄生抽象名词"的提法。他认为寄生抽象名词是指一般不能独立存在名词,而且必须寄生于某主体,并且依存于该主体,可以表述为"……主体……具有的N",如价值(某物具有的价值)、能力(某人具有的能力)、好处(做或不做某事具有的好处)。

象名词能够进入到"有+N"做了限定，又根据寄生体的不同分为寄生主体是人（如能力、性格、思想、水平、关系等）和寄生主体是具体事物（质量、价值、意思、特点、问题等）两类抽象名词，认为这类寄生名词需要进入关联的领属结构才能进入到话语层面，并认为寄生抽象名词能够与主体形成一种隐喻容器关系，使"有+N"获得隐喻容器关系默认的"大量义"是隐性的，这种隐性"大量义"使"有+N"具有区别性，进而形容词化并可受程度副词修饰。

（二）"有+N"的影响

"有+N"整体结构造成的语义偏移与所在的语境有关，依靠语感对上下文的分析来解读"有+N"语义发生正向偏移的原因。主要有以下学者认为该结构的正向语义偏移受"有+N"整体结构的影响：

贺阳（1994）对"有+N"结构在形式和意义上进行分析，指出在受程度副词"比较、很、非常、最"等修饰的"有+N"结构中，当一个名词具有具体和抽象两个不同义项时，就只能以抽象的义项进入该结构。并认为该结构已隐含着有关名词所指对象的大小、高下、强弱等性质的意义成分。

张家骅（2001）从中俄词汇语义偏移角度来论述汉语中"有+N"的正向偏移，认为这是一种构词方式，能够使名词的词汇语义形容词化，这类词汇的特点是没有特定的构词标志，对上下文依赖较大，不能类推。

张治（2008）把"有+N"结构定义为发生语义偏移的构式，并认为汉语语义偏移的发生不是由于特殊的词进入了特殊的构式，而是特殊的构式进入了特殊的语境（评价性语境）带来的结果。

马晓华（2011）从跨语言的角度对"N"的语义偏移进行分析，认为"有+N"中"N"的词义偏移是由于在该结构中，显现的是"N"感情色彩的动态义，词语发生语义偏移同格式及搭配词语密切相关，并将"有+N"结构视作构式来解读。

金英、胡英彬（2012）从历时的角度分析"意见"一词，发现清代以前该词基本体现的是都是中性义，从此以后才出现贬义的用法；从共时角度来看"意见"，发现该词经常与"生、闹"等词搭配，特别是当进入"有+N"结构时，负向义就更为明显了。他们认为，"有+N"并不是"意见"语义偏移的唯一格式，而是"意见"一旦出现在评价性语境中，语义就负向偏移。因此，这也是由句法结构决定的语义偏移现象。

（三）"有"与"N"的双重作用的影响

温锁林、刘元虹（2014）认为，"有+N"的语义偏移现象是表示"领有、具有"义的动词"有"字固有表示"好、多"的语义倾向所致；而"有"的负向偏移，或由名词的语义倾向造成，或由表示"出现、存在"的动词"有"造成。与表意相近的其他格式相比，"有"是一种弱主观性表达格式，说话者选择"有"来表达其褒贬态度，是遵循了言语交际的"含蓄原则"。

二　"有+N"正向偏移的类别

由上文可知，发生语义偏移的"有+N"中的名词性成分必须是抽象义名词而且是中性义名词，凸显的都是名词的程度性。刘顺（2003：114）提出"程度性是隐藏在语义结构中或由名词所指而产生的附加语义特征，要使这种附加的语义特征成为凸显意义就必须借助于一定的形式"。"有+N"即这种形式，能够赋予"N"附加的语义特征，凸显其大量的程度语义。这其中的名词如李先银（2012）所总结的，根据主体的不同可分为指人和指物两类，主体指人的分为能力类、性格类、思想类、精神类、关系类，主体指物的没进行划分。通过对《现代汉语词典》（第7版）、《汉语大词典》以及相关语料库检索分析，发现可以对"有+N"呈正向偏移的

"N"进行更为细致的划分①。

第一类，属性义名词"N"的主体指"人"的类别主要有心理、思想、能力、体力、情操、性格、精神、关系、脸面、相貌、地位、喜好和方法这13类名词性成分。如：

心理类：底、数、心、感觉、理性……

思想类：思想、头脑、内涵、知识、文化、情怀、抱负、心境、想象力……

能力类：能力、天赋、眼光、水平、本领、本事、才干、才华、才能、技术、功夫、学识、领导力、创造力……

体力类：劲、力气、功力……

情操类：素质、素养、品行、规矩、德行、品德、品格、品质、情操

性格类：性格、品格、人性、个性、心气、魄力、性情、胆识、情义、胆量……

精神类：精神、气质、魄力、风度、风范、气场、劲头、书卷气、男性气概……

关系类：关系、缘分、眼缘、朋友、人缘、门路、缘……

脸面类：脸面、面子、面儿、名气、名声……

相貌类：相貌、模样、身材、身形、个子、腰、臀、国际范、东方特色……

地位类：地位、权利、名气……

喜好类：趣、爱好、喜气……

方法类：方法、法子、办法、诀窍、路子、秘笈、秘技……

第二类，属性义名词"N"的主体指"事物"的类别主要有时

---

① 本章关于"有+N"中"N"的正向偏移的分类是建立在以社会平均值为计量起点基础之上的。具体概念可参看石毓智《语法的概念基础》，上海外语教育出版社2006年版。他解释了"有"字短语性状义的表达取决于如何计量其后名词所指的事物的量，对于"有"字短语所指名词的事物来说，凡是以社会平均值为计量起点的，有关的短语则具有性状义；凡是以零为计量起点的，有关短语则没有性状义。

间、希望、特征、感触、视觉 5 类名词性成分。如：

时间类：日子、时日、会子……

希望类：希望、指望、门儿、戏……

特征类：特点、特色、特征、特性、功效、成本、利润、规模、产值、根基、国力……

感触类：质感、分量、味道、味儿、湿度、温度、强度、硬度、韧性……

视觉类：风景、速度、形儿、空间、深度、厚度、式样……

三 "N" 的性状义

温锁林（2010）指出一些名词用于"有/没有"之后也表示和形容词相同的性状义，这也就是汉语中"性状义名词"的概念，性状义名词可根据句法和语义特点分为强性状义名词和弱性状义名词两类。总的来看，性状义名词"N"不外乎指人和事物这两类主体，但这两类主体的性状义有所区别，可分为强性状义名词和弱性状义名词两类。这两类名词基本对应主体指"人"和主体指"事物"两类，即主体指"人"的名词更偏重于强性状义，主体指"事物"的名词更偏重于弱性状义。其原因是"事物的属性"和"人的属性"有所区别，前者的主体一般是具体事物，被事物所领属，往往是有形的、空间的、能够被人类的器官所感知的，抽象程度稍弱；后者的主体一般是指"人"的某些特质，是被人所领属的，因此抽象程度更强。

从形式上来看，主体指"人"的 13 类性状义名词性成分基本都可以被"程度副词+有"修饰；主体指"事物"的 5 类性状义名词性成分有的可以被"程度副词+有"修饰，如"特点、特色、希望"等，但多数不能被"程度副词+有"修饰，如时间类"日子、戏"等、感触类"强度、硬度、温度"等、视觉类"风景、速度、空间"等。陈平（1988）指出，"就最典型的事物而言，它们一般都占据一定的空间，随具体事物类型的不同而表现出大小、多少、高低、厚薄、聚散、离合等特征"。Taylor（1989）把名词的典型性特征依次归纳为离散的、有形的、占有三维空间的实体非空间领域的实体集体实体抽象实体。指物的属性义名词由于更贴近客观事实，所以主观性弱，评价性弱，性状义也就相对较弱；指人的属性义名词由于是对某人属性特点的概括，所以主观性强，评价性强，性状义也就相对较强。

张伯江、方梅曾指出："有些抽象名词带有明显的性质意义，原因是抽象名词并非人们对有形实体认识的结果，而往往是反映了人们关于抽象事物的概括，其内涵实体意义和性质意义没有明确的界限。从表达的角度来看，说话人不是着眼于一个抽象名词的所有含义，而是只取其某种性质意义拿来使用的。"我们能够看到，属性为指人的性状义名词，由于性状义较强，功能已经由名词向形容词游移，实际主要原因还是在于即便是光杆的名词形式，放到相关句法环境中，它的表义功能也类似于在其前添加了"有"，例如：

（19）他给毛驴太君敬了个礼，毛驴太君也很<u>规矩</u>地还了他个礼，引着他进了屋（刘流《烈火金刚》）
（20）我很<u>个性</u>，也很感性，高兴起来像一个三岁的孩子，忧愁时不愿说话常常一个人躲在安静的角落望着窗外飘落的雨丝发呆。（《1994年报刊精选》）

例（19）、例（20）的"规矩""个性"前都可添加"有"，如"毛驴太君也很<u>有规矩</u>……""我很<u>有个性</u>，也很感性……"。谭景春（1998）从历时的角度调查了这一类名词，结果发现"有+名词"格式早已有之，而"很/挺规律"等格式之后才出现。能被副词修饰的"N"即为"有+N"，只不过是在省略"有"的情况下造成的（刘春卉，2007）。通过我们的研究也可以发现这一类名词暗含"有+N"的性状义，当与其他成分组构时，暗含的主体性状义就会被激活，因此，这类"N"可被理解为隐性"有+N"的结构赋义。

四 "有 + N"的语义正向偏移

中性"N"性状义的凸显需要在"有"字的领属范畴之内才能成立,这样"有 + N"的结构语义就呈现三种情况,即①不偏移;②正向偏移;③负向偏移,其中前两种情况在具体的语言运用中还可以进行更细致的划分,即①不偏移;②不偏移/正向偏移;③正向偏移,每种情况有其各自的形式及语义特点,例如:

(21) 萨马兰奇:因为这八年的时间,八年里中国会发生巨大的变化,会更上一层楼,你们<u>有能力</u>举办一个非凡的奥运会。(《杨澜访谈录》)

(22) 许多人熟悉他,知道他是一个正派和<u>有能力</u>的干部。(路遥《平凡的世界》)

(23) 毛泽东同志在江西瑞金时,曾对钱希均同志非常惋惜地说:"张秋人同志是一个好同志,好党员,<u>很有能力</u>、很会宣传、<u>很有群众基础</u>,可惜他牺牲的太早了。"(《人民日报》1981年8月6日)

例(21)的"有能力"没有发生语义偏移;例(22)的"有能力"处于中间阶段,可以看作"很有能力"也可以看作"仅有能力做好本职工作";例(23)的"有能力"受程度副词"很"的修饰明显是发生了语义偏移。区别是:例(21)的"有 + N"语义指向其后的动宾形式,按照石毓智(2006)关于"有"字短语性状义表达"社会平均值"的提法,这里"有能力"的主观意向是主体的"能力"与主体的"行为",即"举办非凡的奥运会"对等,也就是"你们"能够举办"非凡的奥运会",此处的"有 + N"语义指向具体的行为,不会发生语义偏移。例(22)的"有 + N"语义指向"干部","干部"是一个职位,既可以说他的"能力"刚好与"干部"的需求吻合(干部必须要有能力才能胜任),也可以说他的

"能力"超出了"干部"的平均需求,前者是等于"社会平均值",后者是超出"社会平均值",都可以理解并符合常理。例(23)"有+N"的语义指向为"张秋人","有能力""很有群众基础"都是某个人的属性特征,性状义非常明显,而且带有主观评价色彩,"毛泽东同志"对"张秋人"的评价显然是高于社会平均值的,因此仅呈正向偏移。

在上一章名词肯定和否定不对称中,对不对称现象的解释谈到"有+名词"与"没+名词"的不同之处是前者可以肯定领有,而后者不能否定领有,也就是说,"有+名词"的领有肯定用法是否定形式"没+名词"所不具备的,而且"有+抽象名词"是一种主观性和评价性都比较强的用法。结合前人的研究成果,我们可以清晰地认识到在"有+N"中,前人所提出的属性义名词、性质义名词、性状义名词,其实都是对"有+N"中抽象名词"N"的一种称谓,无论是弱性状义名词,还是强性状义名词,都与"有"字的领属范畴有关。领属与性状具有天然的关联性,特别是在指称"人"某种属性的时候,最为抽象化,主观性和评价性最强,因此正向语义偏移的可能性也就越大;在指称"事物"(具体/抽象事物或某种做法)的时候此指称"人"要相对客观一些,既存在正向偏移的情况,也存在不偏移(即中性/零度)的情况。束定芳(2018)就"有+零度(中性)名词"[①]的情况进行解释,他指出,这一结构所表达的特殊意义是构式义与词汇意义之间相互作用的结果,语言因素包括相关名词所指事物特征的描述要求、语言表达的模糊性等。正如束定芳的成果所示,"有+N"整体结构语义之所以发生偏移,与"N"和整体结构义有关。我们认为,"有+N"语义发生偏移,既与"N"有关,也与"有+N"整体结构有关,而对于"有+N"

[①] 关于"零度名词"的提法参看束定芳《"有+零度(中性)名词"结构的认知和语用阐释》,《当代修辞学》2018 年第 6 期。他将"零度名词"定义为自身是中性义,即在不受某种结构的影响下,表现为"零度",既不向正向偏移也不向负向偏移。

的结构义则以常量"有"字的语义特征为主要特征，无论是正向偏移还是负向偏移都是一样的。

通过对造成正向语义偏移（"N"或"有+N"）结构造成的语义偏移两种情况的文献进行梳理，加之上文对"抽象名词肯定与否定形式不对称"的探索，我们认为先前学界的研究都是从广义层面论述"有+N"正负向语义偏移形式或语义特点，并从认知角度进行分析，尚未触及导致语义发生偏移的关键之处，我们认为，应从导致语义发生偏移的关键因素下手才能对"有+N"做出更为合理的解释。由于"有+N"正向偏移的语例多且研究成果较为丰富，而负向偏移的研究少有涉及，所以我们打算从"有+N"语义负向偏移的现象入手，以个案为研究对象，进行深入探讨并解释其语义发生偏移的根本动因。

第三节 "没+N"的语义及语用倾向

由上一章分析可知，否定形式"没"与肯定形式"有"自身的功能及组配具有不对称性，因此，考察的侧重点有所不同。①

否定名词性成分是"没（有）"的最初功能。"没"② 在唐、宋时期一直是一个名词性成分的否定标记，它否定动词性成分的用法

---

① 由上一章分析可知，"没"的语义虚无，且无具体义，并不能使语义发生或增或减的变化。因此，在这里一是不能称其为"语义偏移"，因为"没"的所指没有实质内涵没有产生减量的功能；二是不能称其为"'负向'语义偏移"，因为被"没"否定的事物倾向于"无"，也就是对应数轴上的"0"点，称为"负向"或"负向偏移"并不恰当。

② 通过参考张立飞《汉语否定词"没"和"没有"的异同——用语料库的方法》一文，得知"没"与"没有"否定功能几乎完全相同，并且当与名词性成分搭配时，其否定功能基本没有什么差别，为行文方便，后文一概将"没（有）"简称作"没"。

15世纪前后才出现（石毓智、李讷，2000）。后来产生了否定动词的功能，唐宋时"没"所表示的"消失""失去"义由具体趋于抽象，"无"的白读音与"没"趋于相近，"无"的"没有"义融入了"没"，"没"渐取代"无"而成为否定动词（徐时仪2003）。迄今为止，"没"否定名词和否定动词是其两项主要的用法。侯瑞芬（2016）提出"没"（也作"没有"）与"不"是现代汉语中的两个基本否定词，通常认为，"没"有两种用法，作为动词，它表示对事物存在的否定，否定名词；作为副词，"用于客观叙述，限于指过去和现在，不能指将来"。由于本章涉及的是名词性成分肯定与否定用法，所以我们仅讨论"没"作为动词的用法，即"没+N/NP"。而"没"作为副词的用法，即"没（有）+VP"形式不在考察范围内。

从语言哲学的观点看，每个思想都有一个与自己相矛盾的思想，通过一个否定词就可以建立起表达这个矛盾思想的句子（弗雷格1918①）。从语言学的视角来分析，在现代汉语中存在"有+N"肯定句，一般会存在一个在语法结构及语义内容上相对平行的"没+N"否定句，那么在意义及语用内涵上是否一致呢？

戴耀晶（2000）认为"没"具有两种否定：可分为质的否定和量的否定。质的否定是否认事物的存在或事件的发生，语义含义是"无"。量的否定是否认事物或事件在数量上的规定性，语义含义是"少于"。由上文可知，"有"与名词性成分搭配既可表示肯定事物的领有、存在与发生，也可表示主观上的大量义。董祥冬（2015）在《从领属到比较："有"字句的历时演进》中详细探讨了动词"有"的语义从领属义到比较义逐渐泛化的过程，通过历时考察发现当数量成分进入"X+有+Y" Y结构槽以后，"有"字领属句发展出涉量句，包括空间量和时间量。量的概念进入"有"字句式后，

---

① 转引自戴耀晶《现代汉语否定标记"没"的语义分析》，《语法研究和探索（十）》，商务印书馆2000年版，第49—56页。

必然会发展分化出比较的概念。作为其否定形式的"没",由于出现的时间与"有"不一致,加之肯定与否定的公理不同,所以在现实中存在许多不对称的情况。本书所讨论的"没+N"的语义倾向分为量的否定(具有量上规定性的名词性成分)和质的否定(具体和抽象的名词性成分)两种情形,下面分别就"没+N"量的否定和质的否定进行说明。

叶斯柏森(1924:325)在《语法哲学》中认为,"语言的一般规则是,'not'表示少于或低于(less than)。因此,否定就相当于减少。""没+表示量度的名词性成分"里的"没",从语义上来看,它是一种羡余否定或冗余否定(张谊生,2010;戴耀晶,2004),不表示任何真值语义,也不影响句子的表达;从语用上来看,它是一种语用否定或者元语否定(沈家煊,1999)。在"没+N"结构中,当"N"作为与量有关的成分时,表示少量或小量,例如:

(24)采玲妈偶尔过来送水递茶,也会搭搭茬,跟泥瓦匠谈笑自如。没两天工夫,所有的墙壁都抹完了,新墙白得晃眼睛呢,看着叫人欢喜,老万感激不尽。(张学东《老万家的油瓶子》)

(25)维特试图说些无关紧要的话来缓和下气氛,可是没几句就不知道该说什么了。(歌德《少年维特之烦恼》)

(26)曹青娥问:"你白天也耕,晚上也耕,不累呀?"侯宝山:"一个村没多少地,耕完再歇。"(刘震云《一句顶一万句》)

主观减量标记"没"表示说话人的主观认识,是一种说话人指向的主观减量标记,反映的是说话人的主观意愿与态度(姜其文,2006)。在例(24)—例(26)中,"没"否定的估量成分"两天工夫""几句""多少地"为虚指,与其肯定形式"有"是不对称的,如"有两天工夫""有几句""有多少地"。在这里"没"字否定句表示减量或少量,而"有"字肯定句并不表示增量,仅能表实指。这是因为"没"否定的是名词的非定量义项。石毓智(1992:165)

指出，定量义项不能用数量词语称数，不能用"没"否定，而且句法上受到很大的限制；非定量义项则可以用数量词语称数，可用"没"否定。同理，可以被"有"肯定表示大量义的定量名词如"高见、风采、门面、特性、样貌等"，虽然可被"没"否定，但语义已发生偏移，并非指与大量义对应的小量义，而是指"无"。

"没+N"与"有+N"的不对称性不仅体现在语义上，在语用功能上更为明显。"没+N"与"有+N"在形式上的区别体现在固化程度上，即有些"没+N"形式能够单说单用，甚至可充当固定用语，如"没说的""没关系""没问题"等，而"有+N"则不可以；从功能上来讲，"没+N"可以充当话语标记，而"有+N"则不可以。[①] 这主要是与肯定与否定的功能的不对称性有关。肯定成分编码一定的实质内涵，构成其句法功能的根据，否定词自身无实质，功能只在于对相应的肯定范畴进行去除（张新华、张和友，2013）。从"有""没"语义内涵角度来看是不对称的，除此之外，从外部搭配以及语用功能角度来看，同样存在明显的不对称性。

张谊生（2014）指出，当汉语否定词用在各种小句和短语中，一开始基本上都是对命题真值加以语义否定的，但是在长期使用过程中，随着句子的习用化，进而凝固化，其中的一部分会转化为主要表语用功能的话语标记，同时，否定副词或否定语素的否定功能也就会从基功能转向元功能，其否定效果也就逐渐羡余化了。朱军（2013）从语用角度研究"有什么+NP"和"没（有）什么+NP"形式，得出结论为："有什么X"在各种否定方式的强度序列中否定等级最高，伴随有表达主要信息和具有强烈主观性的特征，它与否定格式"没（有）什么X"在句法、语义、语篇功能等方面存在着一系列的差异。通过检索语料，发现实际情况的确如此。例如：

[①] 通过查阅相关语料及作者内省而得到的结论，该结论说明了"有"与其否定形式"没"的组构功能是不对称的。

（27）您给叶秋萍写信，我就拿信找他。我坦然些，反倒好。"你这次陪程涛声来江津，不会有什么吧？""没关系"冯村豁达地笑笑说，"我知道您想同他见见面，怎能不陪他来呢？"（王火《战争和人》）

（28）"行呀，老章，你他妈样样都是真格的，连那玩意儿都是原装货！说吧，你需要啥，包在我身上！"我开门见山地向他说了我的打算。"没说的！"他拍拍胸脯。（张贤亮《男人的一半是女人》）

（29）"小契，"大伯瞅着那辆破车不放心地说."到底行不行呵？""没问题！"小契把头一扬。（魏巍《东方》）

（30）"会玩牌吗？咱俩玩牌吧？"于观提议。"没劲。"汉子摇摇头。"那下象棋？""更没劲。""去公园？划船？看电影？""越说越没劲。"（王朔《顽主》）

以上四例中的"没关系""没说的""没问题""没劲"都已成为形式及语义固化的小句，可以充当话语标记。因此，可以明确，与否定效果弱化共生的是主观化的增强，进而导致其语用功能的强化。试比较"有+N"与其否定形式"没+N"对应的四组例子：

（31）有些同志在谈话中，常常提名道姓地说："某人和某人一定有关系""某人和某商号经常来往，可能受贿""修建某基地，浪费很严重"等等。（《人民日报》1952年1月29日）

（32）她们在一家服装店前，从人群中挤出来时，撞在一位过路的老者身上。她们连忙表示歉意："对不起！"哪知老者却莞尔一笑，彬彬有礼地答道："没关系。"（《人民日报》1984年12月16日）

（33）有的干部为了显示自己任期内政绩突出，不切实际地上项目、搞建设，热衷于上镜头、见报头、出风头，满足于参观有看的，汇报有说的，总结有写的（《人民日报》2000年5

月 25 日）

（34）我开门见山地向他说了我的打算。"没说的！"他拍拍胸脯。"我去找曹学义。他要不批，我让他尝尝全场北京青年这帮哥儿们的厉害！"（张贤亮《男人的一半是女人》）

（35）公安部刑事侦查局副巡视员陈士渠表示，有人认为官员触网发声是"出风头"，即使是为了工作，也会被认为"动机有问题"。（《人民日报》2016 年 7 月 14 日）

（36）我问他："不管是否出线，你都愿意说吗？"他回答："没问题。"（《人民日报》1988 年 12 月 13 日）

（37）开田是聪明人，很快就记在了心中，没有多大时辰，就划得自如了。加上他有劲，划得船呼呼地向前走，很快就到了下网的地方。（周大新《湖光山色》）

（38）有一个小伙子对姑娘说："你要这要那的，不怕人家说你是个高价姑娘吗？"姑娘说："生命诚可贵，爱情价更高嘛！""没劲。"老刘道。（莫言《岛上的风》）

从以上例句中可以看到，与例（32）"没关系"、例（34）"没说的"、例（36）"没问题"、例（38）"没劲"对应的例（31）"有关系"、例（33）"有说的"、例（35）"有问题"、例（37）"有劲"，从意义及语用功能上来看是完全不同的两类形式。不同类型需用不同的分析方式，"有＋N"由于形式凝固性相对较弱，没有特别的语用功能，因此应重语义分析；某些"没＋N"由于形式凝固性较强，或已成为习语，语用功能较为突出，因此应重语用分析。

第四节　本章小结

"有"与名词性成分搭配的语义偏移存在正向和负向两种情

状,其前提条件是名词性成分需是中性的(本身不含任何褒贬义)。而当"没"与名词性成分搭配时,情况则并非是简单的肯否对立,表现为许多搭配形式在句法、语义、语用功能及语篇等方面存在差异,这种不对称的差异性是"有"和"没"组配方面不对称现象的体现。

无论是正向偏移还是负向偏移,在"有"字句中一般都表主观大量义,这既与"有"字功能本身有关,也与"有+N"整体结构赋义相关,并且从历时角度来看,二者的语义有相互沾染的现象,将在后文个案分析中进行说明。"没"或"没+N"是其否定形式,从肯定与否定完全对称的角度来看,即"主观大量"对"主观小量"或者是"主观增量"对"主观减量",但实际情况却并非如此。本章仅就语义偏移的表层现象进行列举说明,尚需以较有代表性的个案深入挖掘才能更为明晰。

个案研究能够以点带面地窥探一类语言现象,将研究深入到某个具体语言事实。接下来,我们将用语言学相关研究方法,从不同角度分别对"有""没"与较为典型抽象名词组构的个案进行分析,并诠释其语义功能形成的机制和动因,进而探寻"有"和"没"与名词性成分组构的规律及不对称现象发生的根源所在。由于"有+N"正向偏移的研究成果较为丰富,难以有所突破,所以本文将转向"有+N"的负向偏移进行研究,以求揭示其深层的动因和机制。"没"字否定用法逐渐羡余化,一些"没+N"的结构定型性和语义凝固性强,语用法及语篇效用较为突出,所以挑选出较有代表性的个案,从语篇角度进行详细分析。

接下来的两个章节将分别以个案"有意见""有问题"和"没问题"为研究对象,分别对"有+N"的语义负向偏移和"没+N"的特殊语用法进行深入细致地探讨,以求揭示"有""没"与名词性成分组构的特性。此外,对"没问题"的分析是从语用角度进行的,试图探寻其话语功能的形成互动机制。

第 六 章

"有"与抽象名词组构的语义负向偏移

"有"与抽象名词组构的语义偏移,是指当抽象名词为中性名词[①]时,"有+N"[②]所呈现出的语义偏移现象。比如"有"与"意思""文化""能力""水平""问题""意见"等中性名词进行组构,既有表褒义色彩的"有意思""有文化""有能力""有水平",也有表贬义色彩的"有问题""有意见"等。

在现代汉语中,"有+N"结构以语义的正向偏移居多,负向偏移为数较少。[③] 与之对应的是,学界关于"有+N"语义正向偏移的研究成果较多[④],而对于"有+N"语义负向偏移的现象进行专题研

[①] 关于"中性名词"的提法具体参看吕叔湘《中性词与褒贬义》,《中国语文》1983 年第 5 期;邹韶华《名词在特定语境中的语义偏离现象》,《中国语文》1986 年第 4 期;邹韶华《中性词语义偏移的类型与成因》,《外语学刊》2007 年第 6 期。

[②] 为表达简便,本章下文用"N"来代指抽象名词,"有+N"则是指"有+抽象名词"。

[③] 温锁林、刘元虹:《从"含蓄原则"看"有+NP"的语义偏移现象》,《汉语学报》2014 年第 1 期。统计关于"有+N"发生语义正向偏移的中性名词约有 120 例,负向偏移的约有 20 例。

[④] 较有代表性的成果如下,刘春卉:《"有+属性名词"的语义语法特点——兼谈与名词性状化无关的一类"很+名"结构》,《山东师范大学学报》2007 年第 1 期;温锁林:《汉语的性状义名词及相关问题》,《语言教学与研究》2010 年第 1 期;李先银:《容器隐喻与"有+抽象名词"的量性特征——兼论"有+抽象名词"的属性化》,《语言教学与研究》2012 年第 5 期;刘文秀:《现代汉语"有+N"结构的构式分析》,《语言教学与研究》2017 年第 3 期;束定芳:《"有+零度(中性)名词"结构的认知和语用阐释》,《当代修辞学》2018 年第 6 期。

究的却少有涉及，到目前为止仅有温锁林在谈论"有+N"语义正向和负向偏移的同时，指出造成语义负向偏移的原因是"有"与"N"相互作用的影响造成的，但具体原因尚待进一步发掘。

上述研究都未对"有+N"语义负向偏移的条件和制约因素进行分析，也未从语义学视角对深层动因进行探究。有鉴于此，本章试图以"意见"和"问题"二词为切入点，分为两块分别对"有+N"负向语义偏移的现象进行深入分析和解释。主要涉及以下几个方面的问题，一是"有"与"意见"/"问题"各义项间的关系如何；二是制约"有意见"/"有问题"语义偏移的条件有哪些；三是"有意见""有问题"负向语义偏移的原因是怎样产生的，其中后面两个问题是本章所要讨论的重点。

第一节 "有意见"的语义负向偏移

通过查阅各大词典关于"意见"各义项的收录情况，得知关于其义项的解释情况可分为中性义和贬义两类。《辞源》[1] 释"意见"为见解、主张，例如，"高祖曰：'众人纷纭，意见不等，朕莫知所从。'"《辞海》[2] 对"意见"一词的释义为：对事物的看法、想法，例如"交换意见、征求意见"；狭义为"信念"的同义词，广义为信念和想象的统称。《现代汉语词典》（第7版）[3] 对"意见"的解释为：对事情的一定的看法或想法，例如"咱们来交换交换意见。"（对人、对事）认为不对因而不满意的想法，例如"我对于这种做

---

[1] 何九盈、王宁、董琨：《辞源》（第3版），商务印书馆2015年版，第1515页。
[2] 夏征农、陈至立：《辞海》（第六版典藏本），上海辞书出版社2011年版，第5342页。
[3] 中国社会科学院语言研究所：《现代汉语词典》（第7版），商务印书馆2016年版，第1545页。

法有意见。"《现代汉语规范词典》① 解释"意见"为：看法、主张，例如"正确的意见、交换意见"；对人或事物不满意的想法，例如"对这种脱离群众的做法，我有意见"。在上述词典中，《辞源》和《辞海》解释"意见"为中性义，后两部现代汉语词典则增加了负面的义项，由此可见，"意见"的负向语义偏移现象是在现代汉语中才出现的。问题是，现代汉语中的"意见"是本身就能表贬义，还是"有意见"整体结构赋予的？

金英、胡英彬（2012）曾研究过"意见"的语义偏移，指出该词最初见于《后汉书·王充等列传》，实例是"夫遭运无恒，意见偏杂，故是非之论纷然相乖"，并确认"意见"最初的感情色彩是中性的。本书认为，现代汉语中的"意见"本义为"见解或主张"，在单用时之所以表达负面义，比如"人家对他的意见很多"②，并非是其自身就能够表达，而是由于"有"和"意见"作为一个整体放到具体的语境中使用，"有"和"意见"产生了概念整合，与此同时"意见"在该结构中被赋予了"非正常"义，于是发生了语义偏移。形式上的依据是"有意见"在语义偏移前，作为基式可以自由扩展，比如"有几点意见"，其中的"意见"表本义是中性的；作为语义偏移后的"有意见"不可以自由扩展，而且能够被程度副词修饰，如"很有意见""非常有意见"等。谭景春（1998）从历时角度论证过在"'很'+'有+N'"结构出现后，"很+N"结构才出现，并认为前一结构是"N"向形容词性用法转变的形式基础。刘春卉（2007）也认为，副词修饰下的"N"即为"有+N"，只不过是在省略"有"的情况下造成的。

中性词的语义偏移必须处在一定的格式中，其中"有+N"是

---

① 李行健：《现代汉语规范词典》（第三版），外语教学与研究出版社2014年版，第1565页。
② 《现代汉语词典》（第7版）第1556页对"意见"的第二条释义"（对人、对事）认为不对因而不满意的想法"的第二个例子是"人家对他的意见很多"，该句中的"意见"并未放入"有+N"结构中，也表达负面义。

较为典型的格式（周韶华，1986）。"有意见"在"有+N"中又是较为典型的语义偏移形式，而"意见"一词，相较于李先银（2012）和温锁林、刘元虹（2014）在"有+N"分析中所列举的"看法""脾气""手段""说法""情绪"等，语义更为明晰、义项更为分明，且使用频率相对较高，以此为例进行研究，更有利于探讨"有+N"的语义负向偏移现象。

一 "有意见"的语义分析

"有意见"是一个同形多义的组构形式，根据"有"与"意见"二者之间不同义项之间的组构，可将"有意见"划分为两类。接下来我们对"有意见"的语义类别进行划分，并分析其概念域的归属情况。

（一）"有意见"的语义类别

根据"有"的领有义与"意见"的两个义项分别进行组构，可将其分为两个语义类别：

1. "有意见₁"即"有（领有义）+意见（对事情的一定的看法或想法）"

清王筠的《说文释例》说："有"字从又从肉会意。近代毛公鼎、令鼎诸古字形断定"有"字系从又持肉之象。可知，"有"的古文字字形为"手里提着肉"的会意字，其原型义为领有或拥有。因此，表示领有的"有"是其本义。东汉许慎的《说文解字·心部》释"意"为"志也。从心察言而知意也。从心，从音。"例如，"若以吾意，诸侯皆叛，则晋可为也。"（《国语·卷十二·晋语六》）（大意为：假如按照我的想法/意愿，诸侯全都背叛，那么我们国家就可以有所作为了。）可知，"意"是会意字，其本义为人的想法或意愿，后来引申出了见解或意向之义，如"吾意不异卿"（《南齐书》）。《说文解字·见部》释"见"为"视也。从儿，从目。"例如，"见群龙无首，吉。"（《周易》）可知，"见"也是会意字，其本义为见到或看见，后来逐渐出现了见解或见识的意思，如"拙见如此，尚望尊裁"（《镜花缘》）。

经历时语料分析，"意"与"见"到后来都演变出见解、意见这一义项，可以说语义近乎相同。由于受汉语双音化的影响，最终合并到了一起，这符合徐流先生关于"同义复词"的提法①。"意"与"见"虽然语义都有所引申，但组合使用后与其本义基本相同，因此，我们将对表事情有一定看法或想法义的"意见"视作本义。"有意见$_1$"则是本义"有"与本义"意见"的组合，语义较为实在，没有发生语义偏移，一般后接言说动词。例如：

（1）"大家想想办法，有意见提出来！"杨军接着说。会议在最紧张的气氛里进行，三个班的正副班长争抢发言。（吴强《红日》）②

（2）革命老人谢觉哉谈到写文章的问题时也说过，写文章主要是因为有意见要发表，通过文章表达自己的思想感情。[《人民日报》（海外版）2000年10月30日]

（3）其间当然也牵涉到汇丰的利益，所以凯密伦亦有意见发表。（高阳《红顶商人胡雪岩》）

2."有意见$_2$"即"有（领有义）+意见（对人、对事不满意的想法）"

据CCL和BCC现代汉语语料库调查统计显示，这类组构形式占绝大多数，相较于"有意见$_1$"而言，使用频率更高和范围更广。"有意见$_2$"所指称的对象既可以是具体的人、物、组织机构等，也

---

① 关于"同义复词"的提法具体参看徐流《论同义副词》，《古汉语研究》1990年第4期。他认为两个词根结合在一起，表示的是同一概念，指同一事物，单个的语素义相同，就应视为同义复词。

② 本章注明出处的例句均来自北京大学CCL汉语语料库和北京语言大学BCC语料库，少数未注明出处的为自拟例句，为节省篇幅不一一注明。另有极个别来自辞书或其他渠道的例句，在书中已详细注明。

可以是抽象的事物、事件、行为方式、性格、品行等，如抽象名词性成分"制度、政策、措施、方针、安排、行为、方法、做法、说法、情绪、品德、现象、处理方式"等，还可以用以指人或事物的某种属性，与"有意见₁"不同，"有意见₂"是"有"字本义与"意见"一词负面引申义组合，语义已经发生了负向偏移，语义所指一般在其前部。例如：

（4）当时，俺表面上接受了父亲的训导，但是内心里却隐藏着不满，仍然对父亲的好战情绪<u>有意见</u>。（李文澄《努尔哈赤》）

（5）这些问题不处理好，农民<u>有意见</u>，就会影响农业和农村经济的发展。（《人民日报》1994年第1季度）

（6）然而，在一些地方，"双休日"却成为某些领导干部公费潇洒的大好时机，成为一种新的不正之风，群众对此很<u>有意见</u>。（《人民日报》1995年12月）

（7）欧阳雪说："刘冰开着那辆宝马到处晃悠，有时叶晓明工作用车都找不到人，刘冰报账的汽油费和手机费都特别高，冯世杰和叶晓明他们对这事挺<u>有意见</u>，只是碍于面子侧面跟我提了提。"（电视剧《天道》）

（二）"有意见"的概念域

沈家煊先生（2003）提出概念系统中存在"行域、知域、言域"三个不同的概念域。根据"有意见"两项语义类别之间不同，得知"有意见₁"和"有意见₂"分别对应"行域"和"知域"两个概念域。例如：

（8）小明<u>有意见</u>要提。　　［行域］
（9）大家对老王<u>有意见</u>。　　［知域］

例（8）是说小明不仅是存有意见，而且还要将意见提出来，与提意见的行为直接相关，因此"有意见₁"属于行域；例（9）是大家对老王行为或品行已有所了解，并在此基础上对老王这个人的某种属性特点持有负面的评价，因此"有意见₂"属于知域。

行域义是最基本的，由此引申出虚化的知域义，其引申的途径是隐喻（沈家煊，2008）。通过上文关于"有意见"的分析可知，行域义的"有意见₁"为基本义，而知域的"有意见₂"是通过引申而得。行域义的"有意见₁"主语论元具有［＋生命性］和［＋人］的语义特征，是具体名词。知域义的"有意见₂"从表面来看有时指具体事物，如例（9），但主语论元其实是事物的某种属性，语义所指一般是抽象名词，如例（4）—例（7），如果所指为具体事物，那说明其抽象的属性义被隐含了，如例（9）。

在这两个语义域中，行域的"有意见₁"所涉及的是与动作行为有关的客观叙述，而知域的"有意见₂"涉及的则是与语境有关的主观评价，其语义所指必须依赖于相关语境，受话者需要进行推论才能理解。这是因为"有意见₂"一经使用，言者需调动已知百科知识对关涉对象的某种情状进行评价，这必然会涉及言者的主观推断，体现言者的主观性，而受话者则需要根据言者的表达立场来判断才能知晓其用意。

在例（9）中，虽然"有意见"的预设成分（老王的属性义成分）没有出现，但也可以根据常识性的语感来断定言者的评价性行为是贬义的。那么，为什么知域的"有意见₂"语义具备负向偏移功能，又在什么样的情况下会发生偏移呢？下面我们从"有意见₂"语义发生负向偏移的外部条件和内部因素对其进行全面分析。

二 "有意见"的语义偏移条件

行域的"有意见₁"是一个语义实指的述宾结构，可插入数量结构指称"意见"的数量，如"有一个意见""有几点意见""有多个意见"等，其后往往可接表示言说行为的动词性成分，如"有一个意见要提""有两点意见需讲一下""有多个意见要发表"等。知域的"有意见₂"出现在例(4)—例(7)的语境中,意义偏向于消极,是具有贬义倾向的短语。其中,有些也可插入概数数量结构,如"他对老师有<u>一点</u>意见"和"酒店管理服务不到位,客人有<u>一些</u>意见",但这里的"一点"和"一些"并不是从数量上来修饰名词"意见"的,而是针对"意见"的程度来说的,用来指称言者主观认定的程度义。除此之外,"有意见"还具备性质形容词的属性,可受副词"很""挺""非常"等修饰作述宾短语,如"对这种情况,海外捐助人<u>很</u>有意见""他们对这件事<u>挺</u>有意见"等。这说明"有意见₂"与"有意见₁"相比,语法意义有较大的区别。

当"有意见"单独出现的时候,很难断定其表达的是没有任何感情色彩的中性义还是贬义色彩的负面义。而当"有意见₂"出现在特定语境中就会发生语义负向偏移,我们需要考虑的问题是,在什么样的条件下会发生语义偏移?通过考察相关语料,我们发现,"有意见"发生语义的负向偏移是需要一定条件的,下面我们将从两个方面对其进行分析:

(一) 共现成分的语义特征

成分间的共现组合除符合基本的句法要求外,还必须符合语义上的搭配限制。主要表现为以下两点:一是发生语义负向偏移的"有意见"句的前部话语信息倾向于负面义;二是直接关涉对象不能含有[+贬义]的语义特征。

1. 负面搭配义

搭配义是指"词语通过和一些经常同时出现的词的联想来传递的意义"(Leech G., 1974:23)。在上文所举的"有意见"例句中,例(4)的"不满"、例(5)的"不处理好"、例(6)的"不正之风"、例(7)的"晃悠、找不到人"等都是负面用语,明显表达了言者的不满。但有些"有意见"句则并非如此,但同样能够表达负面的语义色彩。例如:

(10) 温家宝回应道:"科研立项以及经费拨付,不少部门

有意见。"(《人民日报》2011 年 2 月 13 日)

（11）有人说："给知识分子落实政策，工人有意见。"（《人民日报》1983 年 2 月 16 日）

在以上两句中，并未看到与消极义相关的负面用语，之所以能够被读者理解为负面义，是因为在话语理解过程中，人们遵循了 Grice 会话合作原则理论中"量的准则"这一条规律[1]，读者在缺省直接负面信息提醒的情况下，势必会去找寻有关已知信息特征方面的言外之意。例（10）的"经费"和例（11）的"政策"与"有意见"搭配，自然就会被理解为是负面的，这是因为一旦牵涉金钱类、政策类、道德类、行为类等容易造成纠纷的属性类名词时，"有意见"几乎都表负面义，至于为什么表负面义，下文将给予解释。

2. 关涉对象的语义特征

"有意见$_2$"的语义关涉对象本身一般不能含有［+贬义］和［-正常］的语义特征，也就是说其主语不能是有标记的。比如一般不能说"*对这个小偷有意见""*对这个人渣有意见"等，因为"小偷"和"人渣"本身就含有［+贬义］［-正常］义素，与之搭配会造成语义重复，没能提供有价值的新信息。"有意见$_2$"的关涉对象既可以是人，也可以是事物或事件。如果指人，则是指人的某种不良行为特性。例如：

（12）房屋分配得不够合理，有些干部住房过宽，也是工人对领导有意见的一个原因。（《人民日报》1957 年 12 月 18 日）

如果指事物或事件，则是指事物或事件的某种性状。例如：

---

[1] 量的准则是 Grice（1975）所提出的会话合作原则中的其中一条语用原则，意思是说话人为达到交谈目的所需要的信息要适量，既不能多也不能少。

(13) 嫩江古渡变通途，为两岸群众带来方便。但对过桥的收费办法，群众很<u>有意见</u>。(《人民日报》1988年11月19日)

(14) "小鬼，我提个意见行不行呵？"他对值班警卫员说。"首长对伙食<u>有意见</u>，你就多指示吧！"警卫员含着笑说。(魏巍《东方》)

在以上三例中，"有意见"的关涉对象分别是"领导""收费办法""伙食"，这些名词性成分没有任何褒贬义的色彩，之所以语义呈贬义倾向，是由评价性语境赋予的。

(二) 评价性的语言环境

"语义偏移"和"评价性的语言环境"是密切相关的，汉语的语义偏移多数发生在评价性的语言环境之中。语义偏移的发生不是由于特殊的词进入了特殊的格式，而是特殊的格式进入了特殊的语境带来的结果（张治，2008）。"有意见$_1$"与"有意见$_2$"的区别，即所在语言环境的不同，前者是在直陈性的语言环境中，后者是在评价性的语言环境中。例如：

(15) 了解社区自治管理情况或者<u>有意见</u>要反映也不必跑居委会，只要登录社区网站就能畅所欲言。(《文汇报》2002年3月31日)

(16) 当价格在某些时候、某些地方，是向低浮动时，那里的干部群众会高兴，当向高浮动时，群众生活中的某些方面会有所影响，就会<u>有意见</u>，发牢骚。(《1994年报刊精选》)

在例 (15) 直陈性语境中，"有意见"保持原义，属于行域；在例 (16) 评价性语境中，"有意见"的语义发生了偏移，属于知域。那么，直陈性语言环境和评价性语言环境有什么区别呢？

在形式上，例 (15) 行域的"有意见"在句中并不是独立充当谓语，还有"要反映"的意向性动作，该句存在两个谓语。而例

(16) 知域"有意见"相对于领属者"群众"来说是唯一表评价性的谓语,即便有其他谓语如"有所影响",也是直陈性的并非是评价性的。

从关涉对象的表现来看,行域"有意见"的领属者可以不直接呈现出来,如例(15)。而知域的"有意见"的关涉对象(主语)则必须在相关语境中呈现出来,因为处在评价性语境中的"有意见"涉及的事件是事物的性状,"有意见$_2$"又指某人对某事负面的看法或想法,所以其领属者必须呈现出来才能被受话人理解,如例(16)。

因此,评价性语言环境相对于直陈性语言环境不同之处为:一是对于其领属者来说,"有意见$_2$"只能作为唯一表评价性的谓语;二是"有意见$_2$"关涉的领属者必须呈现出来才能被人理解。

三 "有意见"的语义负向偏移原因

"有意见"句表达命题的方式有所不同,表行域义的"有意见$_1$"出现在中性语境中,如例(1)—例(3);表知域义的"有意见$_2$"多数出现在贬义语境中,如例(4)—例(7)。但是,通过察看语料发现有一类较为少见的情况,即知域的"有意见$_2$"在语境中去掉前后话题义的关涉并单独呈现时,同样也可以表达负面的语义色彩。例如:

(17) 这次对裁判判罚<u>有意见</u>的不止中国队一家。(《人民日报》1994年第1季度)

(18) "我对医卫界有些事情<u>有意见</u>。"他操着熟练的普通话说。(《人民日报》1998年)

由以上两例可见,即便没有负面的预设成分,大家也可以通过语感得知"有意见"同样表达负面的评价义。那么,为什么在没有负面义的语境中,也会让人感觉到"有意见"的语义向负面偏移呢?

Jakobson（1984：114）提出"有标记（marked）和无标记（unmarked）是指一对成分中是否带有区别性特征"，这种区别性特征可以把这个成分跟另一个成分区别开。如例（17）、例（18）所关涉的对象"裁判判罚""医卫界有些事情"是有定的，而且是有标记的。这种有标记性是从两个方面来体现的：

第一，从形式上来看，知域的"有意见$_2$"产生语义偏移，往往都是处在某人对某事有意见的特定格式里，即"有意见$_2$I（某人对某事）"，如例（17）"（中国队对裁判判罚）"、例（18）"（我对医卫界有些事情）"。而行域的"有意见$_1$"表达的则是某人有意见要表达，也处在一个特定的格式里，即"有意见$_1$（某人表达某事）"。

第二，语义上知域的"有意见$_2$"具有区别性，如例（17）、例（18）的"裁判判罚"和"医卫界有些事情"具有区别性，也可以说是非正常的。下文将由此来展开探讨造成其语义偏移的关键因素。

（一）"有意见"的实际关涉对象

袁毓林在现代汉语名词配价的研究中最先提出，"有些名词在语句中也有配价的要求，表现为支配性名词要求在语义上受其支配的从属名词与之共现"，并指出"有"是二价动词，"有意见"的"意见"在相关搭配中则是二价名词，表示观念/情感类二价名词属于抽象名词，如"成见""顾虑""想法""看法""城府""意见""问题"等（袁毓林，1992：205—207）。朱德熙（1984：41—42）按照名词和量词的关系，把名词分为5种，并指出抽象名词的前面只能加"种、点儿、些"等量词。以上中性抽象名词与"有"搭配构成的"有+N"都会发生负向语义偏移。

通过袁毓林先生的研究，我们得知"有意见$_2$"实际关涉两个对象，也就是说，"有意见$_2$"需要两个配项才能够被人们清晰地理解，否则就会产生歧义，例如：

（19）？老王有意见

(20) 这件事老王有<u>意见</u>

例（19）语义不完整，是一个歧义句，既可以是行域"有意见$_1$"，当"老王有意见要提"讲；又可以是知域"有意见$_2$"，当"老王对某件事有意见"讲。之所以会造成这样的歧义，原因是配项的空缺造成的，如例（20）添加了"这件事"后，语义就完整了。"有意见"的语义关涉情况如下："有"是二价动词，带"老王"和"意见"两个配项，而"意见"则带"这件事"和"老王"两个配项。从语义关涉来看，抽象名词"意见"一般是某人对某事的评价或看法，它需要有两个配项与之共现，如果其中一个配项不出现，那么其语义的组合就不完整。由以上分析可知，"有意见"需要两个关涉对象才不会产生歧义，一个是"意见"的领属者，另一个是"意见"的指称对象。"有意见$_2$"之所以在没有负面义的语境中语义也呈负向偏移，是因为人们处理有标记贬义句的心理操作步骤要比无标记行域义的一般语句复杂，需要有一个基于会话共识性的先设才能成立。此外，有标记而且具有区别性的特征需要在规约化的评价语境下才能进行正常会话，因为负面评价的解读难以从其构成成分的意义直接获得（方梅，2017：133）。因此，需从语句自身的整体意义推导出另外的意义或另外的一些信息才能够得以解读，这与"有意见"的规约性有关。

(二)"有意见"的规约隐含

当知域"有意见$_2$"出现在相关语境中，所关涉的对象是有标记的，标记的确立是根据其语义的区别性特征。一个不含任何语义倾向的普通名词是无标记的，必须在有定指性的语义或形式支撑下，才能确定其可辨识度高、区别性明显的特点。由上文可知，"有意见"应该有"人物"和"事件"两个关涉对象，但"事件"有时会出现在前后文语境中，其所在句中则被隐含，仅出现所关涉的"人物"。例如：

(21) 江青同志，你要注意呢！别人对你<u>有意见</u>，又不当面对你讲，你也不知道。(1994年《报刊精选》)

(22) 1991年9月，公司党委在群众中调查，发现群众对有的党员<u>有意见</u>。(《人民日报》1996年)

以上两例中的"有意见"关涉的对象分别是"江青"和"有的党员"，但是其所指应该是"事件"，也就是"有意见"在这里应该有两个配项，即例(21)"(江青)₁的(行为)₂"和例(22)"(有的党员)₁的(行为)₂"，这样才是完整的语义结构。通过语料库检索发现，"有意见"的实际用例有些仅涉及"人物"，该现象无法在"有意见"本身或相关语境中找到线索，需要从语境参数之外的语义深层结构去寻求解释。

由上文可知，知域"有意见₂"是评价性的，并非是句子固有的意义（本义），而是根据相关语境及用法引申出的含义，也就是说"有意见₂"直接关涉的并不是显而易见的"人物"，而是与之相关的某个被隐含的"行为"，且具有规约性。沈加煊(2015)曾指出，隐含义不是通过逻辑推理推导出来的，它不是语句固有的、稳定不变的意义成分。因此，更为确切地说应该是"规约隐含"，即语言系统内的隐含，是无须借助语境参数就可直接从语句中析出的那些非真值条件意义（王跃平，2007）。这个理论能够更为形象地解释为什么在"有意见"句中，即便与"人物"有关的"行为"被隐含，并且有些句子没有贬义色彩的词语，一样可表负面义。

"有意见₂"所在句中的"规约隐含"功能示例如下：

(23) S 老王对妻子<u>有意见</u>。
　　隐含：S1 老王对妻子（?）不满。
(24) S 老王对公司<u>有意见</u>。
　　隐含：S1 老王对公司（?）不满。
(25) S 老王对案件<u>有意见</u>。

隐含：S1 老王对案件（？）不满。

以上三例"有意见"句的三类关涉对象（人物、事物、事件）都隐含了属性义，并且是低于社会正常值的某种属性[①]。如例（23）老王对妻子（低于社会正常值某属性）的不满；例（24）老王对公司（低于社会正常值某属性）的不满；例（25）老王对案件（低于社会正常值某属性）的不满。这说明"有意见"关涉对象的属性成分不仅被"规约隐含"了，而且还含有［－正常］义素，由于其属性是低于社会正常值的，因此可以将其定义为：负向［－正常］义素。

依据 Grice 会话合作理论中量的准则这一条，听话人在这种情况下，势必会去找寻有关已知信息特征方面的言外之意（金英、胡英彬，2012）。这种"言外之意"即是"有意见"所关涉对象的属性成分，由于其缺省的属性义都含有负向［－正常］义素，这就是"有意见"即便没有负面义的语境中，也会发生语义负向偏移的原因。

本章首先以"有"与"N"组构并发生语义负向偏移的个案"有意见"为例，从语义发生偏移的制约因素来探究语义负向偏移的根本原因。其次通过对相关语料的考察与分析，发现知域"有意见"的语义负向偏移现象发生在评价性的语境中，并且其关涉对象必须是无标记的。最后从名词"意见"的配价情况来看，知域"有意见"实际存在两个关涉对象，通过语句推导，得知其关涉对象的隐含属性义成分含有负向［－正常］义素，这是语义发生负向偏移的关键。并认为，"有＋N"语义发生负向偏移的原因具有一致性，其语用因素为关联理论下的弱暗含效应。接下来是关于另外一个研究对象"有问题"的探讨。

[①] "低于社会正常值"等同于"低于社会平均值"。关于社会平均值的提法，参见石毓智《论社会平均值对语法的影响》，《语言科学》2004 年第 6 期。

第二节 "有问题"的语义负向偏移

关于"有问题"中"问题"的义项，不同学者或有分歧，比如通过查看《现代汉语词典》（第 7 版）中"问题"有"回答或解释之题目义、疑难或矛盾义，也有事故或麻烦义及非正常义"等多个义项。其中"事故或麻烦义"等属于贬义，那么"有问题"中的"问题"本身就表贬义，还是"有问题"整体结构形式表贬义？

本书认为，"有问题"中的"问题"，本来为"存有回答或解释之题目义、疑难义"，是中性义，只是由于"有问题"作为一个整体，在使用过程中发生语义偏移，同时"有"和"问题"也发生了概念整合，因此"问题"在结构中被赋予了"非正常"义。① 形式上的证据是，语义偏移前的"有问题"，作为基式可以自由扩展，比如"有几个问题"，其中的"问题"是中性义；作为语义偏移后的"有问题"，就不可以自由扩展了。

邹韶华提出，"中性词的语义偏移必须处在一定的格式中，其中'有+N'是较为典型的格式。"方清明、彭小川较为详细地论证了"问题"与其他成分组构时所出现的语义偏移现象，如"出问题""交通问题""问题儿童"等，指出："'出问题'中的'问题'是受'出'之'发生不良事态'义的影响，而后两者'N+问题'和'问题+N'中的'问题'则都表示'有问题'之义。"我们认为，

---

① 《现代汉语词典》（第 7 版）第 1375 页对"问题"一词释义中，除第一条释义"回答或解释之题目义"外，其余两条"疑难或矛盾义、事故或麻烦义及非正常义"表达的均是负面的语义。其实"问题"一词本身并不包含负面义，仅当"问题"与其他成分组构时，话语所关涉对象的现状必然具有某种特定的负面含义，可理解为"有问题"。即便把"有"字隐去，如"奶粉问题""那部车又出问题了"其中的"问题"所指也是"奶粉有问题""那部车有问题"。否则单从"问题"一词来考虑所指，则仅表"回答或解释之题目义"之本义。也就是说，"问题"一词看似可以离开"有"而单独组构，实则蕴含了"有问题"整个形式的语义内涵。

"出问题"与本书所分析的"有问题"类似,都属于语义偏移;而"问题"一词,相较于李先银和温锁林、刘元虹在"有+N"分析中所列举的"意见""看法""说法""情绪"等①,语义更丰富且使用频率更高,以此为例进行研究,可更有利于证明"有+N"的语义负向偏移现象。

一 "有问题"的语义分析

"有问题"是一个同形多义的组构形式,根据"有"与"问题"二者之间不同义项的组合,可将"有问题"划分为三类。下面我们对"有问题"的语义类别进行划分,并分析其概念域的归属情况。

(一)"有问题"的语义类别

1. "有问题$_1$"即"有(领有义)+问题(回答或解释之题目义)"。

清王筠的《说文释例》说:"有"字从又从肉会意。近代毛公鼎、令鼎诸古字形断定"有"字系从又持肉之象。可知,"有"的古文字字形为"手里提着肉"的会意字,其原型义为领有或拥有。因此,表示领有的"有"是其本义。从历时来看,"问题"起初是动宾结构,指"问一个题目",后来词汇化为名词"问题"。所以,回答或解释之题目义的"问题"也是其本义。"有问题$_1$"则是本义与本义的结合,意义较为实在,后面一般接言说动词,下文将以"有问题$_1$"指代。例如:

(26)我们请蒋律师就诉讼的法律问题向大家做一个简要介绍,大家<u>有问题</u>可以直接和蒋律师探讨。(电视剧《天道》)②

---

① 参见李先银《容器隐喻与"有+抽象名词"的量性特征——兼论"有+抽象名词"的属性化》,《语言教学与研究》2012年第5期;温锁林、刘元虹《从"含蓄原则"看"有+NP"的语义偏移现象》,《汉语学报》2014年第1期。

② 文中除部分未注明出处的例句为自拟外,其余例句均来自北京大学中国语言学研究中心CCL语料库。

(27) 我走近时他抬起头来,"你<u>有问题</u>要问我吗?"他说。(夏洛蒂·勃朗特《简·爱》,吴钧燮译)

2. "有问题$_2$"即"有(领有义)+问题(疑难或矛盾义/非正常义)"。

虽然这里涉及"问题"的两个义项,但是与"有(领有义)"进行搭配时,表示指称对象本身所具有的不良情状,在语义和句法搭配上几乎没有区别。据 CCL 现代汉语语料库统计显示,这类组构形式使用频率最高、范围最广。"有问题$_2$"所指称的对象既可以是具体事物,也可以是抽象事物,如抽象名词"思想、制度、方法、技术、安排、体系、质量、情况、道德、劳动条件、经营方针"等,还可以用以指人的某种属性,但不同于"有问题$_1$"。例如:

(28) 有一次,驻旅大苏联海军提出该机场砼质量<u>有问题</u>,责任在我方,要求赔偿。(《报刊精选》1994 年 7 月)

(29) 总之,我们搞政治教育确实<u>有问题</u>,问题是层次没搞好,而不是类型有问题。(《报刊精选》1994 年 6 月)

(30) 各级检察机关复查各类案件 47.7 万件,纠正超越管辖范围立案等<u>有问题</u>的案件 3773 件……(《中国人权事业的进展》1999 年 4 月)

(31) 他对梦寒说:"雨杭这个人<u>有问题</u>,表面上是帮我,我看,他根本是和爹串通好了,把我给困在家里……"(琼瑶《烟锁重楼》)

3. "有问题$_3$"即"有(出现或发生义)+问题(事故或麻烦义)"。

除了"有"之外,与事故或麻烦义的"问题"搭配的动词还可以是"出、惹出、搞出、弄出、闯出、带来、惹来"等,都是发生或出现的负面事态,往往后接用在句末的"了$_2$",肯定事态出现了变化。例如：

（32）丁鹏敲敲脑袋："那就是我的头脑<u>有问题</u>了。"（古龙《圆月弯刀》）

（33）现在，周边一些国家和地区经济发展比我们快，如果我们不发展或发展得太慢，老百姓一比较就<u>有问题</u>了。（《邓小平南方谈话》）

（二）"有问题"的概念域

沈家煊（2003）提出概念系统中存在三个不同的概念域，即"'行、知、言'三个概念域"。根据"有问题"三项语义类别之间的区别与联系，得知三项语义类别对应行域和知域两个概念域。例如：

（34）小王<u>有问题</u>要问大家。　　［行域］
（35）老李的思想<u>有问题</u>。　　　［知域］
（36）你说这话就<u>有问题</u>了。　　［知域］

例（34）的"有问题$_1$"是说小王要问的问题，不仅是存有问题，而且是要进行发问，与问的行为直接相关，因此属于行域；例（35）的"有问题$_2$"不是需要询问的问题，思想不可能问问题，而是言者根据已知的情况，对老李的思想表现所做的推断，因此属于知域；例（36）的"有问题$_3$"是基于行为表现可能性的推断，说话人根据已有经验主观上认定该"话"存在"问题"，由于受"了$_2$"的影响，有了不良情状的出现义，但也属于知域这一概念域。

行域义是最基本的，由此引申出虚化的知域义，引申的途径是隐喻（沈家煊，2008）。通过上文关于"有问题"的分析可知，对应行域义的"有问题$_1$"是其本义，而知域的"有问题$_2$"和"有问题$_3$"通过引申而得。行域义的"有问题$_1$"主语论元具有［＋生命性]和[+人]的语义特征,是具体名词;知域义的"有问题₂"和"有问题₃"的主语论元为事物的某种属性,语义所指一般是抽象名词或被隐含。

在这三个语义域中,行域涉及的是与行为动作有关的客观叙述,而知域则涉及与语境有关的主观评价,其语义所指依赖于语境和受话者的推论。知域中的"有问题"涉及说话人的主观推断,言者需要调动已知百科知识对关涉对象的某种情状进行评价。

在例(35)和例(36)中,"有问题"的预设成分没有出现,但也可根据规约化的会话合作原则来断定言者的评价行为是贬义的。那么,为什么知域的"有问题"语义具备负向偏移功能,又在什么样的情况下会发生偏移呢?下面我们从"有问题(知域)"语义发生负向偏移的外部条件和内部因素对其进行全面分析。

二 "有问题"的语义偏移条件

行域的"有问题₁"是一个语义实指的述宾结构,可插入数量结构指称"问题"的数量,如"有一个问题""有一些问题"等,其后可加表示言说行为的动词性成分,如例(26)、例(27)。当"有问题"出现在例(28)—例33)的语境中时,意义会向消极方向偏移,并成为贬义倾向的短语。其中,有些也可插入概数数量结构,如例(28)"产品质量有<u>一点</u>问题"和例(29)"政治教育确实有<u>一些</u>问题",但这里的"一点"和"一些"不是从数量上来修饰名词的,而是针对"问题"的程度来说的,用来指称言者主观认定的程度义。除此之外,"有问题"还具备性质形容词的属性,可受副词修饰作定语或述宾短语,如"<u>很</u>有问题的企业""说不上哪种比哪种<u>更</u>有问题"等。这说明"有问题₂""有问题₃"与"有问题₁"相比,语法意义有较大的区别。

我们要考虑的是,当"有问题"单独出现的时候只是表达没有任何感情色彩的中性义,而当其出现在特定语境中就会发生语义的负向偏移,那么,在什么样的条件下会发生语义偏移呢?通过相关语料的考察，我们发现"有问题"的语义发生负向偏移是需要一定条件的，下面主要从三个方面对其进行分析：

（一）共现成分的语义特征

成分间的共现组合除符合基本的句法要求外，还必须符合语义上的搭配限制。主要表现为以下两点：一是发生负向偏移的"有问题"一般出现在复句中，其搭配用语或主语/话题倾向于负面义；二是直接关涉对象不能含有［＋贬义］的语义特征。

1. 负面搭配义

搭配义是指"词语通过和一些经常同时出现的词的联想来传递的意义"（Leech G., 1974:23）。在一些"有问题"句中，如例（28）的"赔偿"、例（29）的"没搞好"、例（31）的"串通"等，都是负面用语，但是有些"有问题"句则并非如此，但也表达负面的语义色彩。例如：

（37）管仲按照孔子这个道德的评价来说，管仲道德上是<u>有问题</u>的。(《梁冬对话王东岳》2010 年 5 月 22 日)

（38）方老好像全然没有知觉，稳稳地说："不要紧。这不是你的技术不高，是我的胳膊<u>有问题</u>。……"（毕淑敏《汗血宝马》）

（39）他用舌尖舔了舔嘴唇，说："刚才一直在说，那块地可是<u>有问题</u>的，以前在那里住过的人没一个顺利。明白？……"（村上春树《奇鸟行状录》）

"有"在此处作存在的领有义，义项不会发生偏移，"有问题"发生语义偏移主要与"问题"的关涉对象有关，在与属性类名词"道德"搭配时，"问题"具有"临时概念化"功能，使其具有贬义色彩，如"道德问题"；在与身体部位类名词"胳膊"搭配时，"问题"也具有"临时概念化"功能，使其具有自我贬低的色彩，如"胳膊有问题"；在与处所类名词"那块地"搭配时，"问题"同样具有"临时概念化"功能，指代其具有的消极负面性，如"那块地有问题"。除此之外，还有产品类、"变量"类、语言类、指人类、贬义类、"疾病/部位"类、"金钱/权利"类、处所类、金钱类、领域类、其他类，共计11类名词，与之搭配会有贬义倾向（方清明、彭小川，2011）。"有问题"与之共现会沾染上负面语义色彩。

2. 关涉对象的语义特征

"有问题"所关涉对象的本身一般不能含有 [＋贬义] 和 [－正常] 的语义特征，也就是说其主语不能是有标记性的。比如一般情况下不会说"*这个小偷有问题""*这个人渣有问题"（这个例句成立：表示案子判得不对）等，因为"小偷"和"人渣"本身就含有 [＋贬义][－正常] 义素，与之搭配会发生语义矛盾。

关涉对象既可以是人，也可以是物。如果是人，则是指人的某种不良行为特性。例如：

（40）老师听我这么说就很生气，说我这个学生<u>有问题</u>，说我是故意气他。（《鲁豫有约——红伶》2015年12月30日）

如果是事物，则是指事物的某种性状。例如：

（41）有"好管家质量检验"印记的商品都有保险，消费者购买后如发现质量<u>有问题</u>，该杂志负责更换或退款。（《人民日报》1993年5月）

以上两例中"有问题"关涉的对象分别是"我""质量"，没有任何褒贬义的色彩，之所以语义呈贬义倾向，是由评价性语境赋予的。

（二）评价性的语言环境

"语义偏移"和"评价性"是紧密相连的，汉语的语义偏移经常发生在评价性的语境中。语义偏移的发生不是由于特殊的词进入了特殊的格式，而是特殊的格式进入了特殊的语境带来的结果（张治，2008）。"有问题$_1$"与"有问题$_{2、3}$"的区别，即直陈性语言和评价性语言的不同。例如：

直陈性：(42)"罗辑博士，我想您<u>有问题</u>要问。"萨伊那轻柔的女声在空旷的会场里回荡，像来自天空般空灵。（刘慈欣《三体》）

评价性：(43) 管理本身就是应变的产物，没有应变，某些好的创意就不会产生，管理实施的成功也会<u>有问题</u>。（芮明杰《管理学原理》）

由上例可知，在陈述性的语境中，"有问题"保持原义，属于行域；在评价性的语境中"有问题"的语义发生了偏移，属于知域。那么，直陈性语言环境和评价性语言环境有什么区别呢？

从形式上看，例(42)行域"有问题"在句中并不是独立充当谓语，还有"要问"的意向性动作，该句存在两个谓语。而例(43)知域的"有问题"在句中充当叙述或说明的成分，充当谓语，是对关涉对象（主语）的评价，不会有两个谓语存在。

从关涉对象的特征来看，行域"有问题"的关涉对象（主语）是有灵名词，知域的"有问题"既可以是有灵名词也可以是无灵名词，因为小句的主语与"问"的意向性动作无关，涉及的只是事物的性状，所以有灵还是无灵都无所谓。

因此，评价性语言环境相对于直陈性语言环境来说，不同之处为：一是"有问题"只能做小句中唯一的谓语成分；二是"有问题"关涉的对象无意向性动作，即与"问"的动作无关。

（三）区别性语义特征

表达贬义倾向的"有问题"句需要一个前提条件：其关涉对象必须具有区别性。也就是当"有问题"的主语能够成为区别于其他同类事物特征时，句子才能符合要求。试比较：

(44) a. 这个人的腿有问题。（每个人都有腿，"有问题"的腿是"这个人"的区别特征）

b. *这个瘸子的腿有问题。（瘸子的腿本身就有问题，"有问题"不能成为区别特征）

(45) a. *豆腐渣工程有问题。（豆腐渣工程本身就有问题，"有问题"不能成为区别特征）

b. 质量免检工程有问题。（免检工程一般不存在问题，此处"有问题"作区别特征）

满足区别性特征的形式鉴定如下：
一是添加副词凸显属性义。如：

(46) 他的心理特别有问题。＞他的心理有问题。
(47) 他的举动很有问题。＞他的举动有问题。

二是用数量结构进行属性量化。如：

(48) 案件有许多问题。＞案件有问题。
(49) 政策的执行有一些问题。＞政策的执行有问题。

还可以用"有问题，没问题"来列举某主体区别于其他主体的特征，更容易属性化。如：

(50) 这批奶粉有问题，其他奶粉没问题。——问题奶粉
(51) 这个少年有问题，其他少年没问题。——问题少年

在以上两例中，"这批奶粉"和"这个少年"是有标记的，这种区别性语义特征是有标记主体区别于一般主体的关键，也就是说只有当所指主体具有区别性特征时，"有问题"的负面评价性的语法

意义才能够浮现出来。

三 "有问题"语义负向偏移的原因

"有问题"所在句表达命题的方式有所不同，有的出现在一般语境中，如例（1）、例（2），属行域；有的出现在贬义语境中，如例（3）—例（8），属知域。当知域的"有问题"在语境中去掉前后话题义的关涉，只是单独呈现，同样可以表达负面语义。例如：

（52）军大手猛地一击桌面："有门！这几个人有问题。"（《1994年报刊精选》）

（53）王德利马上断定：此人有问题。（《人民日报》1995年8月）

从以上两例可见，假如去掉负面的预设成分，"有问题"也同样表达负面评价义，而且符合大家的语感。为什么在这样的语境中语义负向偏移呢？Jokobson（1984）提出"有标记（marked）和无标记（unmarked）是指一对成分中是否带有区别性特征"，这种区别性特征可以把这个成分跟另一个成分区别开。如例（52）、例（53）所关涉的主语"这几个人""此人"是有定的，而且是有标记的。下面，我们将从有标记的"有问题"句说起，来探讨造成其语义偏移的关键因素。

（一）"有问题"的实际关涉对象

知域"有问题"实际关涉两个对象。袁毓林在现代汉语名词配价的研究中，首次提出"有些名词在语句中也有配价的要求，表现为支配性名词要求在语义上受其支配的从属名词与之共现"。并针对某些观念/情感类二价名词进行讨论。例如"有"是二价动词，"有意见"的"意见"在相关搭配中则是二价名词。朱德熙（1984：41-42）按照名词和量词的关系，把名词分为5种，指出抽象名词的前面只能加"种、点儿、些"等量词。表示观念/情感类二价名词属于抽象名词，如"成见""顾虑""想法""看法""城府""意见""问题"等，都可与"种、点儿、些"等量词搭配。以上中性抽象名词与"有"搭配构成的"有+N"都会发生负向语义偏移。动词"有"和中性抽象名词"问题"也是如此，都需两个配项，否则会发生歧义，例如：

（54）老王有问题。
（55）老王的行为有问题。

例（54）是一个歧义句，既可以当"老王有问题要问"讲，属行域"有问题"；又可以说"老王的某方面有问题"，属知域"有问题"。之所以造成歧义，是不明确主语有无标记造成的。再来看例（55），其中主语"老王的行为"是有标记的，其中"行为"是"老王"这个人的属性，那么"有问题"的关涉情况如下："有"是二价动词，带"行为"和"问题"两个配项，而"问题"涉及"老王"和"行为"两个配项。从语义关涉来看，抽象名词"问题"一般是针对某人/某事的某种属性，它的关涉对象为两个个体，由此可见"问题"需要有两个配项与之共现，如果一个配项不出现，那么其语义的组合就不完整。由以上分析可知，"有问题"需要两个关涉对象才不会产生歧义，一个是指称的对象，另一个是指称对象的属性成分。那么为什么例（52）、例（53）中的"有问题"只有一个关涉对象，但没有产生歧义呢？

因为与无标记的中性义"有问题$_1$"相比，知域"有问题$_{2、3}$"出现在有标记的评价性语境中表贬义，处理有标记贬义句的心理操作步骤要比无标记行域义的一般语句复杂，需要有一个基于会话共识性的先设才能成立。此外，有标记而且具有区别性的特征需要在规约化的评价语境下才能进行正常会话，因为负面评价的解读难以从其构成成分的意义直接获得（方梅，2017）。因此，需从语句自身的整体意义推导出另外的意义或另外的一些信息才能够得以解读，这与"有问题"的规约性和预设义有关。

（二）"有问题"的规约隐含与语义预设

当知域"有问题"出现在相关语境中，所关涉的对象是有标记的，标记的确立是根据其语义的区别性特征。一个不含任何语义倾向的普通名词是无标记的，必须有定指性的语义或形式支撑才能确定其可辨识度高、区别性明显的特点。由上文可知，"有问题"应该有两个关涉对象，但指称对象的属性成分往往被隐含，只出现所指称的名词性成分。例如：

（56）家里人前两天看了报纸上有关劣质奶粉的报道才明白是奶粉<u>有问题</u>。（新华社 2004 年 4 月新闻报道）

（57）从他说的这些话，干的这些事看，我认为这个人<u>有问题</u>，不是没头脑就是玩世不恭。（王朔《王朔文集·矫情卷》）

以上两例中的"有问题"关涉的对象分别是"奶粉"和"这个人"，但是其所指应该是其属性义，也就是"有问题"在这里应该有两个配项，即例（56）"（奶粉）$_1$的（质量）$_2$"和例（57）"（这个人）$_1$的（行为）$_2$"，这样才是完整的语义结构。据 CCL 语料库考察发现，在实际用例中，"有问题"多数只涉及关涉对象。该现象无法在"有问题"本身或相关语境中找到线索，需要从语境参数之外的语义深层结构去寻求解释。

由上文可知，知域"有问题"是评价性的，并非是句子固有的意义（真值条件义），而是句子的非真值条件义，可以说"有问题"直接关涉的并不是显而易见的主语成分，而是主语的所隐含的某种属性，且具有规约性。沈加煊（2015：70）曾指出，"隐含义不是通过逻辑推理推导出来的，它不是语句固有的、稳定不变的意义成分。"因此，更为确切地说应该是"规约隐含"，即语言系统内的隐含，是无须借助语境参数就可直接从语句中析出的那些非真值条件意义（王跃平，2007）。这个理论能够更为形象地解释为什么"有

问题"句一般只出现关涉对象而没有其属性成分,因为"有问题"所在句具有"规约隐含"的功能。例如:

(58) S 老王的妻子鬼鬼祟祟地走着。隐含:S1 老王的妻子(?)有问题。

(59) S 老王喝过奶肚子疼。隐含:S1 老王喝的奶(?)有问题。

(60) S 老王读的书是禁书。隐含:S1 老王读的书(?)有问题。

以上三例的规约隐含义都缺省了属性义,即例(58)老王的妻子(行径)有问题;例(59)老王喝的奶(品质)有问题;例(60)老王读的书(内容)有问题。这说明规约隐含义关涉对象的属性义含有[-正常]义素。

依据 Grice 会话合作理论中量的准则这一条,听话人在这种情况下,势必会去找寻有关已知信息特征方面的言外之意(金英、胡英彬,2012)。这种"言外之意"即是"有问题"所关涉对象的属性成分,由于其缺省的属性义都含有[-正常]的义素,这就是"有问题"即便在例(52)例(53)中,也会发生语义负向偏移的原因。

第三节 "有+N"的语义负向偏移

以往学者关于"有+N"语义偏移的研究,集中于对中性名词"N"的特性、"有"字的意义或"有+N"的出现条件等进行探讨,并用认知语言学的相关原理来解释正负向偏移现象,有一定的说服力,但尚未触及制约"有+N"发生语义偏移的深层因素。通过上述分析我们发现,"有+N"语义负向偏移的动因与关涉对象所隐含的［－正常］义素有关，并试图以"有问题"为抓手来解释"有+N"语义负向偏移的系列现象。

除"问题"外，较为常见的还有"脾气、情绪、手段、性子、想法、意见、压力、看法、状况、情况、迹象、兆头、苗头"等中性名词可进入"有+N"，并使之发生负向语义偏移。这些中性名词语义发生负向偏移的原因是否都与"有问题"一致呢？

根据上文关于"有问题"的分析可知，发生负向偏移需在评价性的语言环境中且关涉对象须具有区别性，那么首先将上述中性名词分为指人或指事两类：

（61）a. 这个人有脾气　　（62）a. 这件事有状况
　　　b. 这个人有情绪　　　　　b. 这件事有兆头
　　　c. 这个人有手段　　　　　c. 这件事有迹象
　　　……　　　　　　　　　　……

从语义所指和微观语境来看，以上"有+N"结构与"有问题"同属隐性的评价性行为，而且偏向"不好""不良"等贬义色彩。上例可转化为"［－正常］这个人+有+不好/不良+N""［－正常］这件事+有+不好/不良+N"，说明有标记关涉对象的［－正常］义素及所指的属性成分同样被隐含其中，而且该形式具有规约化的倾向，对于"有+N"发生负向语义偏移的考察方式可依此类推。那么，为什么要用"有+N"这种形式来表达负面语义？

主要是基于一种委婉的表达方式，避免直陈式的表达。比如，可用"有脾气"来指代不礼貌或态度差，避免直言"脾气差"；可用"有手段"来指代阴狠毒辣，避免直言"手段阴险"；可用"有状况"来指代出现不好的情况，避免直言"状况不良"。负向偏移的"有+N"是言者通过该结构来表达负面义，用不带贬义形容词修饰的中性名词，说明言者将自身放置在一个中立客观的立场上去评价，避免了主观评价可能会担负的责任。这正是发话人主动拉开与表达直陈义之间的距离，寻求适合当前语境的所指，获取最佳关联解读。邓兆红和陈新仁（2016）认为，"这是一种委婉的表达方式，可以消除符号与所指的直接关联，拉开二者的距离，淡化词语与客观事物之间的关联性，而隐去的成分可被称作是最佳关联性引导下的弱暗含"。在某些交际情境中，发话人之所以不用直陈的方式将属性成分表达出来，是因为要传达额外的含义，激发受话人相关的背景知识，借助弱暗含来帮助话语获取关联性，以达到最佳的交际效果。

本节以"有+N"语义发生负向偏移的个案"有问题"为例，从语义偏移的制约因素来探究语义负向偏移的深层因素，试图以个案研究为切入点来分析"有+N"语义负向偏移的根本动因。经考察发现，"有问题"的语义负向偏移需在评价性的语言环境中，且关涉对象具有区别性。从名词"问题"配价情况来分析，得知知域的"有问题"实际存在两个关涉对象，并通过语句推导出隐含的关涉对象，也即属性成分，含有［−正常］义素，这是语义发生负向偏移的关键。并分析"有+N"发生负向偏移的相关实例，得出偏移的原因具有一致性，其语用因素为关联理论下的弱暗含效应。

第四节　本章小结

本章以"有意见"和"有问题"为例对"有+N"的负向语义偏移进行研究，研究的视角与操作方法相似，但由于其研究对象"意见"和"问题"的义项数目不同，其分类操作方法也不尽相同。虽然分析了两个不同的"有+N"负向语义偏移语例，但得出的语义偏移原因是一致的。下面分别对"有意见"和"有问题"的研究结论进行总结：

以往，先贤关于"有"与"N"组构的研究，多是集中于

"有"字的意义、"N"的特性或者"有+N"出现条件这三个方面进行探讨，并用认知语言学相关理论对正向或负向偏移现象进行解释，虽有一定的解释力，但是尚未触及制约"有+N"发生语义偏移的深层因素。本章前一部分以"有意见"为抓手，通过一系列语义及语境分析，发现"有+N"语义负向偏移的动因与关涉对象所隐含的负向［－正常］义素有关。

从语义所指和微观语境来看，"有意见"与"有+N"结构同属隐性的评价性行为，而且偏向"不好""不良"等贬义色彩。这类"有+N"结构可码化为"某人+对+负向［－正常］人物/事物/事件+有+N"，如"N"为"看法""说法""情绪""议论""脾气"等中性名词。由于"有+N"结构带有较强的言者主观性，所以被"规约隐含"了的"负向［－正常］"属性义可谓是因人而异，本文仅探讨言者主观认定"人物/事物/事件"为负面义的情况。

本章后一部分对于"有问题"的研究，一是以"有问题"为研究对象，尝试以个案研究为突破口来揭示该形式为何发生语义负向偏移；二是分析知域"有问题"语义发生负向偏移的条件，并洞悉其原因，找出决定语义偏移的根本因素。主要观点如下：

"有问题"在负面评价的语境中语义发生负向偏移，固然容易理解，但当负面语境消除或只涉及一个配项仍旧可被人理解为负面评价义，这就需要从其配项缺失的原因进行探究。通过考察"有问题"所在独立小句中的语义预设和规约隐含情况，发现其属性义往往被隐含，但是并不影响受话人的理解，原因是"有问题"所导致的关涉对象属性义都存在［－正常］义素，这也从语义上证明了"有问题"发生负向偏移的主要原因为："有问题"主要功能是对所关涉对象表达某种负面属性义的一种暗示。从"有问题"来看语义发生负向偏移的"有+N"，我们发现，其产生缘由是一致的，都含有负面色彩的评价义和所关涉对象的区别性，并且形式具有规约化倾向。最后得出，语义发生负向偏移的"有+N"是由于委婉表达方式的需要，以弱暗含来获取最佳关联。这也可以从某种程度上解读为，我们之所以能获得某个话语的某一暗含义,是因为我们认定说话人遵循了会话合作原则。

"有意见"和"有问题"在"有+N"负向语义偏移中是较为典型的两个语例,通过实际语料考察与分析发现,虽然研究对象不同,但造成"有+N"负向语义偏移的原因大致相同,基本都是在结构中隐含了关涉对象属性义的[-正常]义素。从语言外部因素来考虑发生该现象的原因,很有可能是基于在人际交往中,为避免直陈性的负面表达而选用委婉表达方式的需求有关。

第 七 章

"没"与抽象名词组构的语用功能

否定形式"没"与抽象名词组构的特殊之处在于其具有交际互动的功能,这是肯定形式"有"所不具备的。因此,本章选取较有代表性的否定表达形式"没问题"作为研究对象,对"没+N"特有的功能用法进行深入探讨,以求发现其机制和动因。

"没问题"在现代汉语自然口语中是较为典型的应答语(response),具有肯定应答和确信认同的语用功能,其适用性受到其引发语(initiation)的制约。应答语"没问题"在交际双方的对话活动中体现言者积极的态度,具有主观性(subjectivity)和交互主观性(intersubjectivity)的特质。自然发生的实际话语是语言学家的研究重点(Chafe, 1994: 15-21),"没问题"作为自然口语里高频出现的话语成分,是一种交际双方互动行为的表现,也是言者意向与目的的外显。

近年来,功能语法的研究逐渐重视互动交际中的语言现象,研究语言动态层面形式和功能的对应关系。如 Lerner 提出的"行进中句子的句法"(the syntax of sentences-in-progress)概念,建议把句子放到话轮交替中考察;Brazil 提出"线性语法"(linear grammar)概念,强调真实言谈过程中句子的变化(方梅 2005),从动态角度来解释某种语言成分的研究。在汉语语言学界，从言语动态角度对具体语言现象进行分析的论著并不多见，因此李宗江（2013）指出，"在进行语用标记语研究时，要深入探究话语形式、意义及功能之间的对应关系。"

学界对于应答语的研究已有一些成果，如吕明臣（1992）、尹世超（2004；2008）、方清明（2014）、王志军（2016）、曲溪濛（2017）等。前人的研究多是从话语标记和篇章功能的角度对应答语进行探讨，少有学者从会话（conversation）互动角度研究应答语产生的机制。Robinson 和 Rackstraw（1972：87）认为"答话是对问话的反应"，确定应答语的概念必须依靠引发语。引发语和应答语是紧邻一起的两个话轮（turn），被会话分析学派称之为相邻对（adjacency pair），并且，在应答语的研究中，应答语和引发语是双向作用的结果，要注重言者的交互性（谢群，2017）。有基于此，我们认为引发语和应答语是相互对应且密不可分的一对概念，研究应答语离不开二者之间的互动。经考察，应答语"没问题"在话语序列位置上分布不同，其功能也不尽相同，因此，本文从互动的视角分析"没问题"在不同序列位置上的话语功能，并通过其呈现的功能特征来诠释引发语和应答语各自的言者主体之间的互动过程，进而得出应答语各功能及形式的形成模式。

第一节 "没问题"的话轮分布和话语功能

Sacks，Schegloff 和 Jefferson（1974）提出，典型的互动式言谈为会话，而会话的基本单位是"话轮"，会话以话轮交替的方式进行，言谈有序进行的机制是"话轮转换机制"。这种"话轮"之间的连贯性会话行为可称为"序列"。序列是会话行为的组织方式，可称之为会话序列（conversation sequence）（Schegloff，2007：2-3），同一形式在不同的话语序列位置上分布，其功能往往不同。通过考察相关语料，发现"没问题"话语序列位置同样决定其话语功能。因此，我们首先考察"没问题"会话序列的分布情况，厘清其不同话语功能的类别和比重，以便于分析。

一 基于语料库的"没问题"统计

本章针对"没问题"的话语功能进行分析，选取口语语料[①]中（如口语作品集、会话语录及报刊、影视剧对白等）的应答语"没问题"及其会话互动过程中的引发语作为考察对象。书面语语料由于缺乏互动性，因而不在我们统计范围之列。对于"没问题"的话语分析基于三个语料库：CCL（北京大学现代汉语语料库）、BCC（北京语言大学现代汉语语料库）、语料库在线（国家语委）。如表7-1[②]所示：

表7-1　　　"没问题"的序列分布数据统计　　　单位：例

序列分布情况	"没问题"句		话轮之首	独立话轮	话轮之中	话轮之尾
	句数	有效句数	有效句数	有效句数	有效句数	有效句数
BCC语料库	12077	3738	995	1056	880	807
CCL语料库	1457	763	189	231	127	216
语料库在线	45	38	5	12	8	13
合计	13579	4539	1189	1299	1015	1036

据语料库数据统计显示，共有语料13579例，其中筛选出有效语料4539例，占总数的33.4%。在三个语料库中的序列分布情况大

[①] 口语语料是自然发生的语言素材（natural occurring data），基于该语料的话语分析（discourse analysis）能够更加客观地反映语言的心理现实性。

[②] 表中的有效句数是指在所有"没问题"句中，剔除掉自然口语会话之外的语言形式（包括书面语和自述、说明及议论性的非会话形式的语言），除此之外还有表实在意义的动宾短语"没问题"，是指否定具体且可量化的"问题"是否存在的意思。

致相同,话轮之首位、中位、尾位、独立位分别占"没问题"有效句数的 26.2%、22.4%、22.8%、28.6%。因此,初步判定"没问题"所在句的不同语用功能序列分布较为均衡。

从会话序列位置看,有些话语成分能够开启言谈行为,有些话语成分则偏向于应答行为(方梅,2017:242),而"没问题"在会话互动过程中,仅能作为应答语出现,因为有标记的否定形式需要有预设才能成立,不会作为发端句最先出现在对话中。在应答话轮中,"没问题"虽是否定形式,但表达的却是言者肯定的立场。

二 "没问题"的话语功能

"没问题"在会话过程中表现为三类主要功能:一是肯定应承的功能,对话语引发人请求、指示、命令和祈使性事件等做积极回应;二是确认强化的功能,使回应的信息更加清晰明确;三是作保、许诺的功能,传达言者的一种个人立场和信念。根据"没问题"序列位置具体分布的功能考察,又可分为以下几小类:

(一) 话轮之首"没问题"的功能

处于话轮之首(turn-initial)的应答语"没问题"是请求言语行为的回应语,所占比例最高,也是最为典型的用法。这种接受应答的言语形式可以替换为"行、好的、可以"等。肯定应承功能是话轮之首"没问题"的最为主要的功能,其中包括同意应答、允诺应答、弱化拂意三小类功能。

1. 同意应答功能

该功能是对请求言语行为的回应,请求方式以疑问句的形式出现,有询问句和测度问,发话者往往考虑到听话者能力和意愿方面的可行性,以一问一答的形式出现,例如:

(1)李敖:"我是文盲,不会写字,我要弹劾一个人,叫做 Aristides,你这位先生可不可以帮我写上名字呢?"Aristides 说:"没问题,我帮你写上名字。"(《李敖有话说》)

(2) 她的嘴唇不由自主地绷紧了些:"能不能告诉我他的去向?"警察:"没问题。他在温席拉街开了一家餐厅,住在餐厅楼上。"(米涅·渥特丝《女雕刻家》)

以上"没问题"是发话者提出一个问题要答话者回应并解决,从发话者主观角度来说,请求性的言语行为需要答话者即刻作出答应与否的回应,话轮间的对应关系较为显著。

2. 应允承诺功能

该功能是指答话者用"没问题"对发话者所陈述的命题做出应允承诺的言语行为。前面的话轮是发话者对于某事物的主观想法,一般具有祈使性语气,后面的话轮是对前面话轮的允诺,例如:

(3) 梅:"你跟小雪说,就说我真心地欢迎她来。她来了咱们这个新家才能算完整。"夏:"没问题,一定会如实转达。"(电视剧《家有儿女》)

(4) 代表们喜出望外,纷纷对视察团副团长袁武说:"把它们运回香港是你的任务。"袁武代表说:"没问题,运回香港后,可以放在动物园,让全香港市民都来分享新疆人民的情谊。"(《人民日报》2000年)

以上两例的前话轮由于是陈述句,发话者在陈述主观看法的同时还带有祈使的意味,"没问题"在此处主要是作为允诺性的标记语。

3. 弱化拂意功能

该功能是指答话者策略性地用肯定应答形式"没问题"来赞同发话者陈述的内涵,然后再表达自己不同的观点。例如:

(5) 穗珠道:"我找地方,厂里装修好,我来承包。"厂长道:"那没问题,只是现在寸土寸金,你怎能在市中心找到地

方?"（1995年作家文摘）

（6）她对我说："拉巴，到了拉萨你可得给我当导游……"我回答说："没问题，不过导游费可是很贵的哟，每天1美元呢！"（新华社2001年7月新闻报道）

Pearson和Nelson（1997）指出，在互动过程中说话人会以部分肯定或委婉语为否定、拂意做铺垫。"没问题"就是在以上两例中以肯定观点做铺垫，以委婉的方式与发话者建立共同的背景，用委婉的方式来缓和拂意。

（二）独立话轮"没问题"的功能

"没问题"作为独立话轮（turn-independent）时，形式简练言简意赅，在"问—答"或"陈述—同意"毗邻对中充当反馈信息，表达答话者积极的立场态度。独立话轮"没问题"主要有两种功能，即同意应答功能和允诺应答功能，这与处于话轮之首"没问题"的功能相似，但两者也有不同之处，下文仅讨论不同之处。由于独立话轮"没问题"是光杆形式没有后续成分，因此具有较强的应答标记性语用特征。李宗江、王慧兰（2011：198）指出，"没问题"是"对别人的要求痛快地答应"，与"没问题"形成鲜明对比的是，"没门儿"表示"痛快地拒绝"（方清明，2014）。例如：

（7）周伟朝赵国强说了一句，又对芮小丹说："我女朋友想让我去她家吃年夜饭，你看我都老大不小了，能不能给咱行个方便？""没问题。"芮小丹爽快答应了。（电视剧《天道》）

（8）那位先生高兴地说："我们想请你帮个忙，在赛后的新闻发布会上当翻译，可以吗？""没问题。"记者爽快答应后，暗自纳闷："难道这里没有翻译？"（新华社2004年9月新闻报道）

以上两例中的"没问题"，除应承之外还体现了答话者明快的言语风格，这也从侧面反映了处在独立话轮"没问题"之前的话轮请求程度不高。方清明（2014）提出，从请求程度高低的角度来看，听话者付出一定的努力或者代价就能够顺利完成的请求，听话者才有可能用"没问题"回应，难以实现的请求听话者一般不用"没问题"回应。

此外，独立话轮的"没问题"还具有独特的应声回执（back-channeling）功能。在互动会话过程中，发话者过多地占据话轮主体地位时，答话者为保证会话的有效性或双方协作的顺利，反馈项"没问题"的应声反馈功能就得以体现。例如：

（9）大卫：我要加点油。对不起呀。郭燕：但这也是很公平的。大卫：我很遗憾。这个老头子太固执了。郭燕：<u>没问题</u>。大卫：你稍微等一下。郭燕：大卫，这是什么地方？大卫：对不起，我忘了告诉你，我的一份图纸我拉在家里了。（电影《北京人在纽约》）

（10）戈：你可别瞧不起妇女啊！一会儿比比看，看谁是吃货。余：<u>没问题</u>！李：我下乡扛麻袋扛过二百多斤。啊，不算什么。刘：那我也去吧。诶，干多干少的也让我体会一下那个丰收后的喜悦嘛。牛：对对对，走！（电视剧《编辑部的故事》）

结合更大的语境分析可知，郭燕和余的反馈项"没问题"虽然也是一个话轮，但并没有提供多少有价值的信息，形式上体现为话轮前项是陈述性话语，而非是寻求帮助的疑问句。因此，"没问题"与前后话轮间语义对应关系比较松散，在言谈互动过程中发话者并非十分需要答话者应承，该处的肯定性应答成分"没问题"只起到应声回执的作用。

（三）话轮之中"没问题"的功能

话轮之中（turn-mid）的"没问题"在互动过程中浮现出两种话语功能，即确认加强（confirmation-enhancement）和顺应激活

（compliance-activation）功能。

1. 确认加强功能

话轮之中的"没问题"能够强化言者对前述话语信息的主观确认程度（subjective belief state），该形式是对言者指向（speaker-orientation）提供主观评价和确认信息的标记，也是言者自我陈述映现标记。例如：

(11) 王伟："罗杰，有件事情我有点意外，我看到新的组织架构图中，岱西将会升上东大区经理的位置，是这样的吗？"

罗杰："是的，我征求了齐浩天的意见，他那方面<u>没问题</u>，所以新的组织架构中是这样安排岱西的。"（李可《杜拉拉升职记》）

(12) 郑之范："你让二位客人来，到底什么事，快说呀？"

胡里："只要能买来，多付些钱<u>没问题</u>，俺王爷有的是银子！"（1997年作家文摘）

例（11）的答语"没问题"并不是对问话"是这样的吗？"的回应，其语义指向是前面自己所陈述的话语；例（12）的"没问题"语义同样指向前面的陈述语。可见，此处"没问题"是为加强前面所陈述的内容。

2. 顺应激活功能

"没问题"的顺应激活功能是指答话人通过该形式，把与发话人之间共同的情感知识激发出来，以实现交际双方情感的共鸣。何自然、冉永平（2002：212）谈到，交际的本质实际上就是拓展交际双方的共同认知语境，说话人所传递的话语信息与听话人的背景信息交叉越多，交际成功的可能性就越大。"没问题"本身作为积极、肯定、正面的应答语，能够给人心理上的慰藉，在互动过程中答话人用"没问题"来顺应发话人的心理意愿，增加交叉信息，表现对发话人的关心和支持。该功能特征下的"没问题"前后有停顿，以插入语的形式进入应答语序列，不能使用变体或重叠形式，如肯定应答语"好""行""可以"等，重叠形式"没问题、没问题"。例如：

（13）潘宏福首先插进去说，"……最好政府能贷点款，私营行庄帮点忙更好。"金懋廉会意地接上去说："私营行庄帮忙，没问题，特别是在座各位，有啥需要，信通一定帮忙。……"（周而复《上海的早晨》）

（14）少年：哎呀……看起来马上就要下雨了，如果能有地方躲雨就好了……

我：放心吧，没问题，因为我是放晴娘。（万屋直人《旅行，直至毁灭世界的终焉》）

以上例子中，无论话轮前项是陈述句或是疑问句，答语中"没问题"都是对发话者提出话语信息的顺应和支持，激活会话情景中情感需求—应求这一要素。

（四）话轮之末"没问题"的功能

话轮之末（turn-final）的"没问题"[①] 主要起到对整个话轮强化的作用，这与话轮之中"没问题"的确认加强功能相似，但也有其特殊性。处在句末的"没问题"是典型的"信息结构重心在尾"，即复杂的结构在句尾。按照句子从左到右的线性增量原则，修饰性成分提供的新信息的量越大，越是倾向于放在被修饰成分的后面（方梅，2005）。话轮之末的"没问题"句话语信息量从前往后逐渐增大，同时"没问题"还能够把各小句的信息片段串起来，因此，"没问题"在此处的主要功能是回指前景主句。话轮之尾出现不增加

---

① 话轮之末的"没问题"是指在语义上具有对该话轮的回指功能，并非是对前一话轮应答，而且其位置不能随意变换。例如，问："可以帮我一个忙吗？"答："我很乐意，没问题"，由于应答语"没问题"在此处可放在话轮之首，也可作为独立话轮使用，语用义不变，而且"没问题"直接作为上个话轮的应答语，因此不能将其视为处在话轮之末。

新信息的总结性话语或语义重复性话语,可能预示着话语的结束(刘虹,2004:71),因此,"没问题"还有话轮结束标记的功能,标示着一个话轮的结束。例如:

(15)鼠从衣袋掏出香烟,拉直点燃。"只一只猫。"

杰孤零零冒出一句,"一只老猫,不过陪我说话没问题。"(村上春树《1973 年的弹子球》)

(16)"我不认识你,也不记得打过什么马虎眼。"我稍微加强了语气。

"我知道你。要是你再做这种事,可是会被警察逮捕的。就算我现在就把你这种家伙抓起来,在法律上也完全没问题。"那家伙说。(森见登美彦《太阳之塔》)

(17)桑乔又怕又恼地说,"好像今天晚上所有的魔鬼都跟我过不去呢。"

堂吉诃德:"你可以这么想,没问题。"(塞万提斯《堂吉诃德》)

例(15)、例(16)的"没问题"回指前部话语成分,起到总结叙述并提升表达效果的功能。例(17)作为独立成分的"没问题"除具备上两例功能外,还起到话轮结束的表示作用。

第二节 应答语"没问题"及其引发语

应答语"没问题"是由引发语触发的,构成前后连贯的相邻对,前一部分为引发语,后一部分为应答语。会话分析学者曾提出引发句(即引发语)的概念,指在会话中有特定交际目的说话人在完成交际任务的过程中能够引出对方应答的话语(梁晓玲,2001:26)。谢群(2016)指出,引发语是发话人意向与目的的外显,应答语在话语次序上受到引发语的约束，受话人需要根据对引发语的理解来构建自己的应答语。由上文可知，处在不同话轮位置"没问题"的功能不尽相同，我们推测其对应的引发语也是不同的。

一 引发语的三类句式

方清明（2014）认为从请求策略的角度来看，"没问题"引发语所涉及的言语行为大致可以分为三种类型：一是恳切性请求言语行为；二是祈使性请求言语行为；三是暗示性间接请求言语行为（无须用"没问题"应答）；并且对于请求言语行为的回应策略也不同。方清明（2014）主要是通过自身语感将应答语"没问题"的引发句分出了三种类型，但通过观察大量真实语料发现该分类并不精确。首先，恳切性请求言语行为的说法在真实语料中极少见到，多数以测度的疑问方式出现；其次，祈使性请求言语行为的提法不妥当，祈使指命令或指使的语气，与请求的语气格格不入；最后，暗示性间接言语行为有时只涉及需求，谈不上请求。通过语料库分析，我们发现"没问题"的引发语由三类句式构成，即疑问句、祈使句、陈述句，其中疑问句对应请求性言语行为，祈使句对应祈使性言语行为，而陈述句既与暗示性间接请求言语行为无关，也与请求性言语行为无关。三类句式分别举例如下：

（18）蓝克同志迎上前去："护炉长同志，炉子多会能拆完，能不能提前完成？"

"没问题，一定要提前完成！"护炉长满怀信心地回答。（《人民日报》1953 年 11 月 8 日）

（19）周恩来把撕下的那页台历放在桌子上，加重语气说："……对铁路职工的审查和清理，你亲自挂帅，统一领导，既要不留一丝一毫的危险隐患，又不许动辄捕人，要严格执行审批规定！"

"没问题！"铁道部长把笔记本装进了公文包。（1993 年作

家文摘）

（20）妇人接过矮矮的一株根部卷起来的树苗……笑容可掬地说："这么说，我已经是这把年纪了，等不到结出果实也不一定。"

男人抽着烟说："不用担心，这位太太怎么看，至少还有四十年没问题。"（渡边淳一《异恋》）

例（18）疑问句是请求言语行为，具有需求性，蓝克以测度问的方式请求护炉长，护炉长爽快地答应了蓝克，一问必有一答，关系紧密。例（19）祈使句是非请求性的言语行为，铁道部长必须按照周恩来的指示去做，无论应答与否都必须执行，既可以用默认的方式应答，也可以用肢体语言点头示意，并不一定要用"没问题"应答，因此引发语和应答语之间关系松散。例（20）陈述句也是非请求性言语行为，妇人的陈述其实无须作答，此处的"没问题"与引发语无本质的关联，只是起到强化话轮的作用。

二　应答语与引发语的关系

应答言语行为是对引发言语行为的反应，两者有一定的对应关系，这主要与话语引发人和答话人的目的或意向有关。当话语引发人做出请求言语行为时，目的是为寻求肯定性应答，此时应答语"没问题"的出现较为应景；当话语引发人发出祈使性言语行为时，目的是要受话人言听计从，此时"没问题"为积极的回应；当话语引发人陈述某话题时，有的表某种直接性的需求，但多数表间接性需求或看不出需求，只是作为引发语需要对方回应，所以"没问题"这一应答形式并非一定是话语引发人所需要的回应。

结合"没问题"的话语功能和引发语的三类句式，两者对应关系可归纳为：话轮之首和独立话轮的同意应答和允诺应答功能、话轮之中的确认加强和顺应激活功能⟷疑问句；话轮之首的弱化拂意功能、独立话轮的同意应答和允诺应答功能⟷祈使句；独立话轮的应声回执功能、话轮之中的顺应激活功能、话轮之末的强化和标示功能⟷陈述句。三类引发语句式对应的话轮序列位置及其功能虽有所交叉，但是从应答语"没问题"话轮之首到话轮之末各功能之间的对应关系来看，疑问句→祈使句→陈述句大致对应着话轮由前至后的序列位置。

在会话互动过程中，根据话语引发人对答话人肯定性应答的需求来考虑，需求性越强应答语"没问题"与引发语的衔接就越紧密，需求性越弱就越松散。因此，相邻对之间的紧密关系可以形成一个由紧到松的连续统，分别对应疑问句、祈使句、陈述句三类句式，即：请求性应答行为→指示性应答行为→自述式应答行为。

第三节 主观性及交互主观性

"主观性"是指在话语中说话人表明自己的立场、态度、情感，留下自我的印记（沈家煊，2001）。"交互主观性"是说话人采用一定的语言形式来表达对听话人的关注，主要体现在对听话人的"面子"或"自我形象"的关注（Traugott，2006）[①]。应答语"没问题"的话语功能不仅能够表明说话人的主观情感及态度立场，而且在言谈过程中还能起到顺应对方意向以及消解对方疑惑的功能。因此"没问题"既能体现答话人的主观性（subjectivity），也能在互动交际中体现其交互主观性（inter-subjectivity）的特质。

具体而言，当引发语为疑问句或祈使句时，"没问题"属直接应答语，语义指向大多为应答人自己，也可指向他人，是基于答话人立场的应承、允诺，体现答话人的主观性；当引发语为陈述句时，

[①] 转引自张振亚、王彬《应答语"那是"的语用环境及效果——空间指示的隐喻及主观性的进一步发展》，《修辞学习》2009 年第 3 期。

"没问题"属间接应答语，语义指向是他人或其他事物，不会指向自己，其关注点在听话人（话语引发人）的立场或感受上，交互主观性相对于前两种句式更强一些。也就是说，从答话人的视角来看，疑问句和祈使句对应的应答语"没问题"侧重于主观性，陈述句对应的应答语"没问题"侧重于交互主观性。

张振亚（2009）认为，主观性和交互主观性的发展轨迹是：从没有主观性到有主观性，再从主观性发展出交互主观性。从共时层面来看"没问题"，其实义的"没"+"问题"（可被数量结构修饰）是没有主观性的，只是作为问句"有没有问题"的应答语。在疑问句或祈使句引发语之后，话语引发人需要应答人表态或做出主观上的回应，抽象义的"没问题"在此时表达了应答人的主观态度。陈述句之后的应答语"没问题"，并不是针对引发语所做的回应，而是在考虑引发人情感态度的情况下，应答人对自己的陈述进行确认，体现了该形式下"没问题"的交互主观性。方梅（2005）指出，主观性与交互主观性的区别在于，主观性使意义变得更强烈地聚焦于说话人，而交互主观性使意义变得更强烈地聚焦于受话人。"没问题"针对疑问句和祈使句的应答聚焦于说话人（应答人），而针对陈述句的应答聚焦于受话人（引发人）。从应答人的视角来看，抽象义"没问题"存在发话人为主导和受话人为主导的两种形态。

第四节 "没问题"的互动机制及话轮功能的形成

由上文分析可知，不同句式的引发语对应不同功能的应答语，该现象的产生是引发言语行为和应答言语行为双向互动作用的结果。沈家煊（1989）认为引发语与应答语都是发话人目的导向下的话语选择，两者之间有一定的语义搭配关系。"没问题"的具体语义功能是在动态的言语会话过程中才能得以体现，因此"没问题"在互动过程中浮现的是其语用义。

应答语"没问题"的引发句式并非都是问句,且在实际语料中多数是以非问句的形式出现,这就意味着"没问题"在不同的语境下有时充当"应"语,有时充当"答"语。Baumert(1977)认为,对问答序列的研究有必要区分"应"与"答"。"答"是指对"问"这一形式的回复,而"应"就言语层面来说包括了对"问"和非"问"的回复。何时用"应"何时用"答"并不是应答人单方面决定的,而是取决于引发语。谢群(2016)指出,引发语在一定程度上制约着应答语的生成与选择。这说明,引发语与应答语的对应关系及互动过程都取决于言者主体意识的参与,即主体 1(话语引发人)和主体 2(话语应答人)之间的互动。

廖美珍(2005)提出,任何言语行为都具有目的性,目的是言语生成的原因,也是言语行为分析的基石。从哲学层面来看,目的是主体在认识客体的过程中,按照自己需要预先设计,体现主体主观上构拟与客观对象之间的内在联系(夏甄陶,1982:432)。由此可以推断,"没问题"所在相邻对间的互动包含以下几个要素:主体 1 的需求和目的;主体 2 的立场和目的;以及由此所构拟出的引发语和应答语。当主体 1 引发言语行为时,在需求的驱动下产生目的,然后构拟出相应的语言形式(疑问/祈使/陈述句)形成引发语;当主体 2 接收到由主体 1 发出的引发语时,在主观立场认知的驱动下产生目的,与此同时还要推断对方的需求或用意,然后构拟出相应的语言形式(不同话轮的"没问题")形成应答语。整个互动机制如图 7-1 所示:

由互动机制可知,主体 2 应答语比主体 1 引发语的生成多了推断对方需求的一步,原因是主体 2 在会话过程中,要首先考虑主体 1 的请求/指示/自述所形成的语境,然后根据自身的立场在头脑中进行会话目的抉择,即做出肯定的正面回应或是做出否定的负面回应,这是不需要考虑对方需求的,但是"没问题"是肯定性的应答语,

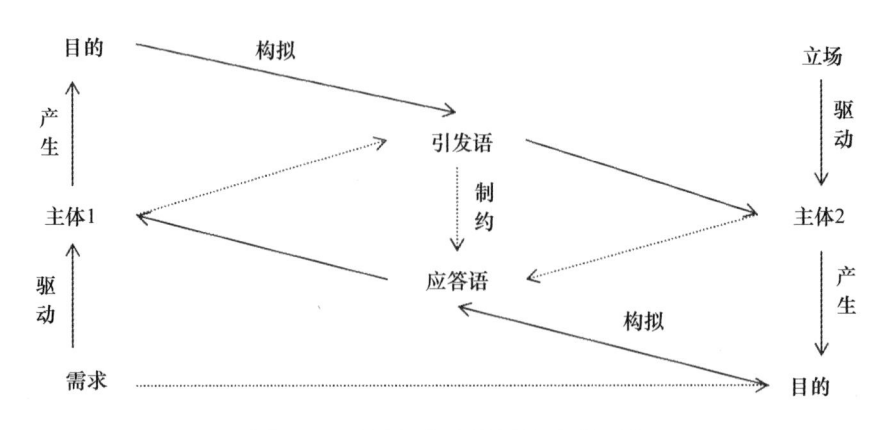

图 7-1 引发语与应答语的互动机制

既然已决定给予对方肯定性应答,那么就需要考虑如何用"没问题"进行应答。不同话轮序列位置代表不同的话语功能,因此需要视对方需求而定,以达到最佳的表达效果。

应答语并不是对引发语的直接回应,而是对主体 2 理解中引发语的回应(谢群,2016)。应答语在回应之前要事先揣测并理解主体 1 真正的需求,才能更精确地作答。主体 2 从"没问题"所在应答句的三类引发句式可推断主体 1 的意向,即疑问句和祈使句表达的是字面义,其需求较为明显,容易理解,"没问题"往往作为直接的肯定性应答语出现在话轮较为突出的位置;陈述句表达的是言外之意,需求不明显,这就需要主体 2 结合语境去理解与阐释主体 1 的用意,然后做出间接的应答,这时"没问题"往往以间接应答成分出现在话轮不明显的位置。引发语的话语可理解性由强到弱,应答语的回应形式也由简单到复杂,这是主观性(疑问祈使句后的应答语)和交互主观性(陈述句后的应答语)不同作用的结果。应答语"没问题"的位置、功能及其对应引发语的形成模式如图 7-2 所示。

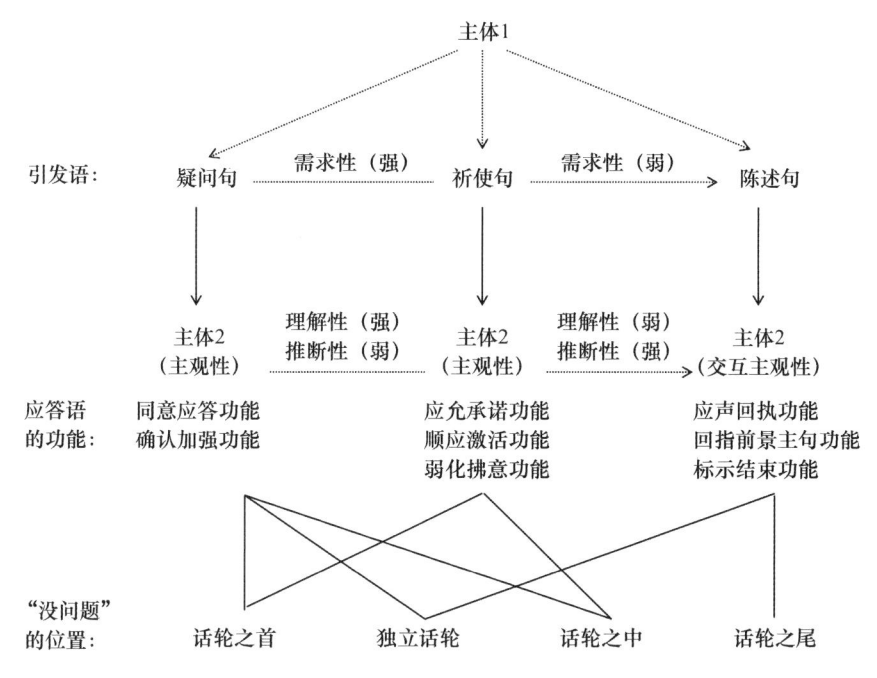

图 7-2　引发语及应答语"没问题"的功能形成模式

第五节　本章小结

本章参照语用学中会话分析理论，利用自然口语对话语料，探究应答语"没问题"所处不同话轮位置的各项话语功能，及其引发语之间的对应情况。"没问题"的引发语存有疑问句、陈述句、祈使句三类句式，对应不同序列位置上"没问题"所呈现的各项功能特征，具有主观性和交互主观性的特质。文章从应答语对不同形式引发语的回应进行分析，发现话语引发人和应答人在互动过程中，其言语目的产生的过程有所不同，引发语是主体在需求驱动下产生目的，应答语是主体在立场驱动下产生目的，并且要同时考虑对方的需求。该互动机制促成不同位置及功能的应答语"没问题"话语模式的形成。

在现代汉语会话活动中，"没问题"是具有话语立场的接话话轮，出现频率较高，其交际动因是对疑问、祈使、陈述三类引发句式的积极回应，三类句式对应三类言语行为，即请求性、祈使性和陈述性三类。前两类言语行为后接应答语"没问题"的回应较为直接，从应答者角度来看具有主观性特质；陈述性言语行为后接应答语"没问题"的回应与其引发语无直接关联，属间接性应答，意义聚焦于话语引发人，从应答者角度来看具有交互主观性的特质。也就是说，针对请求性和祈使性言语行为的应答语"没问题"语义指向多是自己，即表达答话人自身的肯定、应承、确认、允诺、同意等话语功能；针对陈述性言语行为的应答语"没问题"语义指向多是他人或其他事物，主要表达对其他事物的评价和态度。

文章从应答者角度来探究话语引发人的意向，发现话语引发行为要有需求驱动才能产生目的，需求性由强到弱可形成一个连续统，与之对应的应答方式也是由简至繁，可理解性随句式的复杂化变得相对较弱，这就需要听话人付出较多的努力结合语境去推断才能明白其用意。应答人作为受话者则要从自身实际立场的视角出发，对发话人的言语行为做出回应，与发话人相比，其话语回应过程更为复杂，即需要结合自身立场考量发话人的需求和目的。

第 八 章

表比较的"有/没"与名词性成分组构的不对称

现代汉语中的"有"通常用来表示"领属"与"存现",前几章我们所讨论的"有"和否定形式"没(没有)"的普遍功能、特殊功能以及不对称性,都是对其"领属"或"存在"语义类别的探索。"领属"与"存现"是有着明显的相似性并且可纳入同一认知框架的语义范畴(任鹰2009),所以,"领属"与"存现"的引申或演进过程在此归为一类,不做区分。董祥冬(2015)论证"有"字句式结构的衍化以及动词"有"的功能变化、语义扩张关系是"领属义→涉量义→比较义"[1],从历时的角度来看,其引申关系具有承继性。因此,除"有"字句的"领属"与"存现"语义类型外,还可以表示"达到某种量度或程度"的比较义。另外,本章将表比较的"有/没"之后的成分认定为名词性成分,因为其整体充当

---

[1] 董祥冬(2015)的研究将"有"字领属句按照典型性分为:持久领属 > 短时领属 > 不可让度领属、无生可让度领属 > 抽象领属 > 无生不可让度领属,并认为动词"有"的语义从左至右逐渐泛化,所表达的领属义变得异常宽泛。所以,数量成分就有了进入"有"字领属句的可能性,而后逐渐发展出了"有"字涉量句。"有"字涉量句的出现使"有"字句有了量的标准,两个量之间可以进行比较,因此,"有"字比较句应运而生。

"有/没"的宾语，可以被视为名词性成分进行归类①。

关于"有"的这类语义和用法，丁声树（1961）、吕叔湘（1981）、朱德熙（1982）等曾有所涉及，温锁林（2012）将该类"有"字句（本章后文所讲的"有"字句都表比较）分为两种：一是表比较，二是表达到某数量，并针对"有"的第二种功能进行讨论。对于表比较的"有"字句，学界主要有胡裕树（1961）、詹开第（1981）、刘月华（1983）、宋玉柱（1987）、曹炜（1987）、张豫峰（1999）、刘苏乔（2002）等做过专门的研究，其中有些学者将"没"字句（后文所讲的"没"字句都表比较，这里的"没"也包括"没有"，本书暂不区别二者）作为其否定式统一处理；对于"没"字比较句的研究主要有史有为（1994）和杨惠芬（1998）两位学者。以上学者仅就表比较的"有""没"字句单方面进行研究，尚未指明二者之间的联系与区别。

在形式上，表肯定的"有"字比较句与表否定的"没（没有）"字比较句看似对称，即都存在"NP + 有/没 + NP + AP"形式，实际在意义和功能上并不完全对称，表现为比较结果项（形容词）的搭配有所不同，例如②：

(1) a. 弟弟有哥哥那么高。　b. 弟弟没哥哥那么高。
我的房间有你房间这么干净。　我的房间没你房间这么干净。
小王有小张跑得那么快。　小王没小张跑得那么快。
(2) a. *弟弟有哥哥那么矮。　b. 弟弟没哥哥那么矮。
*我的房间有你房间这么脏。　我的房间没你房间这么脏。

---

① 参看杨永龙《从"形 + 数量"到"数量 + 形"——汉语空间量构式的历时变化》，《中国语文》2011 年第 6 期，关于"有 + 数量形"结构中的"数量形"应为名词性结构的提法，即通常形容词是不能作宾语的，当"数量 + 形"充当宾语的时候，就有可能是一个整体而不宜再看作可拆解的连谓结构。"有"字比较句式与此相似，也可以被视为"有 + 名词性成分"进行归类。

② 本章除已标明出处的例句外，其余例句均为自拟。

＊小王有小张跑得那么慢。　　小王没小张跑得那么慢。

　　例（1）a、b句中的否定形式和肯定形式合法且一一对称，例（2）则不同，a、b不对称，其中a的肯定用法不成立，而b则可作为有标记的否定句成立。从以上例句我们可以看到，正向形容词"高""干净""快"等既可用"有"字句，也可用于"没"字句；而负向形容词"矮""脏""慢"则仅能用于"没"字句。表比较的"没"字句与"有"字句具体的功能差异何在？在"有""没"比较句中，形容词的适用范围为什么不同？本章试图对以上问题进行分析并加以解释。

第一节　"有/没"句的成分分析

　　表肯定的"有"字句和表否定的"没"字句构造形式一致，除比较词"有"、"没"外，主要由三部分构成：A. 比较主体；B. 比较客体（参照体）；C. 量度词，该句式中的A、B、C三项以动词"有"和"没"为谓语核心进行关联，多数情况下C项前需有程度指代成分"这么""那么"等。其典型句式可码化为："A + 有/没 + B +（这么/那么……）C"。其中，A、B可由名词性词语和动词性词语充当，C主要由形容词充当，极少数可为动词性词语（仅用在疑问句或否定句中）（张豫峰，1999）。本文集中讨论以C形容词性量度词（后文简称形容词）担任的陈述性比较句，其他用法如疑问句，后文将作为佐证加以论述。

　　表比较的"有""没"字句，在句法上属主谓宾结构，谓语核心"有""没"连接着两个动元：起事和止事（范晓，1991），即比较主体A是起事，形容词C是止事，除此之外还需要参照体B这一进行比较的标准，即A通过与B的对比得到C。因此，"有""没"比较句的语义可概括为"主体以客体（参照体）为标准进行比较，得到了某种量度的结果"。

一 比较主体与比较客体

该句式的比较主体 A 和比较客体 B 之间一般具有一致性，即所指的称谓大多属同一类别，并且 A 与 B 都是定指，例如：

（3）张三有/没李四那么好。
（4）竞走有/没慢跑那么快。

但也有不同类别之间以比拟的方式进行比较的句子，比较主体 A 是定指，比较客体 B 是类指。张豫峰（1999）、刘苏乔（2002）等曾做过这方面的论述，例如：

（5）这花开得有碗口那么大。(《现代汉语八百词》)
（6）窝窝头有拳头那么大。(柏杨《柏杨回忆录》)

上两例中的 A 与 B 并非直接相关，而是通过凸显参照体"碗口""拳头"的量度义进行对照，以实现主观上的比较。这种比较方式是"有、没"字句同一类别形式比较的延伸，具有修辞性的表达特点，是具有比较性质的比拟句。本文以探讨 A、B 属同一类别的事物的比较句为主，表比拟的比较句仅在探讨"有"字比较句特点时有所涉及。

二 量度词

量度词由形容词来担任，此处的形容词具有程度量性特点。石毓智（2001：120）进一步提出形容词的量主要表现在程度的高低，并且可以用能否加一系列程度词的方法来鉴别它们的定量和非定量性，如选用"有点、很、最"等，或是前面添加"不"或"没"否定词。能够前置副词和否定词称为非定量形容词，反之则是定量形容词。通过考察发现,"有""没"比较句中的 C 项形容词必须为非定量形容词,因为其具有典型的连续性数量特征,只有具备该特征的形容词才能被用于比较句,例如:

(7) 三年的饥饿使八岁多的冬儿只有五六岁小孩那么<u>高</u>。(池莉《你是一条河》)

(8) 你的幽默感比他们<u>强</u>。(王朔《一半是火焰,一半是海水》)

处于 C 位置的形容词可以是"大、长、高、干净、强、勇敢"等正向形容词①和"小、短、矮、脏、弱、怯懦"等负向形容词,以上形容词具有非定量性特征;而定量形容词如"雪白、桃红、笔直、火热、中、褐"等,不具备量度属性,不能用于比较句。

三 程度指代成分

需要注意的问题是,例(1)的肯定形式 a 句和 b 句是较为常用的陈述式用法,程度指代成分"这么""那么"去掉后对语义表达不会有任何影响;而例(2)的否定形式 b 句,如果去掉了程度指代成分"这么""那么",可接受性会大大降低,句子将不能成立。

例(2)与例(1)不同的是,C 项为负向形容词"矮、脏、慢"时,是有标记的,其用法具有限定性。史有为(1994)对"没

---

① 正向形容词在语义上表示积极、肯定,符合人们心意的形容词,而负向形容词在语义上表示消极、否定,不符合人们的心意。从语法特征来看,正向形容词前面可加数量成分或物质名词,如"一米宽""半米长""雨下得齐腰深""黄豆大的汗珠"等,而负向形容词则不能。此外,诸如"热/冷""胖/瘦""忙/闲"类形容词,其正负向难以区分,要看是否符合人们积极的心理期待,如"热、胖、忙"是积极的,那么就符合正向形容词的语法特征,可视为正向形容词;如果是消极的且违背人们的心理期待,那么就不符合正向形容词的语法特征,视为负向形容词。"冷、瘦、闲"亦如此。

有"比较句的这一问题做过解释,如"*他没有我个子矮"和"他没有我个子这么矮",之所以前者不能说而后者能说,是因为加了类似于"这么"一类程度词语,性质极端化了,强调了,原来的限制也就减弱甚至消失了。文贞惠(1995)认为"这么/那么"后接形容词是指代程度的用法。在"有""没"比较句中,"这么""那么"也是后接形容词的用法,按照指称论的观点,诸如此类的程度指代成分具有指称化的功能,能够使 C 项形容词由描述性成分变为指称性成分,此处的形容词已经具有了类似于名词的属性特征。指称化了的 C 项形容词是对比较客体 B 的性质限定,而名词化了的 C 项形容词由于语法特征的改变,使不合格的"没"字比较句也变得合格化了。

四 表比较的"有"和"没"

表比较的"有"和"没"是绝对的反义词,非"有"即"没",不存在中间状态,呈现出肯定式比较句与否定式比较句截然对立的局面,但是,该比较句与其他肯否对立形式的比较句不尽相同,主要是在于"有"字语义的不同:表比较的"有"义为"表示达到一定的数量或某种程度",如"水有三米多深""他有他哥哥那么高了"(《现代汉语词典》第 7 版,1588 页),比较句式中的"有"虽是比较义,但实则是为表达 A 是否达到了 B 的标准,如果达到标准则为"有",未达到则为"没"。也就是说,表比较的肯定形式"有"是平比,其比较目的是只求 A 与 B 的某种性状值相同或近似,不求超越。而表比较的"比"字句的比较目的是前者多于后者,例如:

(9)这本书<u>有</u>那本书厚。
(10)这本书<u>比</u>那本书厚。

虽然同是肯定形式的比较句,但比较的结果不同。从语义所指来看，例（9）倾向于厚度一致，而例（10）倾向于前者厚度多于后者，之所以不同，是与"有"本身所具有的"测量"义有关（刘月华，1983），用 B 的量度来测量 A。从形式上看，例（9）可插入表同等程度的指示代词"那么"，如"这本书有那本书那么厚"，而例（10）则不可，如"*这本书比那本书那么厚"。语义及形式的不同导致用法的不同，这是"有"字比较句区别于一般比较句的独特之处。

而"没"字比较句则又与一般否定式比较句相同，例如：

（11）这本书<u>没</u>那本书厚。
（12）这本书<u>不如</u>那本书厚。

汉语中的否定词"不"、"没"用于否定结构之后，否定的含义是少于、不及其原来的意义程度，是一种差等否定（石毓智，2001：310）。从例子中我们可以看到，表比较的"没"和"不如"语义功能相同，都是前者厚度低于后者。如果把正向形容词换为负向形容词"薄"，需要添加程度指代成分，如"这本书没那本书那么薄"，义为前者厚后者薄。

第二节 "有/没"比较句的不对称

"有""没"比较句不对称的外在表现是，当 C 项为负向形容词时，句式组配所体现的不对称现象。沈家煊（2015：359）指出，功能上的不对称总是跟组配上的不对称联系在一起。通过分析我们发现，"有""没"比较句除组配不对称外，其内在功能也存在不对称的现象，具体表现为谓语核心成分"有""没"语法意义不对称、C 项形容词不对称、逻辑语义逻辑语义结构不对称三个方面。

一 "有/没"字句语法意义的不对称

(一)"有"字句特有的语法意义

"有"字句一般情况下表 A 项（比较主体）与 B 项（比较客体）之间的平比，"没"字句可以给予否定，并无特殊之处。"有"字句特有的一类句式是以比拟的方式进行比较的句子，"没"字句无此类句式。例如：

(13) 老太爷额角上爆出的青筋就有蚯蚓那么粗。（茅盾《子夜》）

(14) 她头上碰的包有鸡蛋那么大。（引刘苏乔例）

该类比较句的 A 项（定指）以 B 项（类指）的量度性质义为参照标准进行比较，该比较客体 B 由于属性与比较主体 A 不同，这类比较句可以使"有"字句以比拟的方式进行比较，而与之相对的"没"字句一般不会用比拟的方式进行比较。因为比拟的比较方式一般只作为发端句适用，如若否定则会直接否定比较结果项"没有那么粗""没有那么大"，从语言经济性原则来讲，不会保留句子前部的冗余成分，所以"没"字句不会以比拟的形式出现。

(二)"没"字句特有的语法意义

"有"字句只能肯定平量比，"比"字句则能够肯定增量比和减量比。与之相对，"没"字否定句不仅能够否定"有"字平量比，还能够否定增量比和减量比。例如：

(15) 肯定增量比 a. 小丽比小王漂亮
　　　否定增量比 a. 小丽没小王漂亮
　　　肯定平量比 b. 小丽有小王漂亮
　　　否定平量比 b. 小丽没小王漂亮
　　　肯定减量比 c. 小丽比小王丑

否定减量比 c. 小丽没小王丑

"没"的比较功能甚至还要比另一个同样表否定的主观量标记"不"更为全面。侯瑞芬（2016）提到，汉语中两个常用的否定词"不"和"没"在修饰名词和动词时，"不"是主观上的性质否定，"没"是客观上的存现否定。但是在"没"字句中与之不同，由于否定的是主观评价性的形容词（如"漂亮""丑"），那么"没"同样也具备"不"的主观性质否定功能。从例（13）中我们可以看到，肯定增量比 a 和肯定减量比 c 都可以用"不"来替代"没"否定，如 a. 小丽不比小王漂亮、c. 小丽不比小王丑，但肯定平量比 b 却无法用"不"来替换，这说明了"没"比"不"多了平量否定的功能。

通过"有"字句和"没"字句的对比我们可以了解到："有"字句与其否定形式"没"字句是不对称的。"有"字句包含比拟的比较方式，而"没"字句无比拟的比较。就肯定与否定功能来说，"有"字句仅能肯定平量比，而"没"字句可否定增量比、平量比、减量比三类情况。这种用法及功能上的不对称现象是分析"有""没"比较句不对称现象的切入点，同样也是我们解决该问题的落脚点。

二　C 项形容词的不对称

C 项形容词的不对称是"有""没"比较句不对称最为显著的特征。上一节我们讨论了 C 位置形容词的可量度性，但这只是"有""没"比较句的共性特征，在共性基础上还需要做进一步区分，以得出其个性所在。

可进入 C 位置的形容词按语义特征可分为三类，分别是正向形容词、负向形容词、中性形容词。其中，正向形容词有：高、长、快、多、大、干净、漂亮、谦虚等；负向形容词有：矮、短、少、小、脏、难看、骄傲等；中性形容词有：酸、甜、苦、辣、凉、热、红、绿等。其中，正向形容词和中性形容词进入"有""没"比较句是对称的，属于惯常性搭配，例如：

（16）a. 我有他那么高/长/干净/漂亮……
　　　b. 我没他那么高/长/干净/漂亮……
（17）a. 这碗汤有那碗汤那么酸/甜/苦/辣/凉/热……
　　　b. 这碗汤没那碗汤那么酸/甜/苦/辣/凉/热……

而当负向形容词进入 C 位置时，是非对称的，即便合格也属非惯常性的搭配，例如：

（18）a. *红色的裤子有绿色的裤子短/小/脏/难看……
　　　b. 红色的裤子没绿色的裤子短/小/脏/难看……

由此我们可以断定，当且仅当 C 项为负向形容词时，"有""没"比较句才会存在不对称的现象。通过分析 C 项形容词的语义特征我们可以得知，正向形容词和中性形容词既可以用在表肯定的"有"字句，也可用在表否定的"没"字句，而负向形容词则只能用于否定形式不能用于肯定形式。

三　平比、差比的逻辑语义逻辑语义结构

从该句式的典型结构"A + 有/没 + B +（那么……）C"来分析，表比较的"有"和"没"连接两个论元 A 和 B，如果 A 和 B 属同一范畴，那么是两个个体论元进行比较，如"张三有李四那么高"；如果 A 是个体论元、B 是程度论元，那么 B 直接指称 A，如"张三有两米高"。其实，无论 B 是个体论元还是程度论元，表达的都是由个体到程度的二元比较关系，即便 B 是个体论元，在该句式中凸显的也是其程度性质义，即 B 的 C（参照体的量度）。

按照同一范畴下 A、B 两个个体论元进行组配，我们可以按照

比较主体 A 和比较客体 B 的关系分为三种不同的类型①,即:A = B、A < B、A > B。例如:

(19) 张三有李四那么高。
(20) 张三没李四那么高。
(21) 张三没李四那么矮。

以上三个例句表达了三种不同的情况,分别是:张三与李四一样高;张三矮,李四高;张三高,李四矮。我们从两个视角来看这三种情况:一是比较主体与比较客体的平比(即肯定平量比);二是比较主体和比较客体的差比(否定中量比、否定减量比)。由此,形成两个不同的语义结构:

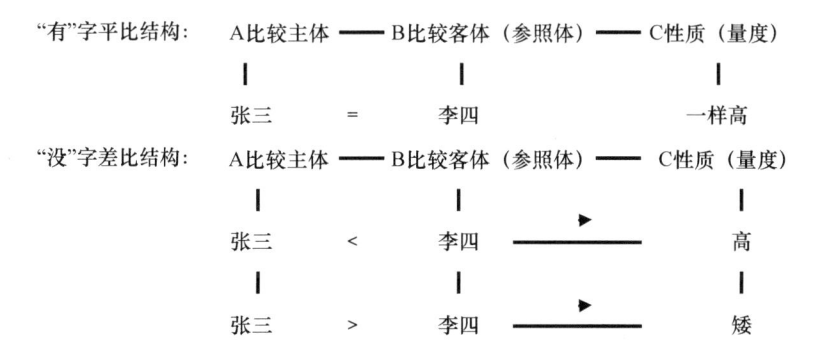

"有"字平比结构:　A比较主体 ——— B比较客体(参照体) ——— C性质(量度)
　　　　　　　　　　｜　　　　　　　｜　　　　　　　　　　　｜
　　　　　　　　　　张三　　　＝　　李四　　　　　　　　一样高

"没"字差比结构:　A比较主体 ——— B比较客体(参照体) ——— C性质(量度)
　　　　　　　　　　｜　　　　　　　｜　　　　　　　　　　　｜
　　　　　　　　　　张三　　　＜　　李四　　▶　　　　　　　高
　　　　　　　　　　｜　　　　　　　｜　　　　　　　　　　　｜
　　　　　　　　　　张三　　　＞　　李四　　▶　　　　　　　矮

从"有""没"字句语义结构关系可以看出,比较客体量大则主体量小,比较客体量小则主体量大。比较主体 A 与比较主体 B 之间的关系可简化为:

---

① 从该句式的典型结构"A + 有/没 + B +(那么……)C"来分析,表比较的"有"和"没"连接两个论元 A 和 B,如果 A 和 B 属同一范畴,那么是两个个体论元进行比较,如"张三有李四那么高";如果 A 是个体论元、B 是程度论元,那么 B 直接指称 A,如"张三有两米高"。其实,无论 B 是个体论元还是程度论元,表达的都是由个体到程度的二元比较关系,即便 B 是个体论元,在该句式中凸显的也是其程度性质义,即 B 的 C(参照体的量度)。

①A = B　　　②A↓ < B↑　　　③A↑ > B↓

对于"有"、"没"这一对肯否比较句来说，已实现逻辑上的周遍，其他表达方式从逻辑上来说没有存在的意义。至于为什么诸如"*张三有李四那么矮"这样的表达方式不能进行平比？这与比较结果项形容词的量幅特征有关，下文将展开讨论。

综上所述，"有""没"比较句存在量比的不对称、形容词搭配的不对称、逻辑语义逻辑语义结构不对称的三类不对称现象。那么造成"有""没"字句不对称的原因是什么呢？将在下文给予解释。

第三节　关于"有/没"比较句不对称的解释

一　基于标记论的解释

（一）C 项量度形容词的标记特征

从标记理论（markedness theory）的视角来看"有"/"没"比较句，可知肯定形式的"有"字句是无标记项，否定形式的"没"字句是有标记项。C 项积极义和中性义的形容词可用于无标记的询问，如"有多高？""有多热？"，而不说"有多矮？""有多难看？"，说明前者是客观询问，没有主观倾向性。该比较句中的形容词具有量度特征，那么用于客观询问的正向和中性形容词都具有全量幅的特征，在陈述性的"有"字比较句中同样如此，A 项与 B 项进行对比时，无论对比的性质程度是高是低，都可以用无标记形容词。与之相对的是，有标记的负向形容词只能指称量幅中的低端量度，就如同语言中有"长度、宽度、高度、深度、亮度、广度重量"等，却没有相应的"*短度、*窄度、*矮度、*浅度、*窄度、*轻量"等（谢文芳，2012）。

（二）句式对量度形容词的选择

由于"有"字比较句是量度上的平比，该句式要求必须是具备全量幅度语义特征的形容词才能进入 C 项，如例（22），而处在低端量度的有标记形容词达不到平比的量级，不能够进入，如例（23）。由于"没"字比较句是差比句，所以不仅可以否定全量幅形容词"高"，如例（24），也可否定低端量幅形容词"矮"，如例（25）。这主要与量度形容词性状义特征的属性匹配有关，即"有"字肯定句只能与无标记形容词相配，而"没"字否定句与有标记形容词相配，也可以和无标记形容词相配。例如：

（22）他个子有我这么高。（肯定式 + 无标记形容词）
（23）*他个子有我这么矮。
（24）他个子没有我这么高。
（25）他个子没有我这么矮。①（否定式 + 有标记形容词）

前文已谈到，"有"字句中的形容词前面可以不需出现程度指代词，而"没"字句则需要出现程度指代词，否则可接受度比较低。其实，"有"字句中的形容词作为光杆出现时，是有歧义的。例如：

（26）这本书有那本书厚。

这句话既可以理解为"这本书同那本书一样厚"，也可以理解为"那本书比这本书至少一样厚"②。如果理解为前者，其语义可以解释为"这本书同那本书一样的厚度"，说明这里的形容词指称范畴，而正向和中性的形容词是范畴中的典型成员，是无标记的。实际上，即使程度指代词出现，也同样可以做类似的理解。如"他个子有我这么高"可以理解为"他个子有我（这样）的高度"。当然"没"

---

① 此例句转引自史有为《说说"没有我水平低"》，《汉语学习》1994 年第 4 期。
② 参看张和友《差比句否定形式的语义特征及其语用解释》，《汉语学习》2002 年第 5 期。

字句中出现的正向形容词,也可以做同样的理解,而"没"字句为什么也可以使用负向形容词?将在后文进行解释。

(三)量度形容词与有无标记

当C项是全量幅形容词时,"有""没"比较句无论是在陈述句中或是在疑问句中都是无标记的,因为以全量幅形容词为"测量"标准包含了所有可能性,如例(1),其中b只是a的否定形式,同样是客观性的一般用法。在无标记的形式下,"有""没"比较句是对称的。

当C项是负向量度形容词时,如例(2)的"矮、脏、慢"是半幅量词①,即发话人对所评述对象的性质界定为负向,a、b都是有标记的用法。由上文可知,"没"字否定句虽不常用但可成立,而"有"字肯定句却不成立。在陈述句中,造成这种不对称现象的原因主要与表比较的"有"本身的语义特点有关,因为有标记句式后置形容词是半幅量词,并且是位于平比之下的半幅量度,无法关涉"有"字平比的语义功能,所以只能用于无标记句式。因此,其结果是在同样有标记的情况下a不成立,b没有对称的结构。

(四)标记的对立与中和

Croft(1990:129-136)提出"标记中和"的概念,是指在一定条件下一组对立特征的消失并趋向于中和,与之相对,"标记对立"是指在特定句式下突出对立特征。在"有"/"没"比较句中,"没"字句体现的是标记的对立,如例(24)、例(25);与之相对的"有"字句体现的是标记的中和,如例(22)。标记对立的"没"字比较句是差比句;标记中和的"有"字比较句是平比句。当比较结果项C为有标记形容词(负向形容词)时,A与B对立特征明显;当比较结果项C为无标记形容词(正向或中性形容词)时,比较前项A与比较后项B语义之间无对立性特征。如

---

① 参看石毓智《肯定和否定的对称与不对称》,北京语言文化大学出版社2001年版,第233—240页,第十章关于全幅量词和半幅量词的论述。

表8-1所示：

表8-1　　　　　"有/没"比较句标记的对立与中和

标记的对立与中和	比较前项 A	比较后项 B
有标记形容词 C	-	+
	+	-
无标记形容词 C	-	-

注："-"表示标记中和，"+"表示标记对立。

通过上表我们可以看到，当比较结果项是有标记形容词时，呈对立性关系（A<B 或 A>B）；当比较结果项是无标记形容词时，两比较项之间无对立性。

对于"有"字句的中和问题，即为什么只能出现正向形容词？按照 Croft（1990）所提出的标记理论中和值（neutral value）标准，在某些中和（即对立消失）的语言环境中，只能够出现无标记项。该标准具有语言类型学的普适性，适用于解释"有"字句。"有"字句表平比，属于客观的、中和的语境，因此，该比较句在中和的语境中只能与无标记形容词（正向或中性形容词）搭配。

为什么会产生标记的对立呢？即在"没"字句中，为什么既可以出现正向形容词，也可以出现负向形容词呢？这同样与有标记/无标记形容词在"没"字句中的标记性特征有关。根据标记理论可知，"没"字句是有标记的，比较结果项的正向形容词是无标记项，负向形容词是有标记项（如"高"和"矮"、"长"和"短"等）。就"没"字句而言，是带有主观否定语气的非中性语境，可以形成有标记和无标记都出现的对立形式。就否定的范围而言，自然语言的否定都是差等否定，既可以否定大量也可以否定小量（石毓智，2001），即有标记否定句既可以与无标记项组合，也可以与有标记项组合。

（五）负向形容词与"没"字句的搭配

上文通过标记理论和语义结构分析，证明了负向形容词为什么不能用在"有"字句结果项中和为什么能够用在"没"字比较句结果项中。其实，这也可以从语用角度来解释。因为在一般情形下，否定句总是"预先假设"相应的肯定句所表达的命题内容，"否定"作为一种言语行为，是对这个预先假设的命题加以否认或反驳（Givón，1978）①。而肯定句则不需要先预设一个命题，直接表述即可。就"没"字句来说，其预设是表肯定的"有"字句。比如"张三没李四高"和"张三没李四矮"都是预设的"张三有李四（一样的）高度"，而否定"矮"则肯定的是"高"，否定"高"则肯定的是"矮"。

二 基于"有""没"功能与特征的解释

"有""没"比较句不对称现象的产生与"有"字肯定范畴、"没"字否定范畴的功能差异有关。张新华（2013）提出肯定范畴总是表示一定范围的实质内涵，指称一定量幅，且具有"累积性"；否定范畴无实质，无实指，不编码任何有关事物的认知内容。由此可见，"没"虽然是"有"的否定形式，但在其各自的所指域中并不是一正一反完全对立的。在"有""没"比较句中，量比、形容词的搭配以及语义结构的差异印证了这一点。

（一）"有"字句的实质功能特征

"有"的肯定平比性及其与正向形容词搭配的必然性，是由"有"字的功能实质和内涵特点决定的。"有"的功能实质是个体所指事物本体层面高于其物理躯体，并且前者统摄后者（张新华，2011）。"有"是异类多义词（吴福祥，2011），无论表示领有、存现还是比较，其语义内涵所指必然是实质性事物。在"有"字句中，虽然其搭配的是形容词，看似不涉及实质性事物，但事实并非如此，

---

① 转引自沈家煊《不对称和标记论》，江西教育出版社1999年版，第44页。

例如：

(27) 他个子<u>有</u>我这么<u>高</u>。
(28) *他个子有我（这么）很高。

例（27）以"我"为比较客体进行估量，"高"在句中有程度指代成分"这么"限定，并且不能被程度副词修饰，如例（28），失去了形容词的语法意义，并有了实质性事物的某些特征。

"这么高"在例（27）中是一个固定的量，用来指代"我"的实体高度，说明此处的"高"已经指称化了。因此可以说形容词"高"在"有"字句中已失去形容词的属性，指称性更为显著。

形容词的指称性是无标记正向形容词才具有的特征。从标记理论（markedness theory）的视角来看"有"字句，肯定形式的"有"字句是无标记项，C项积极义和中性义的形容词可用于无标记的询问。就形容词的程度指称语来说，有"长度、宽度、高度、深度、广度、重量"等，却没有相应的"*短度、*窄度、*矮度、*浅度、*窄度、*轻量"等（谢文芳，2012）。正向形容词的指称性与"有"字功能实质有什么关系呢？按照张新华（2011）的说法，"有"既然表示现实中存在的事物，那么就具有外向性，事物向外展开才可被看到。在"有"字比较句中，"有"的外向性和正向形容词（指代性成分）一致，都是表示实际事物的"累积性"，既然是现实中存在的具体实物，那么就有空间或是性状的量幅，绝不可能是负向的，因此"有"字功能与正向形容词指称功能的方向性一致，从"有"字功能特征来看，只能与正向形容词搭配。

那么，为什么不能与负向形容词搭配呢？因为正向形容词一般是全量幅词，量幅区间为 [0, 1]；负向形容词一般是半量幅词，量幅区间为 [0, 0.5]（石毓智，2001：233），以全量幅形容词为"测量"标准包含了所有可能性，如表比较结果项的"高、快、干净"等，而"矮、慢、脏"是位于平比之下的负向半幅形容词，从量度特征来说,"有"字平比功能表示 A 至少不会低于 B,也就是说不会在半数以下,其量幅区间不可能是 [0, 0.5],因此下半幅形容词不可用。如例(27)的"高"可作"高矮"的意思讲,包含"矮"的意义在内。具体来说,"他个子有我这么高"可从两个角度来看:当所指"我"个子实际较高时,比较结果项"高"指称量幅中的高端量度;当所指"我"个子实际较矮时,比较结果项"高"指称量幅中的低端量度,蕴含了"矮"的属性。并且结合"有"字本身所具有的实质存在属性,可知"有"字句绝不可能与负向形容词进行搭配。

(二)"没"字句的否定特征

在"没"字句中,为什么既可以与正向形容词搭配,也可以与负向形容词搭配?就否定的范围而言,自然语言的否定都是差等否定,既可以否定大量也可以否定小量(石毓智,2001:27),也就是说有标记否定句既可以与正向形容词组合,也可以与负向形容词组合。这一点可以从"没"字语用功能方面得以验证。由于"没"字句是否定句,而且是作为肯定句的否定,一般要先有一个肯定命题,因此不能作为一个发端句而是一种对别人判断的"反驳"或是对相关"比"字句提问的否定回答,且都可以在"没"字句前面自由隐现"我+认证义动词(认为、觉着、觉得)",主观性较强。例如:

(29) a. 我认为小王比小李高。
　　　b. 不,(我认为)小王没小李高。
(30) a. 你认为小王比小李高吗?
　　　b. 不,(我认为)小王没小李高。

"没"字句在特定条件下可以作为发端句,如反问句和标题中。例如:

(31) 委内瑞拉石油储量第一,为啥却没沙特富有?(平说

财经)

(32) 只要你过得没我好。(专著名,[美]萨曼莎·杰恩著,苏小黛译)

因此,"没"字句是带有主观否定语气的非中性语境,可以形成有标记和无标记都出现的对立形式。

为何负向形容词能够与"没"搭配呢?例如:

(33) 她没她姐姐这么笨。
(34) 他没他哥哥那么矮。

关于此类"没"字差比句,相原茂(1992)认为,消极形容词加上"这么/那么"类词语,不仅合法化还使后续形容词表示的性质状态成为事实或已然化。负向形容词能够接受"这么""那么"的修饰,说明这些负面词所指称的性状是话语中已经被提及的话题,因此,"这么""那么"具有一种使负面词"语境化"(textualizing)的功能(史银玲,2003)。这说明,"没"字否定差比句必然存在相应的肯定预设。

就否定句本身的功能来说,总是"预先假设"相应的肯定句所表达的命题内容,"否定"作为一种言语行为,是对这个预先假设的命题加以否认或反驳(Givón,1978)(沈家煊,1999:44)。而肯定句则不需要先预设一个命题,直接表述即可。就"没"字句来说,其预设是表肯定的"有"字句。比如"张三没李四高"和"张三没李四矮"预设、反驳的是"张三和李四一样高/矮",否定"矮"则肯定的是"高",否定"高"则肯定的是"矮"。所以,"没"字既可以与正向形容词搭配也可以与负向形容词搭配。

第四节 本章小结

在表比较的"有"和"没"字句中存在不对称现象,其中前者不能与负向形容词进行搭配,后者可以同正向、中性、负向形容词搭配。主要表现为"有""没"两种比较句式的语法意义各自不同,对应平比和差比的逻辑语义逻辑语义结构也有明显的区别。其不对称的原因与"有""没"比较句中"有"字功能特征和"没"字功能特征有关。本章厘清了"有""没"比较句中各类型之间的语义结构关系,并首先从标记论视角分析量度形容词,通过标记的对立与中和理论进行说明,然后从"有""没"的本质特征对其与正/负向形容词的搭配情况做了解释。

"有""没"比较句的特殊之处在于其本身所存在的不对称性,具体表现为:"有"字句可以比拟的方式进行比较,"没"字句无该项功能;"没"字句可否定增量比、平量比、减量比,"有"字句仅可肯定中量比,且形容词的搭配也因二者功能的不同有所区分。这种不对称性从逻辑语义逻辑语义结构来梳理,体现为平比和差比之间比较方式的不同。

本章从"有"和"没"自身的特征来分析 C 项形容词在"有""没"比较句中搭配的可能性与现实性,来解释其不对称现象背后所隐含的深层动因,即:一是"有"字的实质性特征决定了所搭配形容词的指称性、方向性一致,且其量度指称与负向形容词下半量幅无法匹配;二是"没"字否定句总是"预先假设"相应的肯定句,具有较强的主观性,是对于肯定形式的反驳,而且肯定形式不一定是"有"字句也可以是"比"字句,这造成了功能的不对称性。

第九章

共现形式"有没有"的界定与功能特征分析

本书前半部分（第三章至第八章）主要是针对"有/没"与其他成分组构的一些不对称现象进行研究，本书的后半部分将讨论"有"与"没（有）"的共现现象。虽然肯定形式"有"与否定形式"没（有）"组构在一起使用，但同样存在不对称现象。与本书前半部分的研究有所不同，后半部分所涉及的不对称现象相对来说较为隐晦，需要先将其放入相应的句法环境中具体分析，然后根据所呈现功能的不同，对"有"与"没（有）"的共现情况进行细致的划分，从划分结果中能够得到共现时"有"与"没（有）"主观倾向上的不对称，表现为在不同句式中语义侧重点不同，有时语义偏向于肯定的"有"，有时偏向于否定的"没"。接下来研究的主要目的是厘清"有""没（有）"共现所在句的功能类别，在分析功能类别的同时，找到"有"与"没（有）"不对称的深层动因。

本章将以"有"和"没（有）"最基本的组构方式"有没有"为共现研究的起点，通过大规模的语料分析与考察，对"有没有"的呈现方式进行描写与分析，为"有"和"没（有）"直接组构形式的不对称现象提供现实的依据和理论的支撑。

在现代汉语中，"有没有"疑问句从表层形式上来看属正反问句，然而在不同的语用环境中具有不同的功能类别。吕叔湘（1942：298）将具有疑问语气成分的句子分为三类：一是询问句，有疑且问；二是反诘句，有疑问之形而无疑问之实；三是测度句，介于疑信之间。邵敬敏（1996）提出，疑而询问，是疑问句；无疑而问是反问句；疑而不问，是猜测句。徐盛桓（1999）也认为，疑问句可以有疑而问，也可以无疑而问，在有疑而问中还存在猜测而问。在有疑问语气成分的句子中，以上三位学者均认为疑信之间存有疑而不问的一类。关于"有没有"疑问句，邢福义（1990）集中论述了"有没有+VP"形式的用法；邝霞（2000）对"有没有"反复问句做过定量研究；董秀芳（2004）将"有没有"疑问句分为两类来处理，一类是表疑问的正反重叠形式，另一类是作为助动词，用法与前者在功能、语用环境等都有所不同，并提到两者之间的过渡环节；王森等（2006）列举了"有没有+VP"表示询问、猜度和祈使的三类情况；孙瑞、李丽红（2015）将"有没有"视为准话语标记。以上研究各具特色，但都未明确指出"有没有"疑问句的内部类别及其间的关系。按照吕叔湘先生的提法，"有没有"疑问句从功能类型来看可分为三类，那么这三种问句类型之间是什么样的关系呢？以上研究表明，"有没有"问句形式多样，其中有些类型仅表疑问，但也有些类型询问功能已经弱化，能够充任测度或反诘句，既能表疑问，也能表肯定或否定。并且，由于发话人疑惑程度的不同，疑问句可划分为不同的类型，那么真性问和假性问之间肯定存有似真似假的过渡情状，"有没有"问句理应如此。

　　本章以"有没有"疑问句的研究为切入点，通过对其内部的三类句式比较分析来揭示测度句的特点，以求填补学界关于"有没有"测度句专项研究的空白，为该类句式的对外汉语教学提供更为细致的依据和参考。

　　通过对语料检索和分析发现，可以将"有没有"疑问句分为三类：一是言者纯然不知，并寻求告知的询问句；二是言者已有预估，只是需要对方加以证实或引起共鸣的测度句；三是言者已有定论，借疑问之形来表达自己的观点。本章按照吕叔湘的说法,将第二类"有没有"疑问句称为测度句,它处在有疑的询问句和无疑的反诘句之中,是其间的过渡环节。问题是,"有没有"测度句的判定标准和形式特点怎样?其语用功能特点有哪些?"有没有"测度句与询问句和反诘句的区别有哪些?本章对北京大学 CCL 语料库[①]"有没有"问句进行穷尽式收集、整理,得到 2276 条有效语料,在充分观察语料基础之上,试图回答以上问题。

第一节 "有没有"疑问句的内部系统

通过对近现代的语料考察发现,"有没有"问句的有疑而问和无疑而问的用法之间存在渐变性,而且可以探寻其间的关系。例如:

(1) 你看这件事<u>有没有</u>风险?(茅盾《子夜》)
(2) "胡闹,现在还<u>有没有</u>王法?!"白度义愤填膺。(王朔《千万别把我当人》)

例(1)是有疑而问,以是否有风险作为疑问点,需要对方告知,属典型的疑问句;例(2)是无疑而问,没有疑问点,不需要对方回答,用疑问的方式或语气表达出来,属反诘句或反问句。邵敬敏(2013)提到,有疑而问是真性问,无疑而问是假性问,真问和假问的区别在于发问人的意图是否明确或真实,而且反问句/反诘句的实质是表示言者主观上强烈的否定语气。除此之外,还存在一类"有没有"问句处于这两者之间,既非真性问,也非假性问,具有猜

[①] 文中所有例句已尽量注明出处,未注明出处的语料均来自北京大学中国语言学研究中心 CCL 语料库。

测性、主观倾向性或祈使性等功能，而询问功能已经弱化，以主观性和期望性为主。如：

（3）我们帮他把最讨人厌的女人赶走，而他的回报竟然是要赶我们走，你说<u>有没有</u>天理？（于晴《红苹果之恋》）

在例（3）中，言者在话语中的预设说明其对于问题的提出已经有了否定的倾向，但又有不完全确定的心理因素，有询问的功能，但主要体现的是测度的功能，希望听者给予证实。本章将这种问句称为测度句，主要表示在已有初步看法基础上的测度。据语料考察推断，"有没有"测度句应该是处于其询问句到反诘句之间的一类疑问句，属于过渡阶段的一种情状。

一 "有没有"询问句到反诘句之间的过渡带

"有没有"问句在使用过程中，由于言者语用动机的不同，其疑惑程度会有所区别。

如果言者的发话目的是寻求帮助，希望听者给予解答，而且当"有没有"作为实义动词的正反重叠形式时，那么就是一问一答的询问句，可归属为疑问句中的是非问句。在话语互动过程中，主要目的是询问事件的"有"或"没有"。例如：

（4）你看这件事<u>有没有</u>风险？（茅盾《子夜》）

对于例（4）的回答只能是有、没有或不知道，一般情况下不会存在其他的答复。

如果言者的发问不是为了寻求解答，而是出于情感表达的需求，那么就有可能是反问句。与"有没有"疑问句不同的是，反问句并非是"真问"，而是"假问"，其中包含了确定性的"质问"因素，表达一种强调的口气。

(5) 这些人到底有没有自己的事?! 怎么就像专为谁为别人才活着似的。(王朔《一半是火焰,一半是海水》)

从例(5)后一句的叙述可以明确的是,发话人已明确"这些人"是做什么的,完全不需要任何解答,正如邵敬敏(2013)所指出的,反问句的实质是表示否定。问句有警醒或提示听话人的作用,这是一种合理的行为,有提升表达效果的功能,以便使听话人理解并接纳意见。

从形式上看,"有没有"询问句与反诘句的区别主要表现在以下两个方面:

首先,询问句的交际目的是提问,只需要听话人按照发话人的意图来回答"有""没有"或其他答复,如例(4)所示;而反诘句的交际目的则完全没有任何疑问的意思,所以听话人没有必要回答"有"或"没有",只要根据发话人的意图进行思想上的改变或是采取相应的措施即可,如例(6)、例(7)所示:

(6) 孟良臣挺身而出"住手! 光天化日你敢行凶杀人还有没有王法了?"
屠夫放下手中尖刀"什么行凶杀人,是这小子从我肉铺里偷了钱。"(《大宋提刑官》)
(7) 刘冰说:"我想问问你,如果再审能推翻原判决,现在对乐圣公司还有没有意义?"
于志伟一怔,立刻警觉起来,问道:"你这是什么意思?"(电视剧《天道》)

其次,"有没有"在询问句中往往靠近疑问点,充当一般的询问词,"有"义为存有或拥有,如例(4);反诘句中的"有没有"一般情况下要受副词修饰,如例(5)、例(6)的"到底"和"还"。

从功能上看,"有没有"询问句与反诘句位于有疑和无疑的两端,前者的疑问程度可量化为 1,后者的疑问程度量化为 0;那么,与之相应,前者的已知信息为 0,后者的已知信息为 1。"有没有"测度句则位于 0—1 之间。本章将"有没有"测度句处理为以上两种形式的中间状态。

在使用"有没有"测度句时,说话人并不完全知道问题的答案,但也不需要寻求"有"或"没有"的确切答复,而是用试探性的语气,来尝试或猜度对方的回应,听话人在这种语用环境中往往给予字面义之外的答复或反应。例如:

(8) 你<u>有没有</u>觉得我和一般人不一样?(王朔《痴人》)
(9) 当你的丈夫出现在一个房间门口时,你<u>有没有</u>感到意外,不解或是一下子搞糊涂了?(王朔《人莫予毒》)

以上两例说话人在用"有没有"测度句发问时,尽管有疑惑,但是发话人已经对听话人会做出什么样的反应有所猜测,并且可以预知听话人会做出某些答复,此时的"有没有"往往作助动词,失去了实际的意义。一般情况下,正反问句不使用疑问代词或疑问语气词,如果把"有没有"去掉,在句末加上表示疑问的语气词"吗",可改为一般的"询问句"。

吕叔湘(1942:300)将测度语气的句子分为两种,一种是需要对方给予证实,另一种是不需要对方回答。"有没有"测度句的另外一种形式是自问自答,疑惑程度相较于前者更低,只需言者陈述不需听者回答,类似于设问句,但又不同于设问句。原因为:一是设问句自我发问和回答的语气较为简单直接,而测度句的语气相对委婉;二是测度句的疑问点在"有没有"之后的动词上,而不是"有没有"本身,此处的"有没有"只存正反问句之形,实际反复问句的形式表现言者舒缓间接的语气。例如:

(10) 不知道<u>有没有</u>发现？古今中外许多令人怀念的革命者都是诗人。我想这是因为诗人一直在追求激情，当他发现写诗不如革命激情时，他就去革命了。（蒋勋《独孤六讲》）

(11) 格桑不无得意地道："石堡城是天下第一坚城，大唐这些年一而再，再而三地攻打，打了数十年，<u>有没有</u>打下来？与其让将士无辜送命，还不如撤军修好的好。"群臣听了这话，无不是面红耳赤，怒目而视。（殷杨《长安风云》）

在例（10）、例（11）中，虽然言者用"有没有"问句发问，但疑惑程度已降至较低的阶段，无意让听者回答，并采用自问自答的形式，此时言者的已知信息已经足够，只是用测度性的口吻来引出下文，接着阐述了自己的看法，说明不需回答的测度句的疑惑程度较需要回答的测度句相比已降至最低，从语用功能的角度来看应该是"有没有"反诘句的前阶段形式。

从以上分析可以看出，"有没有"问句的疑惑程度存在强、弱、无的区别，并且由强到无存在"过渡带"亦即测度句位于其间。

二 "有没有"疑问句的系统性特征

笔者认为，"有没有"疑问句的内部具有系统性，可以将其分为询问句、测度句和反诘句。

"有没有"疑问句的基本形式是由动词"有"及其反义形式"没有"组合而成，同其他动词正反叠加形式一样，可在句中构成正反问句，是典型的询问句，如例（12）；随着"有没有"问句疑问功能的转移，言者虽用正反叠加形式但已不需要听话人回答，即是典型的反诘句，如例（13）：

(12) 现在小青年谈恋爱，姑娘都会先问小伙子，"你在镇上<u>有没有</u>房子？"（《人民日报》1996年）

(13) 我们农户已经两年没有收入了，有的家庭连温饱都成

了问题，这世道还有没有公理?!（《1994年报刊精选》）

在上例中，例（12）是有疑而问，发问者以"有没有房子"为疑问点，希望受话人可以作出答复，是典型的疑问句；而例（13）是无疑而问，没有疑问点，不需要对方回答，用反诘的方式或语气表达出来，属反诘句。邵敬敏（2013）提到，有疑而问是真性问，无疑而问是假性问，真问和假问的区别在于发问人的意图是否明确或真实，而且反诘句的实质是表示言者主观上强烈的否定语气。从问句性质的真假来考虑，我们发现"有没有"问句存在许多介于真性问和假性问之间的情况，这类问句的客观询问功能已经弱化，但也非反诘句的无疑而问，主要以主观性和期望性为主，即前文所说的"测度句"。我们来看以下几例：

（14）"在哪儿？""你别管在哪儿了，有没有吧？……和个男的。"（王朔《给我顶住》）

（15）今天这样的事儿还有没有呢？我想答案是肯定的。（《人民日报》1996年）

（16）那几年势头特别好，有没有觉得我会一直这样下去？（《鲁豫有约》）

（17）"你没有直勾勾望着他的眼睛，是吧？"他有气无力地问；"你跟他一块跳舞的时候，有没有？"（西奥多·德莱塞《美国悲剧》，黄禄善等译）

（18）毛泽东还说："江青有野心。你们看有没有？我看是有。"（《人民日报》1993年）

从上面的例子可以看出，"有没有"测度句具有一定的形式特征：首先，存在特定的句末语气词，如例（14）、例（15）的句末语气词"吧"和"呢"表示言者的猜测性疑问，其中"吧"表揣测的语气

（齐沪扬，2002），"呢"表提醒对方注意疑问点（胡明扬，1981）[①]；其次，"有没有"前后常与具有主观揣测性的词语共现，如例（16）的"觉得"，语料中还发现其他主观推测性的词语，如"认为、感觉、想过"等；再者，"有没有"可以位于句末或独立出现，如例（17）；最后，自问自答的问句形式，如例（18）。通过以上五例可知，这类句子在形式上与询问句和反诘句有明显的区别。通过考察语料我们发现，"有没有"测度句在形式上不外乎以上四点形式特征，也就是说在"有没有"问句中，符合这四点形式特征之一的就有可能是测度句。"有没有"问句在使用过程中，其疑惑程度存在区别。从有疑而问的询问句到无疑而问的反诘句并非直接关联，其间存在半信半疑的情状，即言者对于说出的问题其实已经有一些自己的见解，但并不完全确定，故揣测而问。在这种情况下，听者会根据言者疑惑程度的深浅做出相关的反应，可直接回答也可间接回答或不回答，它位于真性问和假性问之间，表半信半疑的揣测语气。如下面三个例子分别代表"有没有"询问句、测度句、反诘句：

（19）房东老板过来问："你现在有没有钱？"我摇了摇头，房东老板说你现在就走吧。（卞庆奎《中国北漂艺人生存实录》）

（20）你有没有觉得自己有时候很傻，就是接受记者访问说了一些不该说的话？（《鲁豫有约》）

（21）"你还有没有点儿职业道德，谁的计价器上也不能一百元、一百元地跳吧！"（林长治《Q版语文》）

因此，我们可以认定"有没有"询问句与反诘句位于有疑和无疑的两端，前者的疑惑程度可量化为1，后者的疑惑程度可量化为

[①] 语气词"吧""呢"与"有没有"疑问句搭配时仅表测度。

0；那么，与之相应，前者的确信程度为0，后者的确信程度为1。"有没有"测度句则位于疑惑与确信的中间地带。因此，"有没有"构成的询问句、测度句、反诘句在其疑问功能上构成一个连续统，如图9-1所示：

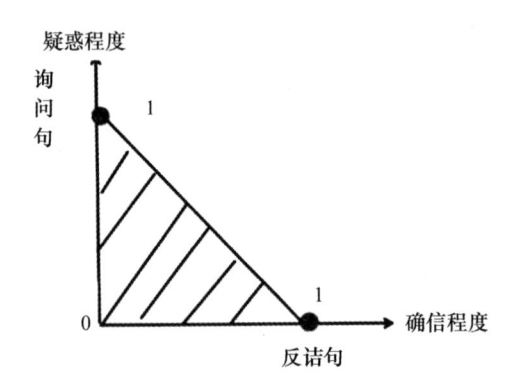

图9-1　询问句、测度句和反诘句的疑惑程度

注：测度句处于阴影部分，但不包括数轴线。

通过上述分析我们发现，"有没有"疑问句的内部疑问功能有明显区别，与之相应的形式和意义同样也有所不同，下面我们将通过比较"有没有"三类疑问句式之间的不同，来探究其深层的意义与功能。

第二节　测度句与询问句、反诘句的比较

上述分析可以证明"有没有"问句从真性问句（有疑而问）到假性问句（无疑而问）之间存在过渡阶段，"有没有"测度句则位于其间，能够把询问和反诘两种形式表达疑问语气的句子衔接起来。

仅就"有没有"测度句内部的问句功能而言，也是存有差异的，有些测度句问询功能较强，更为接近询问句。例如：

(22) 总统，蒋院长在门口等候多时，您<u>有没有</u>时间去见一下他？

由于上例中的听话人地位高于发话人，所以对于发话人的期待而言，能否实现去见蒋院长的可能性完全取决于总统的个人意愿。针对这种情况，发话人对于能与否的答复是未知的，疑惑性较强，问句的疑问程度相对更高。而有些测度句的祈使和指令功能较强，与反诘句更为接近。例如：

(23) 今天你在图书馆一直在玩手机！<u>有没有</u>完成老师今天刚布置的作业？

第一句话和第二句话时间限定在同一天，前一句一直在玩手机说明没有做作业，而后一句的疑问则超出常理的范畴，说明发话人对于是否已经完成今天的作业没有任何疑惑，问句的疑问功能相对较弱，而祈使和指令功能较强。

通过上两例分析，不仅指出了"有没有"测度句内部还存在疑问程度的差别，还揭示了这种过渡的经历是由询问句到反诘句的疑惑程度逐步弱化，而祈使和指令功能逐步增强的过程，更进一步证明了"有没有"疑问句由疑问到反诘是渐变的，测度就是其间的过渡环节。因此，根据言语活动的动因和已知信息的多少，将"有没有"疑问句划分为询问句、测度句和反诘句三类，并且将"有没有"测度句断定为中间的过渡阶段。

那么，"有没有"测度句与询问句、反诘句的具体差别是怎样的呢？下面我们先来对比三类句式的形式特征，然后再从三个平面（句法、意义、语用）具体分析其内在的差异。

一　形式特征的比较

"有没有"测度句位于询问句和反诘句之间的"过渡带"，通过对询问句和反诘句的比较，可以探究"有没有"测度句自身的特点。

（一）询问句与测度句

由于"有没有"询问句属正反问句，对于发问人而言，有效的答复必须是"有"或"没有"，而不能用其他方式答复。例如：

（24）A：<u>那里有没有人</u>？
　　　B：有/没有
　　　*其他回答方式

"有没有"测度句的回答不仅限于肯定的"有"或否定的"没有"，还可以用间接的方式作答。例如：

（25）A：<u>有没有勇气试一下</u>？
　　　B：有/没有、好的、没问题……

（二）测度句与反诘句

"有没有"测度句与"有没有"反诘句的差别则比较多，具体表现如下：

第一，"有没有"测度句一般情况下结构简单，问句的主语常被省略，仅留谓语部分，句子短小，祈使语气较弱，而"有没有"反诘句结构复杂，句子较长，有较强的祈使语气。"有没有"测度句与"有没有"反诘句的比较如表 9-1 所示①：

---

① 我们调查了余华的作品《一个地主的死》《偶然事件》《活着》、王朔的作品《空中小姐》《永失我爱》《一半是火焰，一半是海水》《浮出海面》《过把瘾就死》《橡皮人》《玩儿的就是心跳》《顽主》《一点儿正经没有》《痴人》、周立波的《暴风骤雨》、余秋雨的《千年庭院》《山居笔记》、矛盾的《子夜》《蚀》《林家铺子》、老舍的《四世同堂》《骆驼祥子》《蜕》、赵树理的《三里湾》和钱锺书的《围城》中所有的"有没有"问句。

表9-1　　　　　　　　测度句与反诘句有无主语情况统计

"有没有"问句	有主语（例）	无主语（例）	例句总数（例）	无主语相对百分比
测度句的数量	11	41	52	79%
反诘句的数量	27	12	39	30%

第二，在测度句中"有没有"受"还""究竟""到底"等副词修饰的情况并不多见①，而在"有没有"反诘句中却经常被"还""究竟""到底"等副词所修饰。例如：

（26）他哪点对不住小刘？这是什么世道？还<u>有没有</u>清白忠厚的人？（老舍《鼓书艺人》）

（27）国家到底<u>有没有</u>希望呢？这个疑问使他们顾不得再想警局的那一幕。（老舍《蜕》）

（28）所以弄来弄去，我还是不知道究竟<u>有没有</u>军长?!（矛盾《子夜》）

"还""究竟""到底"是语气副词，在反诘句中修饰动词"有没有"，可以用来凸显言者强烈的主观诉求。例（26）、例（27）、例（28）都表达了强烈的疑问语气，无疑而问又答在其中，不仅能够摆明发话人的态度，还能引起受话人的深思。测度句则是通过试探性的口吻，对似成了然的情状设置悬念，由于发话人自身也不能完全确定问题的答案，而且存在被否定的可能性，因此言者就需要付出更多的努力来支撑自己的观点，在测度句中就会使用复杂的语言形式，而使用反问句时由于发话人对于答案已完全确定，无须额外的语言形式。如例：

---

① 关于在"有没有"测度句中受"还""究竟""到底"等副词修饰的情况将在后文谈到，并将详细讨论与反诘句的区别。

（29）有一些学术环节还需要进一步探讨，有没有可能，把这种探讨变成书院教学的一种内容呢？（余秋雨《山居笔记》）

上例中，作者用测度的疑问方式对似曾了然的提议做了进一步说明，既有见解也有疑问，针对"可能性"提出自己的见解，以便使读者产生共鸣。

测度句前能否出现"还""究竟""到底"，统计如表9-2所示：

表9-2　"还""究竟""到底"在测度句和反诘句前出现情况统计

"有没有"问句	出现（例）	不出现（例）	例句总数（例）	出现例句所占百分比
测度句的数量	0	52	52	0
反诘句的数量	18	21	39	46%

第三，"有没有"在测度句中其后所接的成分几乎都是动词或动词性短语，而反诘句中的"有没有"大多后接名词或名词性短语。"有没有"在测度句和反诘句中搭配情况如表9-3所示：

表9-3　"有没有"在测度句和反诘句中的后接成分统计

"有没有"问句	动词性成分（例）	名词性成分（例）	例句总数（例）	后接动词性成分的百分比
测度句的数量	47	5	52	90%
反诘句的数量	4	35	39	10%

"有没有"在测度句中后接动词性成分时，"有没有"只能充当助动词，无论是需要对方回答的猜测性询问，还是自我设置悬念并回答的设问，都说明发话人在提出问题时，对于问题的答案并不是十分的明确，需要对方或自己继续说明或阐释。"有没有"在反问句

中后接名词性成分，而且名词性成分往往就是言者所要评价的对象，先有主观判断然后再发问，说明发话人对于答案有很高的确信度。

二 询问句与测度句的具体分析

既然"有没有"测度句在疑问功能上位于"有没有"询问句与反诘句的中间地带，那么其句法、语义、语用等方面必然有所不同。通过对三类句式的对比分析，可以厘清"有没有"测度句自身的特点。在此基础上，对"有没有"疑问句三种句式的句法、语义、语用等方面进行比较分析，来探究"有没有"测度句自身的特点。

（一）语用动机的不同

从发话人的语用动机来考虑，"有没有"询问句与测度句的区别是主观倾向性的有无。由于"有没有"询问句是发话人纯粹不了解情况而问的一种疑问方式，因"无所知"所以没有任何主观倾向性，是一种中性问。而"有没有"测度句则是发话人对于已知信息已有见解或预断，故意用揣测性的语气发问，只是希望得到对方肯定的证实或共鸣，是一种有主观倾向性的问句。

"有没有"询问句是典型的正反问句，"有没有"作为主要动词的正反叠加形式，既可以从"有"或"没有"正反两方面来回答，也可以用其他答复方式来表述言外之意。例如：

（30）问：<u>有没有</u>俸禄？答：啊，没有。
（31）问：<u>有没有</u>人捣乱？答：有龙哥坐镇！谁还敢来捣乱（《鲁豫有约》）

无论是例（30）的直接答复，还是例（31）的间接答复，从发话人的角度来考虑其询问动机都是客观的，全然没有任何主观倾向性。对于询问的事件本身来说，在上下文语境中也没有任何预设的成分。而"有没有"测度句由于常常置于主观揣测性成分前，或在句末独立出现，句中或句前会有先设性话题成分。例如：

（32）杨澜：查先生，最近很多人都在议论，说您正在修改自己的武侠小说……有一种说法就是说是不是您的社会责任感更强了，说不要让青少年去学习韦小宝，所以要把他的那个结局写得差一点，<u>有没有</u>这样的一个考虑？

金庸：有过这个想法，因为现在武侠小说修改，改了七年，我全部改完了。(《杨澜访谈录》)

（33）我们全家都看你的节目！你那个太好笑！就是跟那个谁，<u>有没有</u>？(《鲁豫有约》)

例（32）中杨澜提出的问题是建立在已有背景知识的基础之上，有明确的倾向性，希望金庸给予确切的答复。例（33）中问话人以"那个"指代有一定的关涉对象，言者已基本确定"那个节目太好笑"只是寻求听者证实。以上两例发话人都有预设存在，具有明显的测度意味，那么如果例句中没有出现先设性话题成分，"有没有"测度句是如何表达测度语气的呢？这与其搭配成分的句法语义特征有关。

（二）搭配成分的差异

"有没有"问句的初始形式只具有询问功能，其后主要接名词性成分，但随着功能不断演化，"有没有"后接成分的范围也不断扩大，后接谓词性成分的情况逐渐增多。通过语料检索发现，"有没有"后接成分为"NP、VP、AP"，也存在位于句末或单独出现的情况，对各类情况的统计，如表9-4所示：

表9-4　　　"有没有"后接成分或单独使用的语例统计　　　单位：次

句子类型\后接成分	总计	+NP 次数	+NP 占比(%)	+VP 次数	+VP 占比(%)	+AP 次数	+AP 占比(%)	单独/句尾 次数	单独/句尾 占比(%)
询问句	912	795	87.2	98	10.7	1	0.1	18	2.0
测度句	1294	901	69.6	353	27.3	5	0.3	35	2.8

可以看出,"有没有+NP"和"有没有+VP"是构成"有没有"疑问句的主要形式,其中"有没有+NP"更为常见。在询问句中,"有没有+NP"和"有没有+VP"的使用频率可以约达到8:1,而在测度句中,约达到2.5:1。

在"有没有+NP"形式中,询问句中的"NP"一般为具体名词,如"钱、粮食、刀子"等,在测度句中的"NP"更倾向于抽象名词,并且更为常见的是可接有定性名词(如"一种NP"、"这样的NP"等),有定成分为说话者的测度语气提供心理认知依据,例如:

(34)鲁豫:<u>有没有</u>一种感觉:北京我来了,我要征服你?(《鲁豫有约》)

(35)鲁豫:当时<u>有没有</u>那种百感交集的情绪?(《鲁豫有约》)

以上两例之所以表测度,是因为提到"感觉"或"情绪"时,必然含有言者主观性成分,主持人在已有话题的基础上根据自己的经验和体会提炼出测度性的问题。

"有没有+VP"形式不仅可以表测度也可表询问,询问动词性成分所表示的事件是否发生过(丁声树等,1961),董秀芳(2004)将该类"有没有"视为助动词,为句中非主要动词的特殊形式。观察发现,询问句和测度句后接动词性成分有所不同,"有没有"询问句后接动作行为类动词(如"吃、喝、听、学习、来、去"等)、存在变化消失或发展类动词(如"发生、产卵、消灭、发展"等);"有没有"测度句则后接主观意愿类动词(如"觉得、想过、想到、感觉"等),或者是视觉、听觉等动词(如"看见、看到、听说"等)。"有没有"后接"想到/过、觉得、感觉(到)、看见/到/过、听说"的次数为229次,在所接动词性成分(353条)中占64.87%,占总测度句数量(1294条)的17.7%,如表9-5所示:

表9-5　　　　　"有没有"后搭配"想到/过、觉得、
感觉（到）、看见/到/过、听说"的语例统计

"有没有" +	想到	想过	觉得	感觉（到）	看见	看到	看过	听说	总计
次数（次）	50	83	18	18	25	13	7	15	229

"有没有"询问句和测度句后接动词性成分不同的具体表现如下例所示：

（36）"阿姬，最近艾莉有没有吃中药？"宝珠问。（岑凯伦《合家欢》）

（37）我说。"怎样？最近有没有发生火灾？"（村上春树《挪威的森林》，林少华译）

（38）鲁豫：你当时有没有觉得有一点遗憾？才卖出来几百张。（《鲁豫有约》）

（39）问题9：有没有想过自己可能会一去不返？（新华社2003年11月新闻报道）

以上四例都是发话人对已然事件的疑问，不同的是，例（36）、例（37）的主要动词是"吃"和"发生"，"有没有+VP"表达的是对客观事件的询问，具有询问性；而例（38）、例（39）的主要动词是"觉得""想过"，"有没有+VP"表达的是发话人对于受话人心理感受的测度，具有猜测性。

此外，也存在"有没有"单独使用或者放在句尾的情况，不同之处为："有没有"询问句大多是"有没有"后接的名词性成分被移到前面，并且大都是具体名词，若将此成分移到后面，完全不改变句子的意义，例如"鸡蛋、猪肉、大白菜，有没有？"而在测度句中，"有没有"支配的对象不再是具体名词，而是其他的名词性成分或动词性成分所表述的事件，有的甚至是具有完整意义的陈述句，

如例（33）。

搭配成分在句法语义特征上的差异，导致了"有没有"所构成的疑问句存在询问与测度的区别。与此同时，搭配成分的差异必然会伴随着疑问句在语义上的不同倾向。

（三）语义倾向的差异

由上文可知，"有没有"询问句与测度句不同的语用动机造成了"有没有"不同的语义倾向，那么语义倾向的差异具体表现在哪些方面？造成语义倾向差异的原因是什么？先来看以下几例：

（40）问题：不作为犯<u>有没有</u>实行行为？
答：根据自然行为论没有，但根据社会行为论则有。（刘刚《外国刑法讲义》）
（41）张向东：<u>有没有</u>想过让俞渝先退休？或者做执行董事呢？（张向东《创业者对话创业者》）
（42）鲁豫：你一个人在上海读书的时候<u>有没有</u>感觉过孤独？（《鲁豫有约》）

例（40）是表询问的中性问，其答语既可以是"没有"，也可以是"有"。而例（41）、例（42）则是有倾向性的问句，是一种测度性的偏义问。吕叔湘（1942）对于测度问句的看法是：测度问句和普通问句不同，不是纯然的不知而问，而是已有一种估计，一种测度，只要对方加以证实，所预期的答语是"是"，而且一般可接表测度语气的"吧"字。"有没有"测度问的例（41）、例（42）可变换为例（43）、例（44）。例如：

（43）张向东：想过让俞渝先退休吧？
（44）鲁豫：你一个人在上海读书的时候感觉过孤独吧？

如果把例句中"有没有"去掉，换成表测度语气的"吧"，该问句同样成立，这说明发话人的语义倾向于肯定，而非否定，否则问句将无从问起。

三 测度句与反诘句的具体分析

"有没有"测度句位于询问句与反诘句的中间阶段，其疑惑程度既有接近于询问的强疑，也有接近于反诘的弱疑；同理，也可以说既有已知信息不足的强测度问，也有已知信息充分的弱测度问。从语用功能上来看，"有没有"反诘句是无须对方回答的假性问，"有没有"测度句在某些特殊用法下也存在无须回答的情形，如自问自答的设问句，只求以测度问的方式引起共鸣而不必作答，我们称之为"有没有"弱测度问句。从句法形式上来看，"有没有"反诘句在"有没有"之前往往有诸如"还""到底""究竟"等副词，"有没有"测度句同样可以，比如上文中的例（15）。从两类疑问句的言者主观倾向性来看，"有没有"测度句语义偏向于肯定的"有"，而"有没有"反诘句的语义偏向于否定的"没有"。问题是，"有没有"测度句和"有没有"反诘句既然在功能和形式上有许多相似之处，那么其区别又在哪里呢？首先，在形式上虽然都可受某些副词修饰，但副词的类别不同；其次，对于发问人来讲，所提供问句的语义预设及语用预设不同；最后，"有没有"测度句内部功能还有强弱之分，弱疑的测度句接近于反诘句，但二者外在的形式特点与内部的语义功能有所不同。

（一）副词类别及用法的差异

通过分析相关语料发现，"还""到底""究竟"等副词在"有没有"疑问句中，只表示测度和反诘两种情况，原因是，上述副词的使用是建立在已知信息基础之上的，所以不再表单纯的询问。以上三个较为典型的副词在两类句式中所占比例如表9-6所示：

表9-6　　"还""究竟""到底"出现在测度句和反诘句中的语例统计

	还	到底	究竟	总计	占句式总数比
测度句①（1294条）	98	46	57	201	15.5%
反诘句（70条）	35	8	3	46	65.7%

齐沪扬、丁婵婵（2006）曾提到，反诘类语气副词在表示反问语气上具有不可替代的作用，并且一些语气副词也可以看成是功能类别的形式标志。"有没有"反诘句在形式上最明显的区别就是存在"还""到底""究竟"等语气副词，但"有没有"测度句也有类似的副词出现。

先看下面的例句：

反诘类。例如：

（45）他哪点对不住小刘？这是什么世道？还有没有清白忠厚的人？（老舍《鼓书艺人》）

（46）我所说的关于爱德尔、琳勒特或者金罗埃的话，都不能打动你的心吗？你到底有没有心肝？（德莱塞《天才》，主万译）

（47）天！天哪！女人的下贱究竟有没有止境?!（劳伦斯《查泰莱夫人的情人》，饶述一译）

测度类。例如：

（48）这次来，张铭泰笑谈道："你们还有没有把我当人贩子？"（《1994年报刊精选》）

（49）关于出版物编校质量低下的批评，近几年不时见诸报

---

① 询问句、测度句、反诘句三类句式在CCL语料库中的数据统计详见表9-4。

端，到底<u>有没</u>有纠治的良方呢？（《人民日报》1994年）

（50）卡尔匆忙问道，"草蛇扬言说你曾经踢死过他最疼爱的老伴，究竟<u>有没</u>有这回事呢？"（塞尔玛拉格洛夫《尼尔斯骑鹅旅行记》，石琴鹅译）

例（45）、例（46）、例（47）是"有没有"反诘句，"还""到底""究竟"是语气副词，只是表强烈的反诘语气。而例（48）、例（49）、例（50）是"有没有"测度句，例（48）的"还"表示状况依旧未变，因为之前张铭泰曾经被人当作过人贩子。例（49）和例（50）中的"到底""究竟"在《现代汉语词典》（第7版）中的释义都为：用在问句里表示深究或追究，并且在例（49）、例（50）中可以互换使用，因此我们把这两个词的词义统一认定为深究义。

"有没有"测度句中的"到底""究竟"有实在意义，表示深究或进一步疑问，而在"有没有"反诘句中则仅起强化语气的作用而没有实在意义，说明在反诘句中"到底""究竟"的功能已经发生了偏移。我们认为原因有以下两点：首先，从句末语气词来看，测度句可以比反诘句多一个"呢"字，表示存疑的测度；其次，测度句中"还/到底/究竟＋有没有"需要在相关语境下表达测度义，如例（48）、例（49）、例（50）的前部话语语境表达的是现实中存在的某个事件，其后的问句是建立在现实事件基础之上的，所以测度句中的语气副词语义较为实在。而在反诘句中，由于没有现实事件作为背景，全部是基于言者主观情感的表达，所以"还""到底""究竟"只表语气不表实在意义。

（二）肯定倾向与否定倾向的差异

吕叔湘（1942）提到，"反诘实在是一种否定的形式，反诘句里没有否定词，这句话的用意就在否定；反诘句里有否定词，这句话的用意就在肯定"。而对于测度句的概述为："已有一种估计，一种测度，所预期的答语是'是'。"也就是说，吕先生对于反诘句预设的判定是与字面用意相反的,而对于测度句的预设判定是肯定的,那么他的论断是否适用于"有没有"反诘句与测度句呢?

"有没有"问句由于是正反问的重叠形式,既存在肯定词"有"也存在否定词"没有",那么就无法用肯定词或否定词来分辨句子的用意,但不可否定的是"有没有"反诘句的确表达的是否定的倾向,而"有没有"测度句则必须表达肯定的倾向。来看以下两例:

(51) 你还<u>有没</u>有点人情味?(《1994 年报刊精选》)
(52) 我想问你<u>有没</u>有觉得自己发生了一些变化?(张向东《创业者对话创业者》)

例(51)是反诘问句,发话者利用否定且带有责备的语气来训斥受话人"没有人情味",如果是肯定的话将无从谈起,即斥责必然是负面否定性倾向;例(52)是发话者用测度的方式来发问,而且对受话人的变化已有一定的判定,该问句只能是肯定的,如果是否定的话将无从问起,即测度问是建立在已有观点基础之上,且必然为肯定。

(三) 弱疑和无疑之别

由于测度句处于询问句和反诘句之间,从疑问功能上来说与其他两类疑问句构成了一个连续统,测度句类似于过渡带,那么其疑惑程度从典型的测度句到反诘句之间也存在着一个过渡阶段,如果这个阶段的功能特征已接近于反诘,我们称之为几近于无疑的弱疑测度句,该测度句只起到发话人阐述个人观点的作用。这类功能特点靠近反诘的弱疑测度句则类似于设问性测度问句,由于只是为了寻求共鸣而不需要受话人回答,说明疑惑程度已至最低。例如:

(53) 不知道<u>有没</u>有发现?古今中外许多令人怀念的革命者都是诗人。我想这是因为诗人一直在追求激情,当他发现写诗

不如革命激情时，他就去革命了。（蒋勋《孤独六讲》）

这类问句形式只是借疑问之形来阐述言者的观点，但是仍旧有测度的意味，目的是为寻求听者或读者的确认性共鸣。而反诘句则不必寻求听者的确认，也没有任何不确信的疑惑，只是对已知的事实用疑问的方式宣泄自己的情绪，例如：

（54）从玉屏乘坐中巴车到此换车去新晃的 62 岁老人余世云更是气愤不已："中巴车主只顾图利，到底<u>有没有</u>人管？！"（新华社 2001 年 6 月新闻报道）

（55）张日平一刻也坐不住了。孩子出生时你不管，现在快死了，你也不管，你还<u>有没</u>有"良心"啊！（《1994 年报刊精选》）

由以上两例可知，"有没有"反诘句表达的是无疑的否定语气，而且是一种强烈的情绪和态度，而"有没有"测度句即便是弱疑测度也是存疑的，表现为说话人自问自答或渴望得到对方的确认。

第三节 "有没有"测度句的功能

在"有没有"疑问句中，询问句的功能在于表达中性的疑问，反诘句的功能在于表达主观否定义，而测度句的主要功能是表达说话人的主观倾向性，且在"有没有"疑问句式中占有相当大的比重。上文从形式、语义和语用层面讨论了"有没有"测度句与其他两类句式的具体区别，那么，其自身主要的功能特征是什么样的呢？

一 "有没有"测度句的主要功能

"有没有"测度句介于有疑的询问句和无疑的反诘句之间，兼具两种问句的问询功能和祈使功能，还具备自身所拥有的猜度功能。

（一）测度句的疑问功能

"有没有"测度句属于疑问句的一种，疑问句有问有答，测度句也有此功能，要求听话人进行回答。例如：

（56）我最后一次问他："<u>有没有</u>决心把我留下来？"他头一低，对我说："祝你旅途愉快。"说完起身要走。我顿时尖叫了起来，又哭又叫地扑过去打他。（《读者》合订本）

（57）螺蛳太太仍旧不作承诺，"不晓得三小姐<u>有没有</u>兴致去走一趟？"她自语似地说。"不必了。"胡太太说。（胡雪岩《红顶商人》）

例（56），言者对听者是否有决心存有疑问，所以发问，但听者的回应却让言者出乎意料。例（57），言者也是用测度的方式提出问题，而后听者给予回复。

（二）测度句的猜测功能

"有没有"问句的猜测功能是"有没有"测度句所特有的功能。言者在发问时，对于答案已初见端倪，以猜测的方式来发问。例如：

（58）"你们<u>有没有</u>回家的感觉？"AA在雪中举起双手转着圈说。"嗯，我正想这么说呢。"程心深有同感地点点头。（刘慈欣《三体》）

（59）幼稚园的老师对小朋友说："你们<u>有没有</u>看到右边那只海狮脖子上有一个圈？"（《林清玄散文》）

（60）鲁豫：这个时候两个人<u>有没有</u>好感？（《鲁豫有约》电视访谈）

(61) 周恩来说："你们三个月前写的报告，现在<u>有没有</u>过时？"让他们再次修改。(《百姓故事》①，董秀芳，2004：6)

表猜度的"有没有"疑问句有以下特点：第一，其中的"有没有"类似偏义复合词，虽是"有+没有"两义并列，但表义重心前移，"有"义得到突出，而后一义"没有"则消失弱化，即"有没有"整个短语不再表示正反疑问，实际表达的是一种猜测性的推断或评价，类似的问句可用"有/是（+……吧）"替换（王森、王毅、姜丽，2006）。第二，"有没有"后的 VP 或 NP 成分都是心理性的，如例（58）的"回家的感觉""看到""好感"。第三，句子表达的是说话人猜测性的言语行为，由于已有自己的观点，一般希望得到听话人的肯定答复或较为肯定时不需要对方回答，如例（61）。

猜度句的猜测功能是疑问功能的延伸，其疑惑程度在进一步降低。

(三) 测度句的祈使功能

虽然"有没有"测度句有答语，但是其"有"或"没有"的直接回答可以被省略掉，只需要按指令行事即可。原因是"有没有"测度句具有祈使功能，与反问句一样需要听者做出反馈。例如：

(62) "张华峰！你看见没有？我们面前<u>有没有</u>敌人？"张华峰想了一想，又抬头望望天空，疑问道："是山吗？"（吴强《红日》）

在例（62）中，没有出现直接的回答，类似于"有敌人"或"没有敌人"，而是直接做出相应的行动。由此可以看出，言语的答复并不是必须的，而相应的行为是必不可少的，不可省略。

---

① 该例句转引自董秀芳《现代汉语中的助动词"有没有"》，《语言教学与研究》2004 年第 2 期。

由于"有没有"测度句有祈使功能,因而诸如此类的问句都能转换为祈使句。例如:

(63)您<u>有没有</u>考虑到孩子的感受?(《家有儿女》电视剧)
——您该考虑孩子的感受!

1. 祈使功能测度句的主语人称

朱德熙(1982)提出,祈使句的主语只能是"你、你们、您、咱们、我们(包括式)",不能是第一人称代词"我"和第三人称代词"他""他们"。如果把祈使句的主语换成"我、他、他们",原来的祈使句就会改变性质转换为陈述句。既然测度句有祈使句的功能,那么其主语的人称是否和祈使句一样?例如:

(64)吴秀英说:"你看咱们<u>有没有</u>法子闹回来?"雷石柱不由得心里亮了一下……(马峰《吕梁英雄传》)
(65)天培看一看腕表,他问:"妈,你<u>有没</u>有兴趣和我们一起去看电影?"(岑凯伦《合家欢》)

通过考察发现,所有具有祈使功能测度句的主语,只能是第二人称或第一人称代词的复数形式,不能是第一人称代词和第三人称代词。测度句主语的人称特点与祈使句保持一致。

此外,当主语是第一人称复数,祈使行为包括说话人和听话人,如例(64);当主语是第二人称,祈使行为仅指向听话人,如例(65)。

2. 祈使功能测度句的话语所指时间

表完全疑问的"有没有"问句,所传递的话语信息时间为现在时和完成时。例如:

(66)方老太太道:"不知道孙家<u>有没有</u>钱?"邋翁笑道:

"她父亲在报馆里做事,报馆里的人会敲竹杠,应当有钱罢,呵呵!"(钱锺书《围城》)

(67) 我不知道后来发生了什么事情,他们<u>有没有</u>如愿以偿?(王朔《玩儿的就是心跳》)

从以上两例可以得知:例(66),发话人的疑惑是现实中存在的情况;例(67),发话人的疑惑是已经发生的事情。通过调查163例"有没有"疑问句发现,发话人提出的疑问信息所指的时间一般在说话行为之前或恒定的情状,是对于客观存在与否的疑惑。

"有没有"测度句由于是祈使性的主观愿望,那么其动作行为发生的时间必须要在发话之后,只能表达对于将来愿景的诉求,不可能涉及现在和过去的事件。例如:

(68) 肖科平:"真羡慕你逍遥自在——你<u>有没有</u>什么特能干的人给我推荐一下?"(王朔《无人喝彩》)

(69) 如心问:"黎先生还<u>有没有</u>其他嘱咐?"(亦舒《红尘》)

(70) 舜天啸:"哎小姐,下午<u>有没有</u>空我们出来见个面吧?"(赖声川《那一夜,我们说相声》)

例(68)、例(69)、例(70)"有没有"问句的动作行为所指向的时间都是在说话之后,这与祈使句所要求的行为动作发生时间是一致的。袁毓林(1993)认为,典型的祈使句具备四个特征:主语为第二人称或第一人称复数,谓语主要由表示动作、行为的谓词性词语充当,动作行为在未来执行,听话人在场[①](李晓林,2013:6)。"有没有"测度句的主语、谓语、动作行为等,都与祈使句的典型特征相符,由此可以说明"有没有"测度句具备了典型祈使句

[①] 转引自李晓琳《"是不是"弱问句:从真问到反问的中间环节》,《汉语学习》2013年第3期。

的特征。

3. 祈使功能测度句的动词特点

据分析语料发现，测度句的祈使功能是借助助动词正反重叠和后接动词的形式来实现的。

该测度句是借助"有没有"正反问重叠的形式来表示祈使语气的一种句式，是"有没有"正反疑问句的引申，来表达委婉的期许或提示，类似于"是不是、好不好、能不能"，有协商的意味，却明确地传达着言者的话语导向，实则是委婉的祈使。如例（68）、例（69）、例（70）所示，言者面对的听话人相对陌生，并且有求于对方，因此不能用命令的口吻，而要用正反义动词重叠的形式来表达祈使。

"有没有"问句后接动词短语必须是肯定的，因为此时助动词"有没有"表达了全量范畴观，既包含"有"的肯定义素又包含"没有"的否定义素。但"有没有"反问句的言者用意主要为否定。根据吕叔湘（1982）对于反问句的论述，"反诘实在是一种否定的方式，反诘问里没有否定词，这句话的用意就在否定；反诘问里有否定词，这句话的用意就在肯定。"由于"有没有"问句后不能存在否定词，那么其言者的用意就在否定。例如：

（71）等武文峰与樊忠伟走远，徐嘉延立即甩开何馨艳，一个耳光打过去："你他妈<u>有没有</u>刷牙啊？口臭！"（杨银波《中国的主人》）

而"有没有"测度句后接肯定的动词短语形式，其表达的语用义也必须为肯定用意，由于测度的语用动机为试探性询问、请求或指使，并带有不确定性，因此"有没有"所修饰的动词必须是肯定性的。例如：

（72）黄药师：我很奇怪，为什么会有这样的酒，我喝了之

后发觉真的很有效，不知你<u>有没</u>有兴趣试试？(王家卫电影《东邪西毒》)

"有没有"问句后面所接动词性质不同，其问句功能也会有所区别。心理类VP构成的"有没有+VP"问句与非心理类动词VP构成的"有没有+VP"问句不同。例如：

(73) 西门吹雪面有得意之色："你<u>有没</u>有想到我会做糕饼店的老板？"(古龙《陆小凤传奇》)
(74) 鲁豫：你一个人在上海读书的时候<u>有没</u>有感觉过孤独？(《鲁豫有约》电视访谈)

例(73)、例(74)"有没有"后接心理类动词，是对听话人或第三方意愿或心理感知的询问，由于发话人对于他人心理层面的感受是无法预知的，因此提问的目的是探求信息，而不是请求或指使，问句没有祈使的功能，所以这类问句不是测度句。

"有没有+VP"问句的VP用非心理类动词时，问句不是针对心理层面的想法发问，而是一种实施请求或指使的祈使性行为，具有祈使功能，这类问句是我们所探讨的测度句。例如：

(75) <u>有没</u>有要说的？想说什么都行！提出自己看法的，发表声明的，都行！老陶还在启发着。(周大新《湖光山色》)
(76) 主持人：那看咱们现场的朋友<u>有没</u>有可以制造冲突的？有问题的朋友请举手，好！那位女士。(《大观园里的丫鬟们》百家讲坛)

例(75)的"要"和例(76)的"可以"是能愿类助动词，表示言者主观上对听者心理感受的推测与启发。郭昭君和尹美子(2008)提出"要"可以表达三类模态：义务、意愿和认识，例

(75)的"要"属于意愿模态,指主语具有实施谓语动词所表动作行为的愿望或企图。渡边丽玲(1998)从语用的角度谈道,助动词"可以"表示言者对听者有推动劝告的作用,把它定义为话语平面上的可行性,还表达了说话人对听话者宣告,准许实现某种行为的动作。

二 "有没有"测度句的功能层次划分

由于"有没有"测度句在疑问功能上是一个连续统,其疑惑程度从强疑到弱疑是渐变的,相关问句的表述也有所不同。下面我们需要观察"有没有"测度句在不同语境中的不同语用倾向。根据疑惑程度的强弱,可以分为两个层次六种类型:

第一层,疑惑程度相对较高,表示征询、催促或寻求认同。主要有三种语用功能:

1. 征询。发问者根据已知信息,对所问的事件只有一般性的了解,并自认为这是应该会有的事情,否则将有悖于常识,用测度性疑问来表达自己对于客观事实的认识,测度语气较为强烈。例如:

(77)如果是门户之类的网站,大家可能会说这个商业模式太早,但当当一开始利润就不错,且模式清晰,但却一直没有上市,您心里有没有不平衡啊?(张向东《创业者对话创业者》)

(78)"打完这场官司,您有没有遗憾?"记者再问。(《市场报》1994年)

2. 催促。对所问、所评述的对象或事件个人已有所判断,但又不十分确定是否正确,发话人急切地想通过测度的方式知晓答案,测度语气比较强硬。例如:

(79)秦启风看了他一眼,转过头问蒋联杰:"你老婆到底

有没有问题?"(董哲《汉风》)

（80）嗯？现在你先告诉我，你的感觉如何？有没有哪里不对劲？（于晴《红苹果之恋》）

3. 求同。发问者对于所问的事实有一定的认识，或有一定的倾向性，表述是为了得到对方的认定，测度语气明显。例如：

（81）张向东：如果你不走运一点，一直坐在 CEO 的位置上，又要做管理又要做创新，那有没有觉得内心有很大的冲突？为什么我问这个问题呢？因为我有，因为所有人都不是样样擅长。（张向东《创业者对话创业者》）

（82）勒苟拉斯对甘道夫说："我觉得有股强烈的怒气在四周盘旋，你有没有觉得似乎空气跟着这股意志在共振？""有的！"甘道夫说。（约翰·罗纳德·瑞尔·托尔金《魔戒》，朱学恒译）

第二层，疑惑程度相对较低，表示提醒、质问或设问。主要有三种语用功能：

1. 提醒。发话人认为受话人对于某些情况应该有所了解，用测度问的方式表示提醒，测度语气相对平和。例如：

（83）你有没有发现，你若期待坏事来临，事情就真的常会变坏的？（《读者文摘》1989 年）

（84）金九龄道："你想她有没有可能就是江轻霞？"（古龙《陆小凤传奇》）

2. 质问。疑问点位于问句后部，表测度性质问，发问人根据已知事实提出疑问，希望受话人给予确认性的答复，而受话人则根据具体情况来选择应答方式。该类问句一般表示强调，测度语气短而急促。例如：

（85）你自然不同了！你有私情啊！嗯？有没有？这就是他的表达感情的方式了。我扭转脸，不去看他。（戴厚英《人啊人》）

（86）李振江又说："……我说我们家里没有摔破碗，没有碗碴子，你叫我们到外头去捡，不捡就罚钱，这事有没有？""有，老李哥，"韩老六说。（周立波《暴风骤雨》）

3. 设问。发话人以自问自答的方式阐述自己的观点，先是以预设的方式提出问题，然后回答，疑惑程度已至最低，只是用测度性的口吻引起受话者共鸣。

（87）我们现在有没有"庸俗的现实主义"的表现呢？我看多少是有一些的。（邵荃麟《邵荃麟评论选集》）

（88）总希望听点小道消息能一夜暴富，其实天上掉馅饼的事有没有呢？有。但是我们散户绝对不要奢望它能掉到我们头上。（陈新《股市宝典》）

综上所述，"有没有"测度句在不同的语境中有不同的语用功能，从疑惑程度较高的征询到疑惑程度较弱的设问，其疑惑程度随语用功能的不同而递减。表征询义的"有没有"测度句在疑问功能连续统中靠近询问句，表设问义的"有没有"测度句则靠近反诘句。在两层六类测度句连续统中，越是靠近询问的测度越是需要受话人答复，与之相反，越是靠近反诘的测度越是不需受话人回答，当然其间还存在可答可不答的中间状态。

此外，还需说明，以上六类测度义并不是截然对立的，而是相互关联，测度语气存在交叉与渐变的情况，这与言者表达时的主观倾向性有关。另外，"有没有"测度句的主要功能是半疑而问，即在对某事实有所了然的基础上发问，这与询问句的全疑而问和反诘句的无疑而问是不同的,在发问时对于问题的答案有一定的倾向性。

第四节 "有没有"测度句的产生动因

在"有没有"疑问句中,测度句占比最大,详见表9-7:

表9-7 "有没有"疑问句的相关分类统计

疑问句式	出现次数	比率	情况说明
询问句		912	40.1%	基本形式
测度句	2276	1294	56.9%	使用频率最高
反诘句		70	3%	使用频率最低,有待发展

是什么原因造成了"有没有"疑问句在疑问程度上的差异?我们认为,造成疑问程度差异的动因可归为三点:"疑问话语标记""语力""信疑互动的认知转化"。

在测度句中,处在句末或充当独立成分的"有没有",句法性质上不再是实义动词的正反重叠形式,已虚化为话语标记,表强调的测度语气,意思是前面陈述的内容不容置疑,其支配的成分往往是一个完整的事件,而且受支配成分语义完整性的制约,其句法位置不能随意移动,那么可以说其用法和形式已经固化。此类疑问句的句法建构为"陈述句+疑问句",如例(85)、例(86)。这种附加疑问的方式是发问人对所述命题内容既信又疑的外在表现,要求其作用范围内所述的内容只能表疑问而不是陈述。

所谓"语力"是指使会话纳入了某一特定的言语行为,从而决定了整个句子是不是一个"示意行为"(illocutionary act),是否具有某种特殊的"语力"(illocutionary force)(陈振宇,2008)。疑问话语标记形式是"有没有"测度句固化的形式表现之一,除此之外,当"有没有"与心理活动类或意愿类等动词形式、感觉类名词形式、深究或探索类副词组合，表言者揣测性发问并要求听者回答时，具有了特定的语力，要求听者告知揣测的结果。

从语言使用者的认知角度来分析，"有没有"测度句是有倾向性的发问，这与猜测本身具有的线索性和推断性有关。在不同情况下，发问人对所述命题内容有时信大于疑，有时疑大于信，有时是信疑参半。当超过一定阈值时，信可以替代疑，疑也可以替代信，这种现象的相互作用称为信疑互动（牛保义，2003）。句末的"有没有"可被称之为信疑互动，而设问的自问自答则是疑信互动，如例（87）、例（88），信多则疑少，疑少则信多。"有没有"测度问句，根据信疑程度的不同，划分为需要回答的测度问和无须回答的测度问，这正是处在全疑和无疑之间过渡带的表现，存在疑问程度的连续性变化。

第五节 "有没有"句式的不对称

本章的主要价值在于理出了"有没有"所在句的三类句式（询问句、测度句、反诘句），指出了其不同功能的形式及语义鉴别标准，虽然没有明确提及不对称现象，但在具体分析的过程中已点明其不对称现象的实质，如询问句没有主观倾向性，而测度句主观倾向于肯定的"有"；反诘句主观倾向于否定的"没（有）"。例如：

（89）桌子上<u>有没有</u>苹果？——询问句
（90）你<u>有没有</u>发现今天我哪里发生了变化？——测度句
（91）你做事情到底还<u>有没有</u>底线？——反诘句

对于发问者而言，例（89）的"有没有"无主观倾向性，既可以是肯定的"有"也可以是否定的"没有"；例（90）的"有没有"显然是倾向于肯定的"有",不然测度性的询问毫无意义;例(91)的"有没有"倾向于否定的"没有",因为反诘本身就倾向于否定的责备语气。"有没有"在不用句式中存在不同的语义倾向,在上文中已做过透彻的分析,在此我们要对这种语义倾向上的不对称现象进行解释。

询问句中的"有没有"没有任何主观倾向性,肯定的"有"和否定的"没有"之间是对称的,而测度句和反诘句中的"有没有",由于具有主观倾向性,肯定的"有"和否定的"没有"语义侧重不同,所以二者之间是不对称的。沈家煊(1999)曾指出,语言的不对称是绝对的、永久的,而对称是相对的、暂时的,对称的状态一旦形成,马上又会产生新的不对称。也就是说,对称是相对的,而不对称才是绝对的。从"有没有"所在句的数据统计可以看得出来,不对称的测度句、反诘句出现频次占比 59.9%,对称的询问句出现频次占比 40.1%,不对称占据主流。通过查阅历时的语料发现[①],"有没有"的用法源于清代,在最初的用法中是对称的。例如:

(92) 湖北对待季弟,自然是有意与他为难,名望所在,是非便出来了,赏罚便分明了。就是军饷的<u>有没有</u>,也于这里判断。(曾国藩《曾国藩家书》)

(93) 汪师爷叫道:"大人!吾的脑袋还<u>有没有</u>?吾的腿还长着吗?"知府说道:"汪师爷,你吓糊涂啦,人要没有脑袋,怎能说话呢?"知府一看,汪师爷左眉上鲜血淋漓,知府说:"先生左眉毛没有啦。"(张杰鑫《三侠剑》)

---

① 综观 CCL(北京大学古汉语语料库)和 BCC(北京语言大学古汉语语料库)中关于"有没有"的起源,发现其最初的用法起源于清代。虽然在清代前也出现过"有没有",如"遭有没有,从空背空。多言多虑,转不相应。绝言绝虑,无处不通。"(《佛语录》南宋)"从来圣贤多说人死为鬼,岂有没有的道理?不止是有,还有许多放生前心事不下,出来显灵的。"(凌濛初《二刻拍案惊奇》)但这些用法表达的并不是我们所探讨的正反义"有没有",因此不在我们的考察范围之内。

语言的不对称现象往往与语言演变的规律有关，人总是通过联想和类推给旧的语言形式赋予新的意义（沈家煊，1999）。"有没有"形式的演变规律也同样如此，最初"有没有"在句中没有掺杂人的主观性在里面，如例（92）和例（93），但这种完全客观而又对称的用法并不长久，很快就会被有人的主观因素参与进来。例如：

（94）颛顼帝一看，只见那人生得方面大耳，长身，猿臂，而左臂似乎尤长，真是堂堂一表，年纪却不过二十左右，便问他道："汝名叫羿吗？"羿应声道："是。"颛顼帝道："朕因夷父师推荐汝，说汝善于射箭，想来一定非常精明的。朕从前以为这个射箭是男子的事务，也曾常常去练习过，但是总射不好。究竟这个射箭要他百发百中，有没有秘诀呢？"（钟毓龙《上古秘史》，民国小说）

（95）"嗷！'庆寿上西天'，是不是这贼人没有上寿的份礼，他把金牌给拿去了，有没有可能？""还是的！咱们爷儿仨明天一清早，借着上寿为名，咱们也去一趟！"爷儿仨商定了。（常杰淼《雍正剑侠图》，民国评书）

在以上两例中，虽然外在形式上表达的是正反义，但通过仔细体会上下文语境，我们可以感知到在例（94）中，颛顼了解羿善于射箭，并自认为羿有百发百中的秘诀，所以才会向他请教，因此，这里的"有没有"问句是测度问；在例（95）中，前部话语已陈述言者的猜度，处于句末的"有没有"只是要向人明示自己的想法，因此，也属于测度句。从清代到民国时期历时并不长久，但"有没有"测度问的用法已扩散开来，可见，语言的演变伴随着主观意识的发展，"有没有"句式语义不对称现象的产生与主观性息息相关。现在的问题是，不对称现象是如何产生的呢？

这主要是与人们在会话过程中或多或少地遵循"会话合作原则"有关。"有没有"问句中对称的询问句表达的是句子固有的意义，如对例（89）"桌子上有没有苹果？"的回答一般是"有/没有"的直接答复，无论是从发问者角度还是从应答者角度来看，表达的都是句子固有的意义，或者说是字面义。而在"有没有"问句中非对称的测度句或反诘句，表达的并不一定是句子固有的意义。就测度句来说，有时可用"有/没有"直接答复，如例（90）"你有没有发现今天我哪里发生了变化？"，极少情况下可回答"有/没有"，一般会回答如"当然了/谁知道呢/你某某处发生了变化……"；就反诘句来说，绝对不会用"有/没有"直接答复的方式进行作答。"有没有"句式之所以有对称及不对称的区别，这是因为在对称的语境中"有没有"句式不涉及"隐含义"①，而在不对称的语境中"有没有"句式涉及"隐含义"。从上文的分析中我们得知，不对称的"有没有"测度句、反诘句与对称的"有没有"询问句，无论在句法构造还是其语用法都有所不同，最为明显的区别是这两类句式能够在更大的语境中找到其语义预设。如例（94）、例（95），如果单看"有没有"所在小句"有没有秘诀呢？""有没有可能？"则只能作为询问句来理解，结合上文语境才能得知其测度句的特性。从这里可以了解到，在会话过程中，"有没有"问句要表达测度语气需要有"会话隐含义"作支撑，并且需要受话人根据语感或常识推知其测度的语用义才能准确地把握发话人的意图。"有没有"反诘句也是如此，例如：

（96）从玉屏乘坐中巴车到此换车去新晃的 62 岁老人余世云更是气愤不已："中巴车主只顾图利，到底<u>有没有</u>人管！"（新华社 2001 年 6 月新闻报道）

---

① "隐含义"是"会话隐含义"（conversation implicature）的简称，是由 Grice 提出的。"隐含义"不是句子固有且稳定不变的成分，也不是通过逻辑推导出来的。沈家煊（1999）将"A 隐含 B"定义为：如果 A 为真，B 一般也为真，但在特殊的语境里可以为假；如果 B 为假，A 严格地不失为真，只是说话人在知道 B 为假的情形下还说 A 是违反了语言交流的"合作原则"。

此外，我们来理解"有没有"测度句和反诘句也是要揣测说话人的心理视角的，测度句往往倾向于"有"，而反诘句往往倾向于"没有"。这与说话人的心理期待方向有关，"有没有"测度句体现说话人的期待方向是正向的；"有没有"反诘句体现说话人的期待方向是负向的。"有没有"测度句是个人的心理意愿或想法，以求确认或证实，所以只能是正向的心理期待；"有没有"反诘句的用法实际表示的是否定某个概念极小量的词语，来宣泄个人心中最大量不满的情绪。可见，说话人心理视角的不同是造成"有没有"句式语义倾向不同的关键，也是不对称产生的根源所在。

第六节　本章小结

本章通过检索语料库，对"有没有"疑问句中所存在的三类句式进行比较分析，发现"有没有"测度句是位于询问句与反诘句的中间阶段，并占据多数的比重。测度句中的"有没有"不再作为主要动词的正反叠加形式，而是一种测度语气的表达标记。"有没有"测度句之所以能够表达测度语气，主要是与言者对事实的预估或对已知信息的主观倾向性有关。该类句式还具有多重语用功能，其功能主要靠"疑问话语标记""语力"和"信疑互动的认知转化"三方面来实现。

具有疑问功能的"有没有"问句从表层来看属形式单一的正反问句，但是其自身的疑问功能具有复杂性和阶段性的特点。根据发话人已知信息的多少或疑惑程度的不同，将"有没有"疑问句分为三种句式：询问句、测度句、反诘句。通过分析发现，"有没有"测度句既有询问的功能，即发话人有疑惑需要听话人给予解答，也有反诘的功能，即发话人实施请求或指令的祈使性行为。但表达测度语气的"有没有"问句则不同于询问与反诘问句，主要是外部形式和内部功能的不同，表现为搭配成分的不同、语义所指的不同、回答方式的不同等。"有没有"句式不对称现象的产生与说话人的主观性息息相关,测度句、反诘句之所以与询问句不同,是因为前两者涉及"会话隐含义",这种隐含义的出现又与说话人的主观视角有关,不同的期待方向造就正向和负向两种表达方式,所以就有了偏向于肯定正向的测度句和偏向于否定负向的反诘句。

第 十 章

共现形式"有 X 没 X"的结构类型探析

有限的语言形式实际上蕴含着多样的用法,这是语言研究的价值所在。上一章我们对"有没有"所在句中的三类句式进行探讨,厘清了形式标准和功能特征,接下来我们还将对"有"与"没(有)"的共现形式展开讨论,不同的是,本章在肯定形式"有"及其否定形式"没(有)"之后加入了同一个变量"X",形成"X"的肯定与否定共现的形式,即"有 X 没 X",该共现形式在汉语中较为常见,一般被称为肯定与否定的对举形式。在古汉语中,存在"有意无意""有厚无厚"[①] 等形式,在现代汉语中该形式更为常见,如"有钱没钱""有脸没脸""有心没心"等。[②] 例如:

(1) 我不管他有没有钱,也不管他<u>有权没权</u>,我就喜欢他。(Robin 谢《官路迢迢》)

[①] 在古汉语中,"无"多作为"有"的否定形式,在现代汉语中,虽然也保留一些"有 N 无 N"形式,但多用于书面语或文言语体。

[②] 为便于结构的分析以及语法化考察,本章以名词性成分作为"有 X 没 X"中的变项"X"。关于其他词性成分作为"有 X 没 X"中变项"X"的探讨将在第十一章展开。

（2）虽然对唐宋来说，有枪没枪区别不大，不过，<u>有枪没枪</u>给人地威慑力却不一样。（李俞增《音》）

（3）于是，晓明整天<u>有事没事</u>地在街上闲逛，名为逛街，实为刺探商业情报，为老板提供了不少有价值的商业情报。（《1994年报刊精选》）

（4）她拿着发刷，<u>有心没心</u>地刷着头发。（琼瑶《几度夕阳门》）

（5）我瞪他一眼："呸。<u>有脸没脸</u>，跟粽子似的了老子凭什么再跟你拼个我死你活？"（张小花《史上第一混乱》）

可见，"有X没X"在现代汉语中是一种常用的结构表达式，尤其在口语中使用更为频繁。该结构主要表达语言使用者对"X"主观上的某种评议，经由"有"和"没"正反两方面的语义叠加，实现对"X"的事件性描述。

以往，学界对于半实体框架下"有……没……"结构的关注仅限于"有X无Y"，而对于"有X没X"的结构变项属同一形式的情况还有待进一步挖掘。王丽芳（2008）、贺君（2012）将其作为"有X无Y"的子类成员，巴一斯（2012）、张虹（2013）在讨论"有X无Y"时没有提及"有X没X"，仅有顾鸣镝（2016）在分析"有X无Y"整合层级的同时，在余论中谈到"有X无X"被投射至性状域，不仅表示如"有罪无罪"的双重可能性的确切含义，还引申出了如"有意无意"等"似有似无"的整合意义，但并没有进行深入探讨。

通过考察发现，在"有X没X"正反义同构框架中，虽是同一个变项"X"，但其中的语义关系是多样的，并非仅仅指同一种性状的对立，还存在其他的表义功能。考察该结构的特性既要注重分立也要注重整合，而且在不同的语用意图下表达不同的语义特点。在"有X没X"结构中，从表义功能来看，"X"具有先天的同一性，之所以对立是由于"有"和"没"的语义属性导致的，那么看似矛盾的正反义同构形式"有X没X"缘何会结合在一起高频使用，又能够表达不同的语义类型？不同的语义类型又有什么样的差异，以及有哪些语用功能？这就要求我们从促发该结构呈现的形式、语义和语用特征来考察此结构。

第一节 "有X没X"的特性分析

如果仅从该结构表层的含义来判断，上文例（1）—例（5）可以概括为两类：一是并列关系的"有X"和"没X"，其语义关系十分明确，中间可插入"和""或"等并列连词，如例（1）、例（2）；二是非并列关系的"有X没X"，其语义关系较为模糊，如例（3）、例（4）、例（5）。因为该结构框架内部存在标记成分"有""没"，这是一对具有极性程度义对立特征的反义词，属于全称量限范畴。因此，可以说两个"X"间相互对立互不干涉，也可以说彼此间存在对照映衬的关系。但是，从言者的语用动机来考虑"有X没X"的使用，则不能单纯地从结构的表层形式所体现的关系着眼，更要系统分析该结构框架之外的语用环境，把该结构作为一个"完形"的整体来进行分析，才能给予其较为合理的结构定性和深入的语义类型划分。这既符合人的整体认知规律，也符合信息结构的加工处理的本质特征。

"有X没X"结构从属于"有……没……"结构框架，是该结构的一个下位语言形式，与另一个同框架结构"有X没Y"（如有情没意、有胆没识），不同的是其更具抽象性，原因为"有X没X"表达的是同一个变项正反两种含义的对立或引申，从人的整体认知规律来看，更具有"完型"（gestalt）的心理的特质，即同一事物正反两个方面的心理叠加。当不同的语言要素充任"X"进入"有X没X"结构中时，为适应不同的语言环境，语言要素的轻重与有无就必须依具体情况而定，所以我们认为"有X没X"是一种抽象的结构表达式。

从历时的角度来考察"有 X 没 X"结构,我们可以发现该结构的"前结构形式"应该是上古时期四言结构的一种表述方式"有 X 无 X",例如:

(6) 有罪无罪,予曷改有越厥志?(《今文尚书》)
(7) 所市之地六步一,命之曰中,岁有市无市,则民不乏矣。(《战国·管子》)

由于受到书面用语口语化的影响,加之"没"取代"无"的用法后,从元代开始"有 X 无 X"渐渐让位于"有 X 没 X",例如:

(8) 贼们怎知你有钱没钱。小心些还好。(《老乞大谚解》)
(9) 文若虚道:"不要管有用没用,只是希罕,又不费本钱,便带了回去。"(《古今奇观》)
(10) 我还是要活下去的,有儿子没儿子,我还是得活下去。(亦舒《妈》)
(11) 你不拿自己当外人,人家拿你当外人好吗?有脸没脸啊?(新浪微博)

通过语料的历时演变轨迹基本可以明确,如今常用的"有 X 没 X"形式是由先秦时期四字格的临时用法过渡而来的。并且在考察相关语料时会发现,"有 X 无 X"与"有 X 无 Y/有 X1 无 X2"框架形式的历时演变轨迹是一致的,这或许是造成学界通常将二者同构处理的主要原因(顾鸣镝,2016)。但观察这一结构会发现与"有 X 无 Y/有 X1 无 X2"(如有备无患、有价无市等)不同的是"有 X 无/没 X"结构所表达的语义并不是自足的,不能单说单用,需依附于其他成分才能存活,这是该结构没有被收录《现代汉语词典》(第 7 版)的主要原因之一。虽然"有 X 无 X"结构不能独立使用,但是该结构形式比较固定，总是作为一个完形结构出现，并且结构内部的语义关系随使用情境的不同而有所区别。由于"有X无X"结构所呈现的句法、语义及语用特征古今差异不大，并且从现阶段的视角可看出其具有一定的承继性和共现性，因此对"有X没X"结构所呈现的形式及语义特征此处只做共时的分析而不做历时的演化对比。

要了解一个语言单位的真正语义，必须弄清楚它的组成成分及其关系，这就使我们必须对结构体进行有效切分（刘承峰，2004）。"有X没X"结构由于不具备自足性，所以对其结构切分的同时还需充分考虑其所在的句法环境因素。在言者主观性的作用下，只能通过相关语境判断言者的语用意图，然后根据表义特点进行切分。我们首先从韵律句法的角度来看"有X没X"结构，从语音形式上对其结构切分进行尝试。

冯胜利（2013）提出，双音节是最小的音步，也可称之为标准音步，有单位性的四个音节结构叫"复合韵律词"，不仅存有兼类性，而且还可以根据它出现的环境进行形态处理。"有X没X"以四音节结构为主，从表层形式来看，是由"有X""没X"两个标准音步构成的，但由于四音节语言形式具有"兼类性"，并且可根据语境进行形态处理，那么此结构式所呈现的并非仅仅是2+2的"有X｜没X"的并列结构，还有可能是3+1的"有X没｜X"结构式或一个完整的"有X没X"四字格表达式，但不会是1+3的"有｜X没X*"结构式，原因是2+2"有X｜没X"和3+1"有X没｜X"切分后都可表独立的意义单位，而切分后的1+3"有｜X没X"不可单独表义。根据言者的逻辑重音、语流间歇、语速变化等语用意图对"有事没事"和"有样没样"进行切分，举例如下：

（12）如今有了微水池、自来井水，过上了好日子，人家<u>有事没事</u>都愿过来坐一坐。（《人民日报》1998年）

（13）"嘿，<u>有事没事</u>？没事别老跟这儿黏糊啊。"（陈建功

《皇城根》)

（14）不敢吭声，溜向一边，<u>有样没样</u>地帮着唐小山观察地形。(李凉《暗器高手》)

从上例可以看出，"有 X 没 X"结构存在韵律标记，例（12）中"有 X"和"没 X"之间可以停顿，表示两个相对独立的音步组成并列关系；例（13）中"有事没事"感觉不到明显的语流间歇，但逻辑重音在前，表示询问性的语气，"没"后的"事"由于跟"没"前的"事"重合，语音形式和语义都有所弱化，并且省略后不影响语义表达，如"有事没?"；例（14）中"有样没样"是一个完整体，作状语起修饰作用，语流没有间歇一气呵成。这说明"有 X 没 X"结构在一定程度上会随着说话人的主观态度及语境的变化而变，而且其语义结构的侧重点也会有所改变。

由上述分析可知，"有 X 没 X"是一个形式固定、语义不自足、具有语篇依附性，且韵律节奏随言者主观意图的表达而有所不同的结构体。

第二节 "有 X 没 X"的结构类型

"有 X 没 X"结构所处的句法环境可被视为一个典型的复合从句，该结构的形成前提是人的认知结构中存在肯定的"有"与否定的"没"两项极性对立概念的叠加，经过"有准备"的话语动机，把两个本就独立但又相互关联的形式重新组合成为一个整体结构。

我们认为，"有 X 没 X"属于隐性的从句组合结构，从语言演化、习得和运用的角度来考虑，最初该结构的形成很可能出于韵律压制或语言的经济性，将两个相对独立，但又有关联的语义核心组成一个整体结构。因此，在分析语义时，需要先把"有 X 没 X"这种隐性的结构体显性化后才能进行有效的划分。"有 X 没 X"结构在相关言语语境中存在不同的结构关系，请见以下三例：

（15）老杨当所长后，<u>有事没事</u>总喜欢到我摊位找我聊天……（《厦门商报》1998 年 11 月）

（16）医生的天职就是治病救人，<u>有钱没钱</u>，要治病救人。（《人民日报》1995 年 5 月）

（17）我是真心受不了贴吧那几个什么什么了，<u>有脑子没脑子</u>啊？（微博）

以上三例中，例（15）可变换为：老杨当所长后，<u>有事</u>时喜欢到我摊位找我聊天，<u>没事</u>时也喜欢到我摊位找我聊天……

例（16）可变换为：医生的天职就是治病救人，<u>有钱</u>治病救人，<u>甚至没钱</u>也要治病救人。

例（17）可变换为：我是真心受不了贴吧那几个什么什么了，<u>这些人有脑子没脑子</u>啊！

从以上存有"有 X 没 X"结构的句式变换中可以看出，同一结构形式下的"有 X 没 X"构成的复合句可被定义为并置的双核心关系结构类型，根据是否存在独立/非独立性、从属/非从属性和完整/非完整性的语义侧重，可划分为三个"丛点"的斜坡[①]：（A）"并列结构"，指相对独立的结构在语用环境中才"有意义"和有"相关性"，整体化程度低，连接具有最大显性特点；（B）"主从结构"，指相对的依赖关系，且不能独立存在的从句，具有较强的依赖性；（C）"从属结构"指完全依赖的关系，具有整体化程度强、最小显性连接等特点。例（15）属于（A）"并列结构"，两个从句都是自主的，各自包含一个语义核心，但整体构成一个语言单位，是一个

[①] 本章所引用的"三个丛点斜坡"的概念，主要是基于 Matthiessen and Thompson 1998；C. Lehmann 1998，1989b；Langacker 1991d 等的有关论述。

单一的语调曲拱；例（16）属于（B）"主从结构"，这类从句往往只有一个从句是语义核心所在，即"没钱也要治病救人"，这也是与"并列结构"区分的关键所在。这种"主从结构"句式是解释性的原因状语从句，可以体现特殊的示意语力；例（17）属于（C）"从属结构"，与"主从结构"不同的是不能带有与其母句不同的示意语力，作为一个完整的修饰单位出现。

通过以上对"有X没X"的结构对比分析可知，该结构式的发展符合Givón（1979）所认为的那样，语法化过程是按Discourse > Syntax > Morphology > Mor-pho-phonemics > Zero 的路径类型排列的，也就是说，语法化进程要经历"结构松散且临时性的话语结构 > 相对稳定的句法结构 > 结构中词项形态变化 > 语音形式的磨蚀 > 形态标记消失"这几种渐进的、阶段性的过程。该结构（A）类属于Discourse"结构松散且临时性的话语结构"；（B）类属于Syntax"相对稳定的句法结构"；（C）类大多属于Morphology"结构中词项形态变化"，还有少数属于Mor-pho-phonemics"语音形式的磨蚀"，如"有的没的""有一口没一口"。从广义的语法化框架着手，可以从单向性斜坡的角度来考察共时的从句组合，从相对独立自由的并置结构到句法和形态上都有变化的方向演进（Hopper, Paul., & Elizabeth Closs Traugott, 1993），得出"有X没X"结构的"从句组合斜坡"：

（A）"并列结构" > （B）"主从结构" > （C）"从属结构"

根据"有X"与"没X"间的语义组合特征［±独立］、［±从属］、［±完整］可以更进一步来解释"有X没X"的从句组合斜坡：

（A）"并列结构"　　　>　（B）"主从结构"　　　>　（C）"从属结构"
　　＋独立　　　　　　　　　－独立　　　　　　　　　－独立
　　－从属　　　　　　　　　＋从属　　　　　　　　　＋从属
　　－完整　　　　　　　　　－完整　　　　　　　　　＋完整

Givón（1990）提出了认知上的"形式—功能"平行关系："两

个事件/状态在语义或语用上结合得越紧密,对它们进行编码的从句在语法上也就结合得越紧密"。上述三例经过变换后在抽象的句法层面都属于复合从句中的"从属"句,从言语层面来看,"有X没X"结构所体现的言者主观上的关联性和强调性在进一步加强,随之而来的是关联性和紧密度也在进一步提高。例(15)和例(16)的"有X没X"可以用一些明显的连接方式结合到一起,如他平时有事和/或没事时总喜欢到我摊位找我聊天,……;医生的天职就是治病救人,有钱还是/甚至没钱都要治病救人;而例(17)的"有X没X"就无法用明显的连接方式联系到一起。这就说明了如果从句间的连接方式较为明显,那么其"语义—语用"上的完整性程度就越低;如果连接方式不明显或者根本不存在,那么"语义—语用"上的完整性程度就越高。

从语法化的程度对"有X没X"结构进行分类还需要注意三个类别之间的联系如图10-1所示:

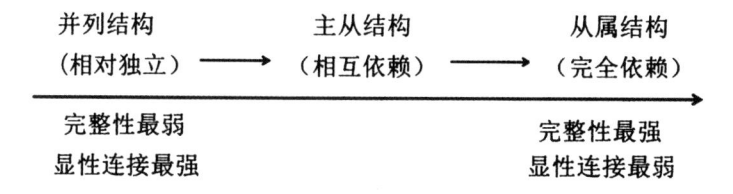

```
并列结构           主从结构           从属结构
(相对独立)   →    (相互依赖)   →    (完全依赖)
─────────────────────────────────────────────→
完整性最弱                          完整性最强
显性连接最强                        显性连接最弱
```

图 10-1 "有X没X"的从句组合斜坡特征

通过以上论述我们可以得知,"有X没X"结构在相关句法环境中一旦出现就可被当作是隐形的从句组合结构,该类从句句式虽然都不带连接标记,但是A、B两类结构却隐含着抽象的关联词。"有X没X"无论在从句中表达哪种语义类型,都要受到所要表达的语法功能的制约,听者能够从言者表达的语法形式的目的推断出该结构在具体话语语境中的语用功能,当某个形式有新的功能的时候,这些经过类推了的形式又会允许进一步语法化的可能。

第三节 "有 X 没 X"的语义及语用差异

一 "有 X 没 X"句式中"X"的语义差异

在"有 X 没 X"句式框架中，进入的名词 X 是重要构件，能够充任该框架内部的名词需要具备一定的语义特征。并列结构和主从结构的 X 必须具备［－主观］［－述人］［－贬义］的语义特征，而从属结构必须具有［＋主观］［＋述人］［＋贬义］的语义特征。例如：

(18) a. 有时间没时间都可以来……
　　　有钱没钱回家过年……
　　　有事没事都可以来……
　　b. 有脑子没脑子啊……
　　　有脸没脸了……
　　　有道德没道德呀……

上例中 a 类"有 X 没 X"中的"X"是指"事物"的具体名词或抽象名词，而且具有客观性，表达中性的语义色彩；b 类"有 X 没 X"中的"X"是指"人"的抽象名词而且具有主观性，表达贬义色彩。由此可以得知，在相关语境及预设条件的制约下，NP 有特定的"准入条件"，并不是所有名词都能随意进入"有 X 没 X"不同类别的句式结构中。并且，a 类表达的是周遍义，以肯定为主；b 类也表达周遍义，但是以否定为主。两种不同的语义类型形成各自离散的范畴，凡处在并列结构和主从结构中的 X，所指为初始义，语义较为具体；凡处在从属结构中的 X，所指为引申义，语义较为模糊。

第十章 共现形式"有 X 没 X"的结构类型探析

为什么 b 类"有 X 没 X"句式具备［＋主观］［＋述人］［＋贬义］的语义特征，并又表达抽象且指责的语气呢？这种现象可以从以下两个方面得到解释：

其一，语料显示 b 类"有 X 没 X"仅用在疑问句或感叹句中。例如：

（19）你丫<u>有心没心</u>啊？你丫摸过自己的良心吗？（微博）
（20）……你居然还能容忍他们把名字的音都给改了！<u>有文化没文化</u>啊！（微博）
（21）……<u>有脸没脸</u>啊？这么自贱！（微博）

上述例句中，"有 X 没 X"在句中与其他成分的衔接，反映了"有 X 没 X"中的 X 需要激活隐含的语义属性。如例（19）的"心"指的是"良心"，例（20）的"文化"指的是"名字改错音"，例（21）的"脸"指的是"自贱"。这些贬义的用词体现了言者主观上的存疑与指责，b 类"有 X 没 X"因此在语篇中具有显性的责备性语气。

其二，b 类"有 X 没 X"有较强的语义匹配性，其语义认知基础需要与邻句的状态之间形成匹配关系。这种关系越是匹配，句子的合理性就越强，否则可接受度就会降低。例如：

（22）a. 连小学都没上过，到底<u>有文化没文化</u>啊？
　　　b. *连大学都没上过，到底<u>有文化没文化</u>啊？
　　　c. **连博士都没上过，到底<u>有文化没文化</u>啊？

例（22）a 完全可以接受，小学都没上过，一般情况下可以说是没有文化；b 句的可接受度相对就要弱很多，因为大学没有上过不代表一定没有文化，还有其他教育形式的存在，两者的匹配不甚合理；c 句是无法接受的，不上博士就没有文化无论如何也说不通，前后两者无法匹配到一起。上述例句虽然在句法和语义上没有问题，但是在语用层面无法成立。由此可见，"有X没X"句式中的X必须要激活语义等级序列，与前述主句的陈述状态形成严密的等级匹配后才能成立，否则会出现语用失当的现象。两者的匹配越是合理，句子的合格度就越高，这种情况的存在取决于人们日常的语用心理，也就是生活经验使人形成一些规约性的共识，并且遵循的某些标准就是人们的心理预期，通过这种心理预设来匹配相应的准入条件。

二 "有X没X"的语用义分化

从"有X没X"句式的语用功能来看，三种结构都蕴含言者的主观预设，进入三种结构的NP存在客观性标准的差异，处在客观性标准最高端的并列结构，对于听者而言最有可能接受VP行为，而处在客观性标准最低端的从属结构，往往含有"断言"和"强调"的特性，与前者形成极大的反差，也是听者最难接受的。主从结构由于处在两者的过渡带，由于不具备分化的显性特征，故在此不予讨论。

"有X没X"句式在语篇中呈现中性义和消极义两种性状的语义聚合，对语用义有明显的影响，往往具有一定的倾向性。以下分别就两种情况进行分析。

（一）"有X没X"表中性义

当该结构表中性义的时候，言者所表达的语用义体现客观、实在的陈述，或在基于事实的基础上对对方的询问，语用义倾向于客观陈述。例如：

（23）其实只要是老外，长得帅一点，不管你有车没车<u>有房没房</u>，一大票中国妹子抢着送上门——因为方便移民国外啊。（微博）

（24）白芸瑞说："管他<u>有枣没枣</u>呢，打三竿子试试不就知道了吗！"（单田芳《白眉大侠》）

（25）赵普忽又轻声言道："老爷，<u>有酒没酒</u>可还不一定

啊!"(司马路人《赵匡胤私密生活全记录》)

(26)陈太忠说:"行了,哥们儿挺忙的,你还<u>有事没事</u>啦?"(陈风笑《官仙》)

上述例句中的"房、枣、酒、事",都是表示中性义的名词。其语用义都是对客观现象的陈述或询问,并且是以说话人自身的心理感知为标准,从而引发肯定性的态度和情绪。

(二)"有 X 没 X"表消极义

当该结构表消极义的时候,言者所表达的语用义体现的是主观的态度或情感,在基于主观情感的基础上对对方进行宣泄或斥责,语用义倾向于主观倾诉,消极的色彩义较为明显。例如:

(27)青霜女道:"什么<u>有胆没胆</u>,我从来没见过象你这么下流的人!"(上官鼎《雷神震天》)

(28)你学我穿衣服,你学我发型,你学我买配件,你<u>有劲没劲</u>啊!你学我目的是什么?(微博)

上述例句中的"胆、劲"都是表达消极义的引申名词,从其具体的语用义得知,以上两例都凸显了言者对对方的质疑和斥责,也体现了说话人不满的情绪。由于言者认为对方的行为偏离了客观评价标准,因而"有 X 没 X"整体语用义负向取值,相应的语篇措辞中也体现了"消极"的意味。

第四节　"有 X 没 X"的语用功能及动因

一　"有 X 没 X"的语用功能和表现
(一)"有 X 没 X"的语用功能
"有 X 没 X"结构本身语义并不自足,但一直以来却在相关语境中被广泛使用，其中必然存在一定的语用功能。A 类结构表达的是常规性的用法，是两项意义的简单加合，语用意义并不显著，而 B 类和 C 类结构则表达的是非常规性的用法，语用义更为丰富。同样一个结构"有 X 没 X"在表达常规性和非常规性用法的时候所蕴含的信息量是不同的，以该结构的常规性用法为量性标准，那么非常规性用法会产生语用增值（在"有""没"的认知图示中凸显度加强），随着使用频率的提高，就会形成"有 X 没 X"结构频繁出现的"惯常化"语境，这种信息的增值效应在认知中甚至会成为"默认值"，一方面被"凸显"，另一方面自然就会"隐退"，从而表达"别样"的语用义。"如心理实验'图像—背景倒换'所论证的那样，在一个视觉域内必须有一部分凸显一部分隐退，作为一个'完型'（整合体）的图像才会浮现出来"（沈家煊，2007），"一隐一显"所反映的或所依照的就是其信息价值的对比变化（任鹰，2016）。也就是说，"有 X"和"没 X"并不是等值的，后者在非常规性用法中更加"独具特性"，语用意图更为明显。

在汉语中，语序是表达语法的主要手段，根据语言线性的表述原则，旧信息往往在前，新信息往往在后，"有 X 没 X"结构也不例外，在非常规语义表达中，新的重要的信息一般是"没 X"，无论从认知显著性上还是从语用功能方面来说都要相对高一些，成为"有 X 没 X"结构整体最有力的表述部分，以部分来代表整体，使整体的表述倾向性更为显著，也能体现言者暗藏的语用动机。如下例所示：

(29) 什么想法，不妨说出来听听？管它<u>有用没用</u>呢，权当笑话解个闷儿，那也不错。（蓝色幽香《太平天国》）

(30) 经济型卫星电话由于配备太阳能电池，<u>有电没电</u>的乡村都适用……（《厦门日报》1999 年 4 月）

上例中的"有 X 没 X"结构是以认知显著度相对较高的"没

X"部分来代表整体,没有明确说出来的部分隐藏在整体结构之中,整体结构以背景的方式来凸显"没 X"。此时,虽然"有 X"的语义在语用表述上被抑制,但也有不可忽略的信息价值,言者主观上刻意强调"没 X"但客观实际上却不能忽视"有 X"存在的现实性,"隐"与"显"要相互结合才能构成一个完整的结构体,表达一个完整的信息量,以实现该结构的语义及语用价值。

(31)你不拿自己当外人,人家拿你当外人好吗?<u>有脸没脸</u>啊?(微博)

上例中的"有 X 没 X"结构属于非常规用法中的从属结构,虽然表义不自足但是却常常作为一个完整体出现,表达丰富的情感义。该结构既不是并列形式的"叠加"也不是主从形式的"凸显",而是出于完全修辞化的语用目的,结构定型性三者之中最强,是"有 X 没 X"结构发展的"最新形态"。该结构的高频使用是触发"最新形态"形成的主要因素,人们在使用"有 X 没 X"结构的同时已经不满足于一般的非常规用法,需要该结构传达更为丰富的情感表达功能。

(二)"有 X 没 X"的功能表现

综上所述,"有 X 没 X"的整体功能特征如表10-1所示:

表10-1　　　　　　　　"有 X 没 X"的功能表现

形式特征 结构特征	并列结构	主从结构	从属结构
"有、没"的语义	真实性对立	侧重于"没"	烘托整体色彩义
韵律特点	2+2 格式	2+2 或 3+1 格式	完整格式
有 X 与没 X 的关系	相对独立	相互依赖	不可分割
句法特征	客观现象的偶合	主观意图的评述	表性状,作修饰语
客观性/主观性	客观性	客观性/主观性	主观性

"有 X 没 X"结构简练，形式上整齐对应，语义上表达的是全量的范畴观，包含性强，然而又不失凸显强调的成分，还能够表达丰富的情感色彩。"有 X 没 X"属于正反义同形结构，虽然该结构表义具有一定的特殊性，但也寓于正反义同构形式的普遍性之中，加之结构规则使用的泛化和人们认知的普遍性，这种结构的分析方式可以类推至其他正反义同构形式四字格之上，如："好 X 坏 X、东 X 西 X、高 X 低 X"等。

二 "有 X 没 X"的语用动因

交际过程中，并非所有的话语都能够直接表现出言者的用意，也就是说有些话语传达的信息是直接的，有些话语传达的是间接的言语信息。"有 X 没 X"结构由两个完全相反的常项"有""没"和同一个变项"X"构成，由于先天语义不自足，所以必须依附于其他成分存在，这就造成了在动态的话语互动过程中，该结构随语境的变化而变化，并被赋予较为丰富的语用义，还会随着使用的泛化搭配能力不断地增强。

（一）语用心理因素

完型心理学理论提出，人对事物的知觉并不是以一个个分离的部分为依据的，整体并不等于其构成要素的总和（任鹰 2016）。"有 X 没 X"结构之所以能够作为一个"完型"的整体被广泛运用，而不是"有 X""没 X"分开来作为从句的形式出现，是基于人的"整体"认知能力的倾向。由于语言结构是认知的产物，那么语言结构的生成必须遵循头脑认知的客观规律，"有 X 没 X"结构也不例外。"有 X 没 X"结构表现为两极同构的现象，在言谈交际的过程中，除 A 类并列结构以外，其余两类结合相对紧密的结构形式必定是"一隐一显"才能在交际过程中有效地体现。

"有 X 没 X"作为有明确标记的"正反同形结构"，其常规性用法的识解往往呈现系统性的特征，也就是可划分为上下两个层次，上层结构"有 X 没 X"由下层"有 X""没 X"组装而成，由部分来决定整体；而"有 X 没 X"结构非常规用法的识解相对来说要复杂一些，是由整体来决定部分。

"有 X 没 X"的语义表达两个完全相反的方面，这种正反同构表达式把两种完全相反的意念叠加到一起的初衷容易理解，一般是出于表达经济性的需要，特别是该结构的"并列形式"出现时，通常指真正意义上的"有"和"没有"。但是该结构的"主从形式"所展现的语用义则并非是真实性的"有"与"没"，而是以"有"来反衬"没"的价值，此时的概念不是简单的叠加，需要在原结构上进行重新整合，进而得到正反同形结构中以否定为主的结构式。而正反同形结构中的概念叠加后的整合会产生强调的意味，产生特殊的情态义，这是此结构"从属结构"生成的心理基础，随着情态义的进一步延伸，于是形成了极强的情态语义表征形式（如有完没完、有脸没脸、有心没心等）。由上文可知，"有 X 没 X"可分为"并列""主从""从属"三种形式，这三种形式在语用功能上存在差异，具体的判断需要在相关言语情境中才能进行识解。

"有 X 没 X"的编码过程涉及非常态的语用心理，"没 X"是对"有 X"的反思，而且是在原初意识上经行扩展，语言处理过程经历了由"原事件意识形态到反原事件意识形态，然后通过整合进行理解或表征"的动态过程。在这个过程中心智要选用原初意识的材料，通过格式塔效应实施相关联想和想象，其反思的过程与目的就是把原初意识所映现的客观"事件"裁剪为"语言用例事件"（徐盛桓，2012），并使这个"语言用例事件"能在特定情境下恰当地对该"事件"做出"切合语境"的表征（雷卿、王婧，2014）。例如一句日常的对话：

(32) 对四爷说："老四，你要是猜对了咱们就有饭吃，要是没猜对咱们可就饿肚子了。"（《中国传统相声大全》）

通过格式塔转换，把这句话所映现的客观事件裁剪为"有 X 没

X"的形式为：

(33) 对四爷说："老四，<u>有饭没饭</u>全在你这一猜了。"

虽然例（33）话语中的"有 X 没 X"形式是经过转化所得，但经过反思整合之后所生成的"语言用例事件"是依赖于话语语境中客观正反两方面的事件主观建构起来的。与此同时，主从结构其实同并列形式一样也是基于客观事实建构，如例（29）、例（30），而且还要赋予其隐性的情感色彩，以凸显言者的主观强调意味。从属结构则是由前两种形式经过类推而来，由于侧重于烘托感情色彩，情感义的表达不再像主从结构一样晦涩，所以凸显的是完整的结构体，不需要经过客观事实来建构，主观性最强，如例（31）。

（二）多重表义因素

从"有 X 没 X"结构所提供的言语信息来看，可分为直接言语信息和间接言语信息两个部分：直接言语信息表达的是字面语义信息，通过截然相反的语义框架来表达两个泾渭分明的范畴；间接言语信息所传达的语用目的并不仅仅是字面语义信息，而是通过将该结构进行概念整合进而增加话语分量，提升言者的主观表达力，强化语言信息等功能，而且会导致形式的叠加和羡余。正反义同构形式在结构演进的过程中，由表客观陈述到表主观强调再到表主观性更强的情态义，形式凝固性越来越强，表义特点也越来越突出，进而形成能产性极高的框填式结构。"有 X 没 X"并列结构传达的是直接言语信息，具有表义明确的特点；主从结构传达的是间接言语信息，侧重于凸显强调，有一定的主观性；处在语法化斜坡末端的从属结构同样传达间接信息，但还具有较强叠合性与修辞性的功能，可以当作是语用表达中"积极的羡余"，并产生特殊的结构色彩义"厌烦、指责、不满、忍受"等主观控诉义，韵律格式完整、短促有力。同一结构可以表达多重语用义，进而重塑该结构形式。

三 "有 X 没 X"的意向模式

对于言语产生的最初动机大概都会定性为首先具有某个意图（桂诗春，2000）。人类的心灵所具有的这种指向、关于、涉及世界上的物体和事态的特征就是意向性（赛尔，2001）。任何的话语表述，实际上都是以不同的意向态度对一定的意向内容做出的意向性解释，而且是主体根据自己一定的意向态度所产生的对意向内容的认识做出的（徐盛桓，2013）。"有 X 没 X"结构所在的具体言说环境下，根据言者的语用意向可分为直接言语行为和间接言语行为。两者的区别是，前者的字面用意和施为用意相重合，后者的字面用意和其语境用意有差别（李怀奎、李跃平，2013），也就是说直接言语行为表述的是字面义，而间接言语行为表述的则是言外之意。根据言者的意向性表达动机，"有 X 没 X"三种结构类型示意如图 10 -2 所示。

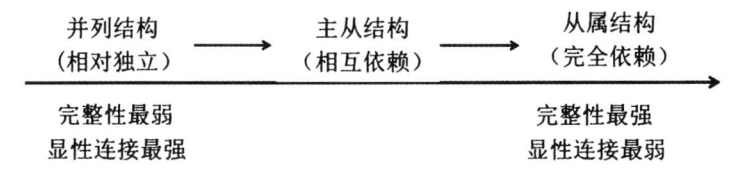

图 10 -2　"有 X 没 X"结构的三种不同意向模式

通过对"有 X 没 X"不同结构类型的话语表达进行"定向"，可看到并列结构的意向性表达完全符合"有"与"没"天然的正反义对立关系，以"X"为基点向两边辐射，具有遍指的语义特性；主从结构的语义明显倾向于"没 X"，言者的语用意向主要是以"有 X"为基础进而凸显"没 X"，语义由"有 X"向"没 X"倾斜；从属结构的"有"与"没"不再表示两相对立互不干涉的极性对立，其表达意向向"X"压缩，语义已经虚化，表义功能也发生了改变。

第五节　本章小结

"有 X 没 X"在其句法环境中属于隐性的从句组合结构。根据"从句组合斜坡理论"将"有 X 没 X"分为并列、主从和从属三类结构，不同的结构类型呈现的语义及语用表现有所不同。"有 X 没 X"语用功能的多样性是该结构广泛使用的关键所在，而语用的心理因素、多重表义因素和意向性因素是触发该结构准确运用的前提。本章诠释了"有 X 没 X"的语义特征，并通过考察该结构的功能表现，得出言者表达动机的不同是造成结构多样性的根本因素。

通过分析"有 X 没 X"所在的句法环境，得出该形式是一个形式固定但语义不自足，而且其韵律节奏随言者主观意图的不同而有所变化的结构。根据"有 X 没 X"在相关语境中的功能来判定"有 X 没 X"属于隐性的从句组合结构，并用三个丛点的斜坡理论将该结构分为并列结构、主从结构和从属结构三个类型，在此基础上对比分析后得知该结构类型分别符合语法化过程中所对应的各阶段。与之搭配的"X"在不同的结构类型中也呈现不同的特性，并且语用义也有所不同。"有 X 没 X"结构之所以能够被广泛高频使用，与该结构本身所具备的语用功能有关。语法源于用法，语用动因是促成该结构功能多样化的本质因素，该结构运用的心理因素、表义多样性因素和言者表达时的意向性则从另外一个层面阐释了"有 X 没 X"结构不同的产生方式和语用的内在动因。

第九章和第十章所述的"有没有"结构和"有 X 没 X"结构都是从共时的层面来探讨的，主要是因为这两种结构在现代汉语中广泛应用，但在古汉语中没有涉及或少有涉及。此外，这两种形式在学界关注较少，但对于肯定形式"有"与否定形式"没"的不对称研究来说，又是绕不开的语言事实，所以有必要对这类形式进行仔细挖掘，找出对称及不对称之处，为系统理论的构建做支撑。接下来，将继续讨论共现状态下"有""没"与同一变项组构的"有 X 没 X"结构，与本章不同之处是"X"的词性不仅限于名词，还可以是动词、助词、数量结构等。此外，"有 X 没 X"结构由于从古至今都广泛使用，所以将从历时层面对该结构的词汇化过程进行详细描写，以期探寻现阶段"有 X 没 X"各类别功能形成的根源及过程。

第十一章

共现形式"有 X 没 X"的形式与功能及其词汇化

"有 X 没 X"在现代汉语中是一种常用的结构表达式,其用法和类别尚未引起重视,通用语文工具书少有收录,也未明确其功能和属性。《现代汉语词典》(第 7 版)仅收录一条"有一搭没一搭",除此之外,《汉语大词典》和《国语辞典》还收录一条"有的没的"。两条"有 X 没 X"已固化为习语并被词典收录,但尚有类似结构如"有心没心""有完没完""有脸没脸"等,处在高频使用中未被收录。

因此,本章将基于实际语料对此进行调查分析,翔实描写"有 X 没 X"各种类别的句法分布及功能,分析"有 X 没 X"词汇化发生的前提条件,并试图解决以下问题:一是"有 X 没 X"是什么样的形式,具体结构类型有哪些;二是哪些结构类型能够发生词汇化,哪些不能;三是词汇化产生的路径如何。围绕以上三个问题展开探讨,对处于演化过程中"有 X 没 X"的几种结构类型进行形式描写然后探索其功能的发展,以求得到"有 X 没 X"词汇化发生的机制和动因。

第一节 "有 X 没 X"的形式与功能

一 "有 X 没 X"的句法分布

"有 X 没 X"主要充当状语和谓语，少数可作定语、主语、宾语和补语。一般情况下，X 多为单音节或双音节形式，其中部分"有 X 没 X"倾向组构为四字或六字短语，但多数已有词汇化倾向，或已成为习语。例如：

（1）在家里的小厨房中，我意外地发现透过窗户能够看见信箱。距离虽然远了点，但<u>有信没信</u>是完全能看清的。（1993年作家文摘）①

（2）小陈急忙夺过来：你小子<u>有病没病</u>啊。（1997年作家文摘）

（3）"<u>有钱没钱</u>，回家过年。"这是中国人自古以来的一种习俗。（《中国农民调查》）

（4）生活过得<u>有一顿没一顿</u>，丈夫的病症更厉害了。（《1994年报刊精选》）

（5）今年包这镇上的税，也不过是<u>有一搭没一搭</u>的事。（梁斌《红旗谱》）

（6）自己只是在这里作客几天，却忘了自己的立场跟他说一些<u>有的没的</u>。（《罗德岛战记》）

如例（1）—例（6）所示，"有 X 没 X"分别充当主语、谓语、

---

① 本章注明出处的例句，多数来自北京大学中国语言学研究中心（CCL）语料库、大数据和语言教育研究所（BCC）语料库。还有少数未注明出处的例句为作者根据实际需求而内省形成的句子。

状语、补语、定语、宾语六种句法成分。其中，"有 X 没 X"在例（1）、例（2）中是短语，在例（3）、例（4）中是词汇化倾向显著的固定搭配，在例（5）、例（6）中则是已被词典收录的习语。

根据 CCL 现代汉语语料库检索到关于"有 X 没 X"的例句共461 例，其中有效例句 457 例。通过对 457 例"有 X 没 X"句法成分分布情况分析，得到出现频率的数据统计：状语 318 例，占比69.58%；谓语 91 例，占比 19.91%；定语 21 例，占比 4.59%；主语 20 例，占比 4.37%；宾语和补语共 7 例，占比 1.53%。从充任句法成分占比可知，"有 X 没 X"作状语是该结构使用频率最高的句法形式，谓语次之，作定语、主语、宾语、补语的比例相对较低。

二 "有 X 没 X"的结构类别

由于 X 词性有别，"有 X 没 X"的内部结构关系和类别也有所不同。"有"和"没"在有些情况下保留其原义，即"有"作为动词，表"领有、存在或出现"；"没"与"有"对应，是其否定形式，同"没有"。但伴随结构的演变，框架前置标记"有"和"没"存在不同程度的虚化或标记化倾向。当"没"作为副词，否定动作或状态已经发生（《现代汉语八百词》：383），"有"是个和"没有"词性相同词义相反的副词（邢福义，1990），并且"有"在"有 X 没 X"并置框架中，则是肯定动作或状态已经发生，都是作为状语修饰 Vp。郭中（2012）将"有 + Vp"中的"有"视作副词，"具有肯定求证和确认的功能"。在"有 Vp 没 Vp"结构中，"有"与"没"共同作为副词修饰限定 Vp，如"有完没完"、"有吃没吃"。当"X"是"一 Q"时，"有"和"没"表示对事物或事件量的肯定与否定，作为形式标记出现。"有的"是指示代词（《现代汉语词典》：1588），那么"没的"是其否定形式，"有的没的"义为所有的，此处"有"和"没"语义相对虚化。此外，还有如"有出息的没出息的""有历史的没历史的"等，是指示代词的扩充形式，虽具有特指义，但语义功能上与"有的没的"相同，本章将其统称为"有的没的"。

综上所述，可以把"有 X 没 X"分为：A. 有 Np 没 Np[①]；B. 有 Vp 没 Vp；C. 有一 Q 没一 Q；D. 有的没的，四类形式。举例如下：

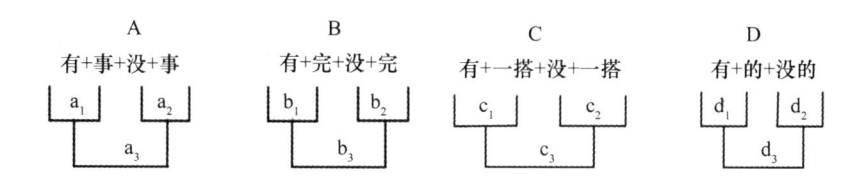

```
      A              B                C                  D
  有+事+没+事     有+完+没+完     有+一搭+没+一搭       有+的+没的
  ┌──┐┌──┐      ┌──┐┌──┐      ┌──┐ ┌──┐         ┌──┐┌──┐
  │a₁││a₂│      │b₁││b₂│      │c₁│ │c₂│         │d₁││d₂│
  └──┘└──┘      └──┘└──┘      └──┘ └──┘         └──┘└──┘
  └────┬───┘    └────┬───┘    └────┬────┘       └────┬───┘
       a₃             b₃             c₃               d₃
```

注：a_1、a_2 是述宾关系，a_3 是并列/叠加关系；b_1、b_2 是状中关系，b_3 是叠加关系；c_1、c_2 是述宾关系，c_3 是叠加关系；d_1、d_2 是词间关系，d_3 是叠加关系。

A、B、C、D 分别代表"有 X 没 X"在现代汉语中的四类情况。由于该结构尚在演变的过程中，对于内部成分间的关系存在四种解读方式。当"X"为 Np 时，如 A，"有"和"没"视为动词，表领有与否或存现与否；当"X"为 Vp 时，如 B，"有"和"没"视为副词，作状语修饰 Vp；当"X"为"一 Q"时，如 C，"有"和"没"视为肯定和否定量度标记；当"X"为"的"时，如 D，"有的"和"没的"可视为有定指示代词和无定指示代词的叠加，不可切分。A 的"有 X"与"没 X"间分为并列/叠加关系，是指充当述谓性成分时是并列关系，充评述性成分时是叠加关系。

三 "有 X 没 X"的句法功能

"有 X 没 X"在共时层面具有多种表达功能，有做主语和宾语的指称功能（代词性），有做谓语的述谓功能（谓词性），还有做状语、定语的修饰限定功能，和做补语的补充说明功能。充当主语和

[①] 文中"有 Np 没 Np"中的 Np 既指名词或名词性短语，同时也指人称代词和疑问代词，如：有她没她、有什么没什么等。

谓语时,"有 X"与"没 X"关系较松散,充当状语、定语、宾语和补语时关系较紧密。下文将按照"有 X 没 X"四种结构所能充任的所有句法功能码化为六类:

主语 S:有 X 没 X + V + adv. + adj.

(7) 下一步还要搞畜产品加工,服务设施也要完善起来。所有这些,<u>有文化没文化</u>是大不一样。(《1994 年报刊精选》)

(8) 幸好,他做得还算有些声色,只是他常看心情接案子和收费,因此,<u>有一顿没一顿</u>倒是很平常。(袁圆《爱你一万年》)

做主语时,"有 Np 没 Np"和"有一 Q 没一 Q"需要有预设条件才能成立。如,例(7)的预设为"畜产品加工和服务设施完善"需要"文化"的支撑,因此,有文化没文化是大不一样;例(8)的预设为"他常看心情接案子和收费",因此,有一顿没一顿很正常。此处"有 X"和"没 X"之间较为松散,是并列关系,中间可插入"和"、"或"。

谓语 P:S + 有 X 没 X

(9) 就因为看到了你,我才顾前不顾后的……你<u>有事没事</u>,站在桥上干什么?(琼瑶《水云间》)

(10) 阿春:你<u>有完没完</u>呀?靠边。我下车。(《北京人在纽约》)

(11) 他问她矿上的情况,她说半句留半句的;她也问他省城的工作,他<u>有一句没一句</u>。(1995 年作家文摘)

做谓语时,例(9)和例(10)中的"有 Np 没 Np"和"有 Vp 没 Vp",是典型的述宾结构,语义具体而实在,"有 X"与"没 X"间表转折,中间可插入"还是"。例(11)中的"有一 Q 没一 Q"

则是用在陈述语境中，由于是叠加关系，中间不可插入其他成分，但与前句信息相同，都与言说有关，意义实在。

宾语 O：S + V +（adv.）有 X 没 X

（12）吕建国说：他爱<u>有钱没钱</u>，没钱就去给我借，反正得交。(1996 年作家文摘)

（13）我们吃银行利息都够了，背这么个大包袱，谁知道<u>有完没完</u>！(《1994 年报刊精选》)

（14）生活依然是<u>有一顿没一顿</u>，丈夫的病症更厉害了。(《1994 年报刊精选》)

（15）自己只是在这里作客几天，却忘了自己说一些<u>有的没的</u>。(《罗德岛战记》)

做宾语时，"有 X 没 X"中间不可插入其他成分，已固化为不定指的关涉对象，从句法位置和语义关涉来看，不再表示并列的语义关系，应视为语义的叠加，并且具备独立使用的功能，应看作一个独立类似词的单位。

定语 A：S + Vp + 有 X 没 X（的）Np

（16）而且"卡拉"这高科技的声响能照顾所有的中国的<u>有嗓子没嗓子</u>的歌星，调门上不去的可以降低，嗓子不雅的可以配上共鸣。(《人民日报》1993 年)

（17）他甚至不忍心下判了，因为他实在不愿让孩子过早地回到那<u>有一顿没一顿</u>的日子中去……(《1994 年报刊精选》)

（18）他努力学着如何缩好头，且不让恐惧外露，然而在这黑暗中，食物等<u>有的没的</u>东西通通在身边翻滚成一团……(龙枪《旅法师》)

做定语时，"有 X 没 X"具有主观评价的修辞化特征，用来修饰限定其后的 Np，中间一般不得插入其他成分，具备一定的凝固性。

状语 A：S（Vn+O）+（aux.）有 X 没 X（地）Vp

(19) 平儿<u>有心没心</u>地说："我不坐，我嫌它阴呢。"（1994年作家文摘）

(20) 家里<u>有吃没吃</u>不问，我妈跟你受了一辈子气，最后气死了。（马峰《吕梁英雄传》）

(21) 喝着茶，老陈和沈同生<u>有一搭没一搭</u>地扯些闲话。（1994年作家文摘）

(22) 雅赫雅如何容得她由着性儿闹……，只得<u>有的没的</u>另找碴儿。（张爱玲《连环套》）

做状语，是"有 X 没 X"最普遍的用法，随着使用频率的强化，该结构在状语位置有的已经成为习语，如"有一搭没一搭""有的没的"，而多数处在词汇化的进程中，如"有心没心""有吃没吃""有事没事""有脸没脸"等。具备副词性的特征，表主观评价义，而且整合度相对较高，不可拆分，多数已凝固为常用结构。

补语 C：S+Vp+（得）有 X 没 X

(23) 夏日的午后最最使人困脑，何况那庭院中的知了又叫得<u>有一声没一声</u>。（陆文夫《人之窝》）

"有 X 没 X"的补语例句虽仅有两例，但也是一种固化了的结构。

我们对 CCL 语料库进行检索，分析 A、B、C、D 四类结构的句法功能，如表 11-1 所示：

表 11-1　　　　　　　　四类"有 X 没 X"句法功能对比

	主语	谓语	定语	状语	宾语	补语
A 有 Np 没 Np	(+)	+	(+)	+	+	—
B 有 Vp 没 Vp	—	+	—	+	+	—
C 有一 Q 没一 Q	(+)	(+)	(+)	+	(+)	(+)
D 有的没的	—	—	+	+	+	—

注：加括号的是特定条件下的组配，语例较少。上表只是表明某种位置上固化的程度，是表面的特点，非实质性关联。

四　"有 X 没 X"的语义功能

"有 X 没 X"有述谓性和评述性两类功能。在述谓性的语境中，"X"都表本义，包括具体名词和抽象名词。在评述性语境中，具体名词的语义需变为抽象义才能成立。

（一）"有 X 没 X"的述谓性

述谓结构的"有 X 没 X"一般以疑问的方式出现，"X"为认知域中的具体事物，并且语义指向单一。例如：

（24）你钱包里有钱没钱？
（25）树上有枣没枣？
（26）你有事没事，站在桥上干什么？（琼瑶《水云间》）

上例中"有 X 没 X"客观陈述了两个客观现象，"有 X"与"没 X"间可插入选择性连词"或"、"还是"，是并列关系，用极性对举的方式表达事实是否存在，要求受话人两者之间只选其一。

（二）"有 X 没 X"的评述性

"有 X 没 X"在评述性的话语中，语义指向"有"和"没"的两端，具有遍指性，"有 X"与"没 X"是叠加关系。当"X"为具体名词时，其所指的具体义会转向抽象义。例如：

（27）有钱没钱，回家过年。（《人民日报》2012年1月20日）

（28）赵安邦心想，倒也是啊，可该做的工作还得做，有枣没枣打一杆吧！（周梅森《我本英雄》）

"钱"和"枣"是具体名词，出现在评述性的语境中，"X"语义发生转移。例（10）中的"钱"并非实指，而是指代财富；例（18）中的"枣"指代机会。当"X"为抽象名词时，例如：

（29）万站长已经习惯蓝小梅嫁给余校长的事实了，又像从前那样，有事没事都要到界岭小学看看。（刘醒龙《天行者》）

"有事没事"在评述性语境中，属全量范畴，表周遍义。"有Vp没Vp""有一Q没一Q"和"有的没的"则只能出现在评述性的语境中。例如：

（30）我们吃银行利息都够了，背这么个大包袱，谁知道有完没完！（《1994年报刊精选》）

"有完没完"表示时间上的存现与否，凸显完结的性状，可变换为"有没有完"。

（31）喝着茶，老陈和沈同生有一搭没一搭地扯些闲话。（1994年作家文摘）

（32）雅赫雅如何容得她由着性儿闹……，只得有的没的另找碴儿。（张爱玲《连环套》）

在语义抽象化的影响下，数量结构和结构助词都可以进入"有X没X"，表示若有若无或无关紧要的抽象义。

第二节 "有 X 没 X" 的词汇化条件

一 "有 X 没 X" 的遍指义

通过上文分析可知，在评述性的语境中"有 X 没 X"才具有遍指义，如已经成为习语的"有一搭没一搭""有的没的"，"有 Np 没 Np"和"有 Vp 没 Vp"在该语境中同样有遍指义，可见，遍指的语义特征是"有 X 没 X"发生词汇化的条件之一。据语料统计发现，表遍指义的"有 X 没 X"多数出现在状语位置，且使用频率高达69.58%（见上文），无一例外都表示遍指义。"高频使用"是词汇化发生的驱动力（杨炎华，2013），因而作状语的"有 X 没 X"是其词汇化发生的最佳位置，也是主要动力。但并非处在状语位置的"有 X 没 X"都会发生词汇化，这只是充分条件而非必要条件，接下来需要考察"有 X 没 X"词汇化的必要条件，即内部词汇特征。

二 "有 X 没 X" 的词汇特征

A、B、C、D 的"有 X"与"没 X"间，存在两种关系，一种是整体没有固化的并列关系；另一种是已发生词汇化或在词汇化进程之中的叠加关系。那么，具备哪些条件的"有 X 没 X"能够成为习语？

通过考察发现，需具备以下条件：

条件一，"有 X"和"没 X"都是词[①]，如"有事""没事"、"有的""没的"、"有用""没用"、"有脸""没脸"等；

条件二，"有 X"或"没 X"其中一个是词，如"有意（词）""没意（非词）"、"有心（词）""没心（非词）"、"有利（词）""没利（非词）"等；"有完（非词）""没完（词）"、"有戏（非

[①] 本章判定是否成词的标准本文按照是否被收录《现代汉语词典》或《国语辞典》。

词)""没戏（词）"等；

条件三，"有 X"或"没 X"不能单独使用或单独表义，只可合在一起共同表义，且整体语义发生转移，如"有一搭*""没一搭*"、"有吃*""没吃*"，前者的释义为没话找话说或可有可无（《现代汉语词典》：1591），后者的意思是无论生计如何。

不具备上述三个条件的难以发生词汇化，不会成为习语。那么，D 类符合条件一，已成习语并被《国语辞典》收录；C 类"有一搭没一搭"符合条件三，已成习语并被《现代汉语词典》（第 7 版）收录，不符合上述条件的"有一句没一句"、"有一步没一步"等不符合条件三，不会发生词汇化；B 类"有完没完"符合条件二，"有吃没吃"符合条件三；A 类"有钱没钱"符合条件二，"有饭没饭"、"有酒没酒""有爱没爱"等不符合上述三个条件，不会发生词汇化。

第三节　"有 X 没 X"的词汇化

董秀芳（2009）指出，词汇化指的是非词汇性（non-lexical）成分变为词汇性（lexical）成分或者词汇性较低的成分变为词汇性较高的成分。习语化是指由短语等非词汇性单位变成习语（idiom）的变化，习语不是词，但却是具有词汇性的单位，很多词汇化过程的第一步或说初级阶段就是习语化。词汇化的"有 X 没 X"可称为习语，没有词汇化的"有 X 没 X"称为短语，因此共时层面的"有 X 没 X"是一个多义形式。那么，习语化的"有 X 没 X"是如何从短语形式的"有 X 没 X"发展演变而来，需要对其发展轨迹进行探讨。

一　词汇化产生的过程

在现代汉语中，"有 X 没 X"是一个多义形式，可充当多种句法成分，从共时层面上难以对其出现的先后顺序和句法结构进行切分，因此需要从历时角度探寻其产生和发展的缘由。

"有X没X"在CCL古代汉语语料库的历时分布情况可从民国时期追溯到南宋。根据CCL古代汉语语料库检索到的157例关于"有X没X"的用法，统计发现，其充当谓语成分的有98例，占比62.42%；充当状语成分的有29例，占比18.47%，而且多数出现在民国时期。由上文可知，"有X没X"作谓语和状语的句法分布在现代汉语中占比分别为19.96%和68.98%。那么，"有X没X"在古代汉语中充当谓语和状语的句法分布情况与现代汉语截然对立。为什么会存在这种现象呢？

下面我们先来看"有X没X"在古代汉语中的句法分布情况。

语料显示，从南宋到元代，"有X没X"仅作为谓语成分出现在名词之后，并且仅有四例，如其中两例：

（33）昨日刘官人归时，已自昏黑，吃得半酣，我们都不晓得他<u>有钱没钱</u>，归迟归早。（《错斩崔宁》）

（34）他也不管那船<u>有载没载</u>，把手相招，乱呼乱喊。（《唐解元出奇玩世》）

此时，"有X"和"没X"属于两个短语的临时性组合，可视作两个独立的句法单位，由于不具备规约性，"X"可以随意替换。可见，此类"有X没X"是句法层面的偶合，其中"有""没"作领有与否或存现与否义，语义透明，共同做名词性主语的述谓成分。

到了明代，"有X没X"不仅出现在主语之后，还可以作为独立小句出现，在形式上已具备独立使用的功能，但并不能说明习语化了，因为结合上下文可知，"有X没X"语义实在具体，没有产生专指义，不具有规约性。例如：

（35）讨得来便吃了，讨不来忍饿，<u>有一顿没一顿</u>，过了几时，渐渐面黄肌瘦，全无昔日丰神。（《古今奇观》）

(36) 狄周道："说是我没有不说的；但<u>有钱没钱</u>，我是知道的。"（《醒世姻缘传》）

除此之外，此时还出现了"有的没的"做谓语的用法，例如：

(37) 把庄里<u>有的没的</u>细软等物，即便收拾，尽教打迭起了，一壁点起三四十个火把。（《水浒全传》）

该例为"有的没的"最初的句法分布情况，虽然出现在谓语位置，但是此时"有的没的"相当于状语的修饰性成分，原因是有定代词"有的"和无定代词"没的"在明代已可做状语，如"有的吃了""没的说了"等。

从清代到民国时期，"有X没X"的句法分布广泛开来，充当谓语成分的数量减少，取而代之的是做状语、定语、宾语。例如：

(38) 宝玉<u>有一搭没一搭</u>地说些鬼话，黛玉只不理。（《红楼梦》）

(39) <u>有的没的</u>都在这里，你不嫌，就挑两块子去。（《红楼梦》）

(40) 舅太太也说<u>有菜没菜</u>的那包子和饭，可千万叫他们弄热了再吃。（《侠女奇缘》）

(41) 原来秋葵看着孙青躺下，也不管<u>有人没人</u>，把棍就打，把孙青打了个骨断筋折。（《小五义》）

该时期"有一Q没一Q"和"有的没的"与明代不同的是都可以较为稳固地出现在状语位置（少数在定语、宾语位），该结构主观情态义得到凸显，并且是作为一个完型结构出现，起到修饰限定述谓成分的作用。随着出现频率的提高，表修饰限定的情态义保留下来，原做独立小句和谓语的用法已不多见。此时，"有一Q没一Q"

和"有的没的"已固化成为习语。原因如下：

"有一Q没一Q"最初是作为独立结构出现的，如例（35），但是语义并没有发生转移，"有一顿""没一顿"仅指吃饭，此时，该用法可看作两个结构的偶合，不具有语义凝固性。当例（38）"有一搭没一搭"作为状语出现时，可以用《现代汉语词典》（第7版）关于"有一搭没一搭"第一条释义来解释：表示没有话找话说。这与该形式在现代汉语中的用法完全相符，因此，在清代"有一Q没一Q"已固化为习惯用语。

"有的没的"由"有的"和"没的"构成，前者最早见于明代，后者出现于元代。从历时角度来分析，李立成（2006）提出，当"有的"和"没的"做状语的时候，应将其看作是情态副词；当做定语和宾语的时候，应将其判定为名词化的结果，也符合名词性成分常用做定语和宾语的特点。"有的没的"在该时期作为完型使用，充当状语、定语和宾语时，与李立成所提观点一致。"有的没的"已具备整体凝固义，《国语辞典》将其在《红楼梦》中用例的释义为：一切、所有的。这说明，"有的没的"也已固化成为习语。

此时，"有Np没Np"虽然具备了在句法位置上发生词汇化的可能性，但是该结构在例（40）、例（41）中不符合发生词汇化的内部条件特征，一是"有X"和"没X"都不是词，二是都没有发生语义转移，因此不会成为习语。"有Vp没Vp"同样，例如：

（42）筱亭怕太太不高兴，<u>有搭没搭</u>地说道："刚才太太在那边，岳父说起我的考事没有？"（《孽海花》）

从"有X没X"历时的发展演变轨迹可看出，该形式在古代汉语中是作为框式结构存在的，"X"具有随意性和可替换性的特点。仅有"有的没的""有一搭没一搭"较为稳固地出现在状语或定语位置，其余形式使用相对随意且出现频率较低，说明"有Np没Np"

和"有Vp没Vp"还没有发生词汇化成为习语。因此，需要从现代汉语的共时层面来探究。

由于"有X没X"最初出现在谓语位，而且是不具有整合性的离散形式，因此，我们先来看"有Np没Np"和"有Vp没Vp"在现代汉语中作为谓语的用法，例如：

(43) 瞎瞎媳妇说："嫂子，嫂子，狼撵你哩?!"麻巧没吭声，但跑过三步了，却说："你<u>有事没事</u>？"（贾平凹《秦腔》）

(44) 我把脸扭向一边："你们<u>有完没完</u>？没完你们在这儿说，我走我的。"（王朔《玩儿的就是心跳》）

"有X没X"做谓语时，多出现在反问语气的问句中，其中"有事"和"没事"、"有完"和"没完"是并列关系。"有X没X"充当谓语时的结构类型，只是肯定形式与否定形式的对举，且主要以反问的方式出现，结构较为松散，处在词汇化过程的最低端。当"有X没X"作为独立小句表达反问语气时，其语义解释不同于例(43)和例(44)作为谓语的一般反问句。例如：

(45) "嘿，<u>有事没事</u>？没事别老跟这儿黏糊啊。"（陈建功《皇城根》）

(46) 正要再抓起电话，早在餐桌上摆好了早点的老婆急了："<u>有完没完</u>？吃饭！"（陈建功《皇城根》）

"有Np没Np"和"有Vp没Vp"在表达反问语气的时候可以作为一个完型结构独立使用，相当于一个否定性的全称量化。这完全符合现代汉语中关于反问句的一般用法，因为其他疑问词在反问句中也表达否定性的全称量化义，"有X没X"的这种含义实际上是句子的反问功能所赋予的，属于临时性的语用义。

通过考察相关语料，我们发现"有Np没Np"和"有Vp没

Vp"在独立使用的反问句中主观情态义得到凸显,其形式离散性相对于谓语成分有所降低。当然,这种含义最初是由诱使推理(invite-dinference)(Traugott & Dasher,2002:17)造成的临时的话语义(utterancemeaning),但是当这种话语义高频率出现后,用法就被规约化,并进一步语义化了(Hopper & Traugott,2003:235)。因此,在反问的语境中是词汇化发生的诱因之一。

当"有 Np 没 Np"或"有 Vp 没 Vp"不在问句中出现,而作为独立成分出现在陈述句中时,例如:

(47)有吃没吃,玩到初十,这本是闽西农民过节的传统。(《人民日报》1998 年)

(48)因此,出本书,有事没事,让人翻翻,总比没人搭理强吧!(《人民日报》2000 年)

(49)有钱没钱,先动工再说!(《人民日报》1994 年)

上述例句中的"有 X 没 X"可作为独立语,出现在句前、句中或作为独立小句出现。"有 X 没 X"不与其他成分构成句法单位,应看作是一个独立的类似于词的单位,从功能上应该看作是一个认知性的插入语(epistemicparen-theticals)(Traugott & Dasher,2002:206),此处的"有 X 没 X"应当视作情态成分的插入语,只是表达言者对某种现象的评价,词汇意义已经虚化,即使去掉也不影响命题的真值。由于是认识情态的表达,"有 X 没 X"具有了主观性。此处的"有 X 没 X"已经作为固定用语出现,"有 X"和"没 X"间不允许有停顿,而作为短语的"有 X 没 X"则允许有短暂的停顿,可以有类似上文 a、b 的切分。所以,"有 Np 没 Np"和"有 Vp 没 Vp"已具有习语化的倾向。

当这两种结构类型作为状语、定语和宾语时,例如:

(50)只管你好活,家里有吃没吃不问,我妈跟上你受了一

辈子气,最后气死了。(马峰《吕梁英雄传》)

(51) 我无法判断自己是不是话太多,因为我思想不集中的时候往往是<u>有用没用</u>的话都说。(严歌苓《寄居者》)

(52) 电视现在几乎成了跟衣食住行平行的行业。老百姓不管<u>有钱没钱</u>,都得有台电视。(《网络语料》)

上例中"有 Vp/Np 没 Vp/Np"都是对所修饰名词性成分的评述,并且"Vp/Np"语义已发生转移,如"有吃没吃"喻指"生计";"有用没用"喻指"有效与否";"有钱没钱"喻指"财富多少"。整体上借用"有 X 没 X"形式来评述"X",结构被投射至性状域,具有习语的语义及语用特点。

综上所述,我们可以回答"有 X 没 X"出现在状语位和谓语位古今异同的原因:

在现代汉语中"有 X 没 X"多趋向于形式固定、语义凝结的习惯用语,表现为其蕴含的意义不能从单个的"有 X"或"没 X"推测而得的,因此,常作为一个完型结构在状语位修饰限定中心语。而在"有 X 没 X"形成之初,只是"有 X"和"没 X"的偶合,形式松散,语义实在,与习语化的"有 X 没 X"不同,是作为短语形式存在的,所以只能作谓语。从这里我们可以得知,该结构一直处在词汇化的发展进程之中,随着句法功能的变化,其内部结构特征和语用义也在发生变化,直至凝固为习语。

二 词汇化的整合过程

"有 X 没 X"由松散的短语演变为形式凝固的习惯用语,必然经历结构的整合,从该结构词汇化的过程判断,其整合过程主要包括约定俗成规约化、融合词汇化以及习语化和去理据性。

(一) 规约化

约定俗成规约化一般被认为是词汇化的前一步骤。Bauser (1983:305-306)关于词汇化的路径归纳如下:临时组合 > 约定俗成规约化＞词汇化。并指出约定俗成规约化发生在"当一个临时组合开始被其他说话人作为一个已知词项所接受"（Bauser，1983：48）。Ryder（1999）进一步指出，被词汇化形式的意义不是完全可以预知的，它是独立于上下文语境的，可以收入词典中。"有 X 没 X"在词汇化的进程中经历了三个阶段，第一阶段是充当谓语的临时组合短语，第二阶段是被普遍接受的固定结构（可作为小句独立使用），第三阶段是形式语义凝固的习惯用语，或被收入词典。约定俗称规约化是"有 X 没 X"历时词汇化发生的动力，也是中间阶段，而共时的词汇化则需要融合。

（二）词义融合

当"有 X 没 X"被言语社团所接受（即约定俗称规约化后），结构需要融合才有资格发生词汇化。融合的结构伴随语义成分组构性的丧失，如"black market"（黑市）既不指市场也不指黑的东西（Laurel J. Brinton，Elizabeth Closs Traugott，2005：162-163）。"有 X 没 X"同样，如"有的没的"既不指有什么也不指没什么，而是指所有的。已融合的"有 X 没 X"会发生语义和语用方面的变化，涉及习语化和去理据性。

（三）去理据性

融合后的"有 X 没 X"语义组构性消失，有了习语化的特点。Nunberg，Sag 和 Wasow（1994）认为习语化有三个特征：a 语义含混或非组构性，即不能完全推导；b 语法失效，即不允许句法变异；c 缺乏可替代性。习语化的"有 X 没 X"已具备以上特征，如"有一搭没一搭"。习语化的发生与语义的去理据相联系（Wischer，2000），表现为习语化的"有 X 没 X"在形式上透明但语义含混，如"有钱没钱""有脸没脸""有的没的"等，其起初的意义不再从单个成分中推断出来，说明整合性高，已有专门的意义或被词典收录。

第四节 本章小结

今天的词法曾是昨天的句法（Givón，1971）。"有X没X"从最初充当句子主干的述谓成分转向充当句子附加成分的习语，经历了由句法功能向词法功能的转变。由于"X"词性及内部结构关系不同，因此A、B、C、D四类"有X没X"习语化的先后顺序也不尽相同。从历时角度来看，A类和B类中的一些用例在句法功能和语义凝固性上已相当于习惯用语，但到了现当代被高频使用，是因为其在满足条件的句法位置上出现频率有所增加，才使其更加凝固并趋向于习语。已被词典收录的C类"有一搭没一搭"和D类"有的没的"一出现就基本符合习语化条件，所以较早地被收录到辞书中。总的来看，A类和B类"有X没X"相较于C类和D类词汇化程度稍低，这主要与其内部的词汇特征有关，此外还掺杂一些社会因素，如规约化导致的词义融合和去理据性等多方面因素造成的。

"有X没X"有四类形式，各形式的功能有所不同，梳理各类别"有X没X"句法、结构和语义功能，推断出各类别的词汇化判定条件。通过考察"有X没X"的词汇化过程，找到了"有X没X"各类形式历时层面不同句法表现的依据，并得出"有X没X"中有些语例整合成为习语的机制。

第十二章

构式视角下"有 X 没 X"的特征及演变

"有 X 没 X"经过历时的演化发展至今,已成为一种固定的结构形式,用构式语法(Construction Grammar)的定义来判定,"有 X 没 X"属于形式和意义的结合体,也就是"构式"①(construction)。构式语法理论认为,一个"构式"就是一个心理上的"完形",其整体要大于部分之和,构式的语义因此不能完全靠其组成部分的意义推导出来,例如:有钱≠有+钱、有钱没钱≠有钱+没钱;有脸≠有+脸、有脸没脸≠有脸+没脸;没完≠没+完、有完没完≠有完+没完;没准≠没+准、有准没准≠有准+没准。② 用构式理论对该结构进行观察、分析和解释,能够将"有 X 没 X"视为一个整体结构进行研究,可以进一步深化汉语中该结构的形式特点及功能特征。

"有 X 没 X"是现代汉语框式结构的一种较为典型的语法构式。

---

① 本章所涉及的"构式语法"理论即 Goldberg(1995)的经典定义:当且仅当 C 是一个形式—意义的配对 <Fi, Si>,且形式 Fi 的某些方面或意义 Si 的某些方面不能从 C 的构成成分或从其他已有的构式中得到严格意义上的预测,C 便是一个构式。

② 如本书第七章所述,"有,表示所领有的某种事物(常为抽象的)多或大。~学问、~才华、~经验、~胆识等。"此处的"有钱""有脸"也是如此。本书第四章所述,"没,表示虚无的概念,并不表示少或小,与有不对称。"此处"没完""没准"的语义所指并非是虚无的,而是另有他义。

学界的研究大多是探究"有X没Y"的句法及语用表现，而对于变项"X"属同一形式的结构体尚未充分关注。本章试图通过外层的形式描写和深层的语义分析，以及历时的追溯和共时的考察等手段，从构式研究的视角来揭示"有X没X"的形式特点和功能特性。

第一节 构式"有X没X"的考察

"有X没X"属半实体框架下的前置标记结构，拥有特定的格式和功能，是一种"类固定短语"。该结构在现代汉语中多用于口语语体的表述，由于使用频率较高，其中的多数用例已经习语化。例如：

(1) 周雅安也拾起书，用红笔有心没心地在书上乱勾。（琼瑶《窗外》)[①]

(2) "有钱没钱，回家过年。"这是中国人自古以来的一种习俗。(《中国农民调查》)

(3) 我瞪他一眼："呸。有脸没脸，跟粽子似的了老子凭什么再跟你拼个我死你活？"（张小花《史上第一混乱》)

(4) 阿春：你有完没完呀。靠边。我下车。(《北京人在纽约》)

(5) 把钟离国母气得："你们有准没准啊？啊！"（郭德纲《相声集》)

(6) 自己只是在这里作客几天，却忘了自己的立场跟他说一些有的没的。（《罗德岛战记》)

[①] 本章注明出处的例句，均来自北京中国语言学研究中心（CCL）语料库，和大数据与语言教育研究所（BCC）语料库。还有少数未注明出处的例句为作者加工处理或根据有关材料自省。

以上例句都有这样一个结构：常项"有"和"没"共同修饰同一个变项"X"。"有X没X"中的常项"有"《现代汉语词典》（第6版）将其解释为"表示领有、存在、达到某程度时，跟'没'相对"。因此，在其构式框架中"有"一般表示与"没"搭配时所对应的"领有、存在、达到某程度"这三个义项。其中，"有"表领有、存现或达到某程度，"没"是"有"的否定形式，有些情况下"X"为具体名词，语义透明，表示两种情况的对举，如"有书没书""有桌子没桌子""有水没水"等，但在实际运用中，多数情况并非如此。"有X没X"结构除正反两种情况的对举外，还能够浮现出其他语义内容，如："有钱没钱，回家过年。"这里的"有钱没钱"指的是有钱的人和没钱的人；"有心没心地到处乱看。"这里的"有心没心"表示随意的状态；"你到底有脸没脸！"这里的"有脸没脸"是说对方不要脸；"到底还有完没完了！"这里的"有完没完"意思是没完没了。以上言外之意无法从"有心没心""有钱没钱""有脸没脸""有完没完"的表面构成成分中直接推知。甚至在有些"有X没X"结构中，"X"还可以由形容词和结构助词充任，语义更为模糊，如："有准没准""有的没的"。从句法功能来说，"有心没心""有钱没钱"类结构能充当谓语、定语、补语，其中多数能作状语，有的还能作为独立的小句出现，比如冯小刚执导电影"有完没完"。与之相对的"有书没书"类，则不能作定语、状语或作为独立的结构。同样是"有X没X"结构，为什么在语义和句法上有这么大的区别，"有心没心"和"有书没书"相比其特殊性在何处？这种特殊性将是本节讨论的重点。

关于半实体框架下"有……没（无）……"结构的研究早已有之，一般讨论变项不同的"有A没B"或"有X无Y"结构，如王丽芳（2008）、贺军（2012）、巴一斯（2012）、张虹（2013）、顾鸣镝（2016）等。而对于变项属同一形式的研究，至今仅有罗文娟（2011）在考察"有A没B"结构的同时，探讨了A、B相同情况下的句法特征和语用特征；顾鸣镝（2016）在分析"有X无Y"的构式整合层级的同时，在余论中谈到"有 X 无 X"被投射至性状域，不仅表示如"有罪无罪"的双重可能性的确切含义，还引申出了如"有意无意"等"似有似无"的整合意义，但并没有对此进行深入探讨。接下来我们在前人研究的基础之上，对"有 X 没 X"结构的对举用法和语义引申用法①进行区分，并说明构式"有 X 没 X"的原型及构式义，能够发生语义引申的"有 X 没 X"形式及语义表现如何，以及其适用原由。

一 "有 X 没 X"的原型及构式义

构式"有 X 没 X"在现代汉语中是一种很常见的口语表达式，其主要特点是肯定形式"有"和否定形式"没"前后呼应，形成对举结构，指称同一个"X"。对于这一构式的专门研究，学界至今尚未有人涉及，因此要对其进行充分研究，首先需要对"有 X 没 X"的构式原型和构式义进行全面的分析。

（一）"有 X 没 X"的原型

作为现代汉语中能产性很强的结构"有 X 没 X"，其"前结构形式"在古汉语中是"有 X 无 X"。其原因是"无"一直从先秦沿用到宋元，元明时期被大约于唐朝后期兴起的另一个名词否定标记"没"替换（石毓智、李讷，2000）。"没"在唐代以前是一个普通动词，义为沉没，到了唐代它发展成了领有动词的否定式，在13—15世纪"没"才发展出了一个重要用法，可以作为领有动词"有"的否定标记，这是它向普通动词否定标记发展的关键一步（石毓智，2004）。通过考察相关语料发现，"有 X 无 X"最早出现在先秦时期的经典著作中。例如：

(7) <u>有罪无罪</u>，予曷敢有越厥志？（《今文尚书》）

---

① 语义引申用法是指在构式框架中所浮现出言外之意的"有 X 没 X"结构，如上文所举的"有心没心""有钱没钱""有脸没脸"等。

（8）所市之地六步一，命之曰中，岁有市无市，则民不乏矣。（《战国·管子》）

后来由于受到社会外部因素的影响，书面用语口语化，加之否定词"没（有）"取代"无"的用法，从元代开始"有 X 无 X"渐渐让位于"有 X 没 X"，例如：

（9）他也不管那船有载没载，把手相招，乱呼乱喊。（《元代话本》）

（10）每日是他厨下取饭，有菜没菜，都不照管。（《古今奇观》）

因此，"有 X 没 X"的原型为"有 X 无 X"，如今使用的"有意无意""有罪无罪""有心无心"等用法是古代遗留下来的固定搭配。"有 X 没 X"才是被当下所普遍接受的形式。

(二)"有 X 没 X"的构式义

"有 X 没 X"可分为客观叙述和主观评价两种类型，前者是基于言者对于某种事物的描述，后者是言者对于某种事物的评价。对于言者来说，两者之间最主要的区别是客观性和主观性的不同。由于"有 X 没 X"本身不能表达完整的结构意义，具体的语义需要在话语中进行推导，因此对于该结构的构式义提取需要结合语言事实用例进行分析。

具体而言，构式"有 X 没 X"可分为客观叙述义和主观评价义两种语义类型：表客观叙述义的"有 X 没 X"，是指语义透明度高，表层形式可自由替换，且形式离散可进行扩展的语言结构；而表主观评价义的"有 X 没 X"具有规约性，语义透明度低，形式凝固，成分间不可扩展，词汇化或习语化趋势显著。客观叙述义的"有 X 没 X"结构如下例所示：

（11）行者道："你看看可有头没头。"（《西游记》）

（12）我也说不准夜里这片山上有人没人，因为到处是银灰色一片。（《王小波精选集》）

主观评价义的"有 X 没 X"结构如下例所示：

（13）平儿有心没心地说："我不坐，我嫌它阴呢。"（《作家文稿》1994 年）

（14）有钱没钱，剃头过年，我今年是病得连过年都顾不上剃个头了。（《1994 年报刊精选》）

由上例可知，表客观叙述义的"有头没头"和"有人没人"语义较为透明，语义可从字面直接推知，形式离散，中间可插入"或""还是"等连接成分，"X"可自由替换，比如：将"头"换为"手""胳膊"等；将"人"换为"羊""狼"等。表主观评价义的"有心没心"和"有钱没钱"语义相对模糊，整体形式凝固性强，中间不可插入其他成分，"X"不能进行随意替换，而且在现实生活中，由于高频使用多数已经发生词汇化或已成为习语。

"有 X 没 X"的客观叙述义和主观评价义都是基于言者对于某种现象的描述，对于言者来说，两者之间最主要的区别是客观性和主观性的不同。由于"有 X 没 X"本身不能表达完整的结构意义，具体的语义需要在话语中进行推导，因此对于该结构构式义的提取需要结合语言事实的用例进行分析。

1. 客观叙述性的"有 X 没 X"结构是对于客观事实的陈述。例如：

（15）李七侯说："这么大雨，我们借光吧！这里有店没店哪？"（《彭公案》）

（16）秋谷慢慢地道："不管你有工夫没工夫，一定要请你

今天去一趟。"(《九尾龟》)

（17）玉仙说："这个苇塘没有道路，还不定<u>有水没水</u>。"（《小五义》）

例（15）中"有店没店"表达的是言者对现实情况的咨询，为了避雨而寻求住处，体现的是未知情况下的询问。例（16）中的"有工夫没工夫"表达了祈使的语气，可概括为"无论什么情况下都……"，体现言者对于听者已知状况指令。例（17）中的"有水没水"，是对"这个苇塘没有道路"，接下来会怎样的猜测，介于已知和未知之间，是测度性的陈述。

通过考察语料，我们得知在客观叙述结构下的"有 X 没 X"主要表达以上三例中的三种含义，都是基于客观现实的叙述，可抽象概括为三类：①对于未知的询问；②已知状况的指令；③介于已知和未知之间的测度。

2. 主观评价性的"有 X 没 X"结构是对于主观认定的评价。例如：

（18）大家笑，百姗也笑，含情望我，我腻得把脸扭向一边："我说你们<u>有完没完</u>？没完你们在这儿说，我走我的。"（王朔《玩儿的就是心跳》）

（19）而且"卡拉"这高科技的声响能照顾所有的中国的<u>有嗓子没嗓子</u>的歌星，调门上不去的可以降低，嗓子不雅的可以配上共鸣。(《人民日报》1993 年)

（20）林先生和那位收账客人<u>有一句没一句</u>地闲谈着。(茅盾《林家铺子》)

（21）无论<u>有钱没钱</u>，社会主义大家庭的爱心永远流荡在每个公民心间。(《人民日报》2000 年)

以上四例中的"有 X 没 X"表达的是言者的主观评价，"有完没完"是说言者认为"说"的这种行为该结束了;"有嗓子没嗓子"是说言者认为无论中国歌星嗓音如何都可以唱得可以;"有一句没一句"是说言者认为林先生和那位收账客人正在可有可无地闲谈着;"有钱没钱"是说言者认为无论拥有财富的多与少都能享有爱心。上述"有 X 没 X"表达的是字面义之外的构式义,基本表现了言者主观上的负面评价和全量认定。

综上,我们认为"有 X 没 X"的构式义可概括为两类:第一类是常规搭配结构的客观叙述;第二类是非常规搭配结构的主观评价。虽然两类形式都是对于某种情状的表达,但通过上下文语境可以推知,其关键的区别在于是不是完全基于客观现实的描述。这就造成了两类形式不仅在语义表达上泾渭分明,而且在句法分布和功能特征上也有所区别。这种区别性特征将在下文中详细阐释,并试图寻求主观评价"有 X 没 X"结构中"X"的准入条件,论证其形式特点和语义功能。

二 主观评价结构中"X"的语义特征

表主观评价义的"有 X 没 X"结构与表客观叙述义的"有 X 没 X"相比,往往呈现抽象性的语义特征。通过考察相关语料发现,该结构下"X"的语义特征如下:

(一)"X"的语义转指

表主观评价义的"有 X 没 X"中的"X"基本是转指的用法,在语义功能上发生了转移,不再表示"X"的本义,而是以 A 指代 B。例如:

(22)终于想通了,既在台湾发端,何不溯源?于是在写给朱天文的信里附了一笔,<u>有枣没枣</u>打一竿子。(阿城《谈诗经》)

(23)服务员察看她的脸色不好,隔了半小时又打门问她:"小姐,是否要叫晚饭?"英茵发怒了:"你<u>有完没完</u>?再打门,

我不会理你了。"(作家文摘)

(24) 手里拿着把芭蕉扇,在那儿<u>有一搭没一搭</u>地扇哪!(《中国传统相声大全》)

"有枣没枣"中的"枣"是名词,在该构式中是指称的用法,用以指代机会;"有完没完"中的"完"是动词,不是指结束的状态,而是本应结束的主观认定;"有一搭没一搭"中的"一搭"是数量结构,在此处作状语修饰"扇"的动作,这种数量结构明显偏离所要修饰的动词,表达的是施动者不耐烦的心态。

(二)"X"新义的浮现

表主观评价义的"有 X 没 X"中的"X"体现的不再是原型义,而是通过隐喻或转喻的认知方式产生新义。例如:

(25) 确实是,因为美国这个国家食物是非常丰富,所以<u>有钱没钱</u>,大概都吃得过剩,那有钱的人呢,他很注重身材的雕塑……(《现代人健康生活透视》)

例中的"有钱没钱"表达的并非字面意思,因为社会中有行为能力的人不可能一分钱没有,这里的"钱"喻指高于或低于社会平均值,被人们普遍认可的"有钱"或"没钱"。"钱"在此处指主观标准量,属于转喻。

(26) 常言道:穿青衣,抱黑柱。你不是他这屋里人,就不管你。刚才这等掠掣着你,你娘脸上<u>有光没光</u>?(《金瓶梅》)

"有光没光"不是指有没有光亮,而是指有没有光彩,此处的"光"指脸面或面子,是一种隐喻。

在主观评价义的"有 X 没 X"中,"X"的语义大多是通过隐喻和转喻的方式转化而来,语义较为抽象,具有规约性。意义通过构式赋予在相关语境中临时浮现出来。

（三）"X"语义的依附性

表主观评价义"有X没X"中的"X"本身语义并不完整，需完全依赖于"有""没"来表义，在该结构中，"X"的语义是由构式的整体义赋予的。例如：

（27）网上销售有戏没戏？（《人民日报》2000年）
（28）喝教许多庄客，把庄里有的没的细软等物，即便收拾，尽教打迭起了。（《水浒全传》）

例（27）"有戏没戏"中的"戏"是黏着语素，本身是不自由的，需依附于"有"和"没"才能成为独立的词语。《现代汉语词典》（第7版）对于"有戏"和"没戏"的释义为："有/没指望或有/没希望。""戏"在这里被赋予了"指望或希望"的语义。例（28）"有的没的"中的结构助词"的"，必需依附于其他成分才能成词。其中"有的"和"没的"都可作为肯定性指示代词和否定性无定代词独立使用，并用来表示"所有的"意思。

三 "X"语义特征的鉴别

表主观评价义"有X没X"中的"X"具有语义的转指性、新义的浮现性、语义的依附性三类特征。不符合上述三条语义特征的词或短语一般无法进入该构式，以下两例就无法检索到相关的语料，一般情况下也不会说。例如：

"有桌子没桌子*"，"桌子"为本义，新义没有浮现，语义相对独立；

"有衣服没衣服*"，"衣服"为本义，新义没有浮现，语义相对独立。

同样，上文所谈到表客观叙述的"有X没X"结构中的"X"也不符合这三条语义特征。例如：

(29) 上善说："你没看有电没电?!"金莲拉了灯绳，灯是灭的，就说："又没电了！"（贾平凹《秦腔》）

(30) 她很怀念在西村坪的那些日子，吃饭不用交粮票，不管有菜没菜，饭总是可以敞开吃的。（艾米《山楂树之恋》）

"有电没电""有菜没菜"的"电""菜"，都为本义，新义没有浮现，语义独立。

因此，也不符合主观评价的"有 X 没 X"结构中"X"的语义特征。

"X"的转指性、新义的浮现性、语义的依附性三类特征对表主观评价义的"有 X 没 X"来说是必要条件而不是充分条件，因为尚有一些名词性语义成分用这三类特征无法界定。例如"有罪没罪"、"有事没事"等，X 的语义并没有发生转移。这说明我们还需要从 X 为名词时的语义特征入手，探究深层次原因。通过考察语料发现，这些难以界定的成分都是抽象名词，如"有意义没意义""有本事没本事""有理没理"等。这些词都存有描述性的语义成分[1]，能够对事物或人的属性、特征、行为表现等进行描述和说明。施春宏（2001）提到，描述性语义成分可以概括为名词所具有的性质义，这些性质义在程度上包含着量度，表现出量度义。而量度义是构式"有 X 没 X"能够得以凸显的关键所在，也使得主观评价义得到更好的强调和突出。如果以"X"所指代的事物为平均值，那么"有 X"就是在平均值之上，"没 X"就是在平均值之下，"有 X 没 X"指代的是全量的事物。因此，这一类难以界定的"有 X 没 X"结构则是基于全称量化的主观评价构式。

---

[1] 描述性语义成分由施春宏（2001）提出，是指在名词语义内涵中起描写、修饰、陈述等作用的内容，是名词语义结构中表示特性的部分，可以看成广义的述谓内容，显现出描述性语义特征。

第二节　构式"有 X 没 X"的语义属性

在现代汉语中,"有 X 没 X"的表层形式常被理解为某种属性的存在或消失,具有一般构式的特点,即形式和意义的非组合性配对。根据其构式义是否能够从组构成分中推导出来,可以分为语法构式及修辞构式两类(刘大为,2010)。进入此构式框架的变项"X"(如不一致则标记为 X_1、X_2)多为名词性成分①,如"有车没房""有学问没钱",也有少量的动词性和形容词性成分,如"有去没回""有进没出""有大没小""有坏没好"等。"有 X 没 X"也可被理解为言者主观上刻意凸显语义的表达形式,如"有一口没一口""有文化没文化""有好没好"等。

通过考察发现,构式"有 X_1 没 X_2"由于在日常交际中反复呈现,多数形式已经不再表示属性的存在或消失,而表示主观上的强调和凸显,其句法和语义功能发生虚化,常项"有"和"没"成为凸显变项"X"的标记性成分。当变项分别由名词、动词、形容词充当且语素完全相同时,例如:

(31)有那么大笔现钱铺垫,拍片子就只是敷衍了,谁还在乎拍得<u>有水平没水平</u>、观众爱看不爱看呢?(《厦门商报》1999年12月)

(32)小伙子<u>有挣没挣</u>咱不知道,可开销挺大的,常与打扮妖冶的女人来往。(《厦门晚报》1995年11月)

当不同的变项进入该构式中,如:

---

① 本章主要对变项属同一形式的"有 X 没 X"进行研究,此处所涉及的"有 X_1 没 X_2"是作为研究构式"有 X 没 X"的佐证,故将其参与到本章的研究中来。

（33）<u>有弓没箭</u>，也是白搭。（《大宋帝国征服史》cuslaa）
（34）情感世界原是<u>有幸运没公平</u>。（新浪微博）

以上三例中的"有X没X"都是表强调的正反重叠形式，已经由实在而明确的"有""没"演化为表示反复强调和具有标记性特征的构式组成部分。"有X没X"已经具有语义虚化、主观性强的特点，由存在与否的现实标记演化为一种表情达意的修辞手段。

一般情况下，我们会认为造成语法构式"有X没X"修辞化的动因是规则的泛化、功能的扩展或是句法格式的渗透，演化的过程是从语法构式到修辞构式或是再到语法构式（陆俭明，2016；刘大为，2010），变项和常项在该构式中如何发生作用？"有X没X"构式为何大多强调的是"没"后的成分？基于以上问题，本节将立足于现实语料的基础之上，并结合北京大学中国语言学研究中心语料库和北京语言大学语料库，用认知语言学的相关原理对"有X没X"的显现过程进行分析，并解释上述问题。

表示凸显、强调义的"有X没X"构式使用频率较高，且语义凝固、结构定型，是一种主观性强，结构可推导性弱的结构，具有修辞构式的特点（陆俭明，2016）。作为具有反义对举标记的"有X没X"构式，有其自身的形式及语义属性，通过语料库考察发现，"有X没X"结构具有以下语义属性特点。

一 "有"和"没"对焦点"X"的凸显性

在构式"有X没X"的框填式组构中，由常项"有""没"和相同变项"X"或不同变项"X_1""X_2"组成。在此对举框架中，要讨论常项对变项影响，需先对两个常项的句法关系和语义关系进行考察。

（一）"有"的肯定范畴

根据胡建华（2008）和黄正德（1990）的观点，汉语存在三个"有"，即及物表领属的"有"（possessive you）；表存现的"有"

(existential you)和不及物的完成体"有"(perfective you)。由于最后一种"有"与"有 X 没 X"结构没有直接的关系，故本文讨论表领属范畴的"有"和表存现的"有"。温锁林（2012）认为，"有"是自然焦点标记词，在跟数量成分搭配时，由于要突出多而大的特点，因而其领有义得以保留，最终句法及语义功能也会发生虚化。

当语法构式"有 X 没 X"中的"有"表示"领有"义时为实义动词，由于"有"句法意义具体且实在，只是涵盖变项"X"的语义标记，因而没有发生虚化，如"有房没车""有肉没酒"等；而修辞构式"有 X 没 X"，由于其变项"X"往往由相同的语素构成，在语义上表示反复，因此"有"不再表示拥有的意味，而是起到强调和凸显焦点 X 的作用，语义上已不再表示"领有"的含义，而是表"存现"，如"有人没人""有事没事"等。

（二）"没"的否定范畴

在学界，对"没"的否定范畴大致有以下说法："没"是对"有"的否定（沈家煊，2010）；"没"在句法上需依附于主动词"有"而存在（李宝伦，2016）；沈家煊（2015）认为"没（有）"否定的是句子的预设，属句子否定（sentential negation）。从以上学者对"没"的看法基本可以归纳为"没"是对存现的否定，无论在修辞构式"有 X 没 X"中与"没"搭配的变项 X 是名词、动词还是形容词，用"没"否定就是对"有"存现义的否定，如"有车没车""有付出没回报"。正如沈家煊（2010）所言"汉语中的名词和动词倒是都能用同一个否定词'没'来否定，对中国人来说'有没有这样东西'和'有没有这件事情'的区分并不重要"，我们可以说"没车"，也可以说"没去"。

（三）肯定范畴"有"与否定范畴"没"共现时的凸显性

从上述分析可以看出，"有"和"没"在"有 X 没 X"构式中既是相反相对的，又是共生共现的。当该结构表语法构式时，两常项的语义更倾向于相反相对，如"有酒没肴""有进没出"；当表修辞构式时，两常项的语义更倾向于共生共现，如"有品没品"

"有完没完"。但无论"有 X 没 X"结构是表语法构式还是修辞构式,都对变项 X 起突出和强调作用,这与"有""没"本身的语义属性有直接的关系。"有"最基本的功能是作自然焦点标记词,"有"的出现是为凸显其后成分的特点,表达说话者对其后信息强烈的关注与移情(温锁林,2012)。而"没"与"有"是相互依存的关系,在此构式中表示相反相对的语义时,"没"与"有"必定会形成平行的构式标记,"有"会把其具有凸显性的语义属性复制到"没"上,进而使变项"X"都得以凸显,形成具有凸显性的关系构式。

二 肯定标记"有"和否定标记"没"的不对称

(一)有标与无标的不对称

沈家煊(2015)指出,在自然语言中肯定和否定不是完全对称的,否定一个肯定句不一定得到一个否定的意思,就肯定/否定这一范畴而言,肯定是无标记项,否定是有标记项。"有 X 没 X"结构由一个无标记的肯定项和一个有标记的否定项构成,并且是不对称的,如:

(35)<u>有事没事</u>,回家过年。
(36)<u>有钱没钱</u>,我都嫁给你。

从上例可知,既然否定一个肯定句不一定得到一个否定的意思,那么同理肯定一个否定句也不一定得到一个肯定的意思。

(二)语义倾向及所指的不对称

自然语言在使用否定句时一般要先设一个相应的肯定命题(沈家煊,2015)。在"有 X_1 没 X_2"构式中,由于肯定形式"有 X_1"往往受到"没 X_2"的限制,肯定和否定的语义倾向性也是不对称的,如:

(37) <u>有知识没技能</u>，不实习就是废物。（新浪微博，2015-05-03）

(38) <u>有责任感没爱心</u>的男人，简直比食人鱼还可怕。（搜狐公众平台，2016-12-01）

(39) <u>有努力没魅力</u>=零；<u>有智商没情商</u>=零；<u>有想法没办法</u>=零（新浪微博，2013-03-16）

以上三例可看出"有 X_1 没 X_2"在具体语境中作为话题成分时，其说明部分的语义所指为"X_2"，类似于此类结构可参见沈开木（1985）；饶长溶（1988）所举的例子，他们认为系连式中的前项可看作后项的状语。沈家煊（2015）认为肯定句的肯定范围小于否定句的否定范围，从逻辑上无法做出解释，只能从否定相对于肯定的有标记性来解释。

（三）时间的不对称

考察语料发现，唐代以前，"没"是一个普通动词，义为"沉没"，唐以后直至13世纪到15世纪之间发展成为领有动词的否定标记，至15世纪后才开始否定普通的谓语动词，并且"没"逐渐成为了完成体"了"的专职否定形式（石毓智，2004）。其演变的过程可分为三个时段，分别举例如下：

(40) 婴闻事明君者，竭心力以<u>没</u>其身，行不逮则退，不以诬持禄。（《晏子春秋》第四篇）

(41) 如何<u>没有</u>鲜鱼？（《水浒全传》第二十四回）

而"有"表示存在或领有义则可追溯到战国时期，如：

(42) 天下万物生于<u>有</u>，有生于无。（《道德经》第四十章）

(43) 割地朝者三十<u>有</u>六国。（《韩非子·五蠹》）

以古论今，我们发现现代汉语肯定标记"有"和否定标记"没"，由于出现的时期不一致，从历时的角度来看是不对称的。当"有"和"没"共现时仅有两种形式，第一种是"没有"，第二种是"有没有"，一个表示否定，一个表示疑问。但在"有 X₁ 没 X₂"较为松散的构式中，由于结构不紧密，语义不凝固，共现时就会出现表意的不对称的现象，如"有时间没钱""有钱没时间"，正是由于这种不对称现象的广泛使用，使得"有"渐渐获得了"没"的完成体标记。"有时间"和"有钱"表示完成体的肯定式，"没钱"和"没时间"表示完成体的否定式。

三 构式"有 X 没 X"的属性特点

（一）可推导性与不可推导性

"有 X 没 X"进入具体的语言环境中，按照其是否具有可推导性可以划分为语法构式和修辞构式两种类别（刘大为，2010），其中"X"一般为名词和动词，也有少量的形容词。

当"有 X 没 X"为语法构式时，变项往往不是同一个词，可记为"有 X₁ 没 X₂"，其中 X₁ 和 X₂ 有较强的对应性，大都表示相反或相承。

（44）卡洛斯，丹玛斯，巨石这三个<u>有肌肉没大脑</u>的家伙。（武夜《都市之军火专家》）

（45）上面<u>有说法没办法</u>，那就试一下，试出个办法来！（周梅森《我主沉浮》）

当"有 X 没 X"为修辞构式时，"X"往往是同一个词，此时"有"和"没"不再表示肯定存现和否定存现标记，只起到修辞的效果。可以分为两类：一是表示全称量化的语义属性，如例（14）、例（15）；二是仅凸显"没"后的成分，如例（16）、例（17）。

（46）我不管他有没有钱，也不管他<u>有权没权</u>，我就喜欢

他。(Robin 谢《官路迢迢》)

（47）大麦说：不是问你有没有治过，问你<u>有治没治</u>。（韩寒《光荣日》）

语法构式"有 X_1 没 X_2"一般情况下可以单独使用，语义是自足的，如"有爱情没面包""有色心没色胆"；修辞构式"有 X 没 X"需要放入句法环境中才能成立，语义是不自足的，如不能单说"有胆没胆""有心没心"。

（二）逻辑关系类别属性

"有 X 没 X"结构由"有 X"加"没 X"构成，之所以能够整合到一起成为结构定型且语义完整的构式，是由于其间有一定的逻辑关系在起作用。按照"有 X"和"没 X"间的逻辑关系可分为以下三种类型。

A 类：为因果承接关系，表示前项是后项的原因，后项是由前项造成的结果。可用"而""则""便""于是""至于"等，表因果承接的关系连词衔接。例如：

（48）对有可能发生灾情的地区也要预作准备，做到<u>有备无患</u>。(《人民日报》1994 年)

（49）要树立<u>有教无类</u>、因材施教的教育观，完善教育手段，改进教学方法（《人民日报》2000 年）

B 类：为转折关系，表示认知上的转换和变化，一般强调变化后的状态。可用"却""但是""然而""不过"等，表转折关系的连词衔接。例如：

（50）我<u>有车没房</u>天天玩没上进心。(微博)

（51）按理说闵老寨主是年迈之人，决不能叫老寨主去打这样<u>有去无还</u>的官司。(《三侠剑》)

C类：为选择关系，表示前后两项需要从中选择一项，"非此即彼"的关系。可用"或""或者""还是"等，表选择关系的连词衔接。例如：

（52）"他有钱没钱——这事儿跟我有什么关系啊？"陆涛提高嗓音问。（石康《奋斗》）

（53）对四爷说"老四，咱们有饭没饭可就都在你这一猜啦。"（《中国传统相声大全》）

（三）语义色彩类别属性

同时，根据语法构式和修辞构式两种类别的划分，在具体的语言环境中，还可以在两种类别基础之上按照语义色彩对"有 X 没 X"和"有 X_1 没 X_2"继续进行区分，根据语料库的数据统计发现，修辞构式"有 X 没 X"可分为积极色彩义、消极色彩义和中性色彩义三类：

（54）可该做的工作还得做，有枣没枣打一竿吧！（周梅森《我本英雄》）

（55）……胡说八道，穷开心，有枣没枣三竿子，人堆里抢板子——拍着谁是谁。（王朔《一点正经没有》）

（56）赵雅兰道："有枣没枣的打一竿子试试再说。"（老猎人《新狩猎红尘》）

但是，语法构式"有 X_1 没 X_2"排除话语中的一些临时变体因素后，一般表示消极的色彩义，如：

（57）看来又是一个有才无材——有才华没身材——的女人（丁千柔《怕你爱上我》）

构式"有 X 没 X"从表层形式来看是现代汉语中常见的一种语法构式，表示事物的存在或消失，但在共时平面上，该构式同时存在多种同构异义的现象，构式的逻辑关系和语义色彩也有所不同。既有语法构式也有修辞构式，

第三节 修辞构式"有 X 没 X"的显现

在现代汉语中，构式"有 X 没 X"是指变项"X"属同一形式的结构表达式，如"有戏没戏""有枣没枣""有钱没钱"等，该结构由于广泛且高频使用，现已具备习语的特征，例如：

（58）网上销售<u>有戏没戏</u>？（《人民日报》2000 年）
（59）祖师爷的遗训：<u>有枣没枣</u>打三竿子。（郭德纲相声集）
（60）"<u>有钱没钱</u>，回家过年。"这是中国人自古以来的一种习俗。（《中国农民调查》）

上述各例与一般的"有 X 没 X"，如"<u>有酒没酒</u>都要吃饭！""山里<u>有虎没虎</u>？"中的"X"语义所指和语义紧密度有所不同，如例（58）中"戏"、例（59）中"枣"、例（60）中"钱"并非是字面用意，而是另有所指。除此之外，"有 X"与"没 X"间不可分割，否则不能够表达"有 X 没 X"的本义。以上三例中的"有 X 没 X"，显然在语义表达及理解上与一般的语法结构有明显的差异，从共时层面来看，这是由特定修辞动因对一般语法构式加以塑造的结果。我们认为，当今习语性的"有 X 没 X"是一种修辞构式。

根据构式语法理论，我们把语言中相对固定的形式与意义的组配称为构式（Goldberg，1995）。此外，刘大为（2010）将构式分为语法构式和修辞构式两类：语法构式是指任何一种可从构成成分推导其构式义的构式，以及虽有不可推导的构式义，但已经完全语法

化了的构式；修辞构式指的是所有带有不可推导性的构式，只要这种不可推导性还没有完全在构式中语法化。

问题是，修辞构式"有 X 没 X"是如何形成的呢？我们从历时角度考察"有 X 没 X"框式结构，从"有 X 没 X"所在语境中推导"X"的语义所指和结构语义紧密度，发现在历时的语言发展过程中，呈现出语法构式和修辞构式两种状态，并且其演化过程经历多次语法和修辞界面的互动。下面我们将从历时层面来讨论构式"有 X 没 X"的语法化及修辞化过程。

一 构式"有 X 没 X"的语法化

吴福祥（2014）提出，历时概念空间的构建离不开语法化研究的成果，通过语法化历时维度的研究，能够动态地解读语义演变特别是语法化的路径和方向，而且能提供对概念空间共时构型的解释。本文所讨论的构式"有 X 没 X"可理解为一种概念空间，要对流传已久的"有 X 没 X"构式进行研究，需从历时的角度考察。

（一）"有 X 没 X"的来源考

通过对北京大学中国语言学研究中心语料库（CCL）的考察，发现该结构的原型在唐代以前是"有 X 无 X"。主要原因是唐以前"没"是一个普通动词，义为"沉没"，到了唐代它发展成了领有动词的否定式，随之代替"无"的用法（石毓智，2004）。据此，可将"有 X 没 X"结构的"没"置换为"无"，因此对于北宋之前的"有 X 没 X"结构的考察将由"有 X 无 X"取代。构式"有 X 无 X"的出现最早可追溯至周朝的《今文尚书》，由于在先秦时期受到四言诗紧缩复句的影响，出现频率很低，只是描述一种有无并置的现象，因而"有 X"和"无 X"属于临时性组合，与当今高频使用的"有 X 没 X"有很大的差异。

（二）"有 X 没/无 X"的语法化过程

"有 X 没/无 X"结构初见于周朝，在先秦时期此结构多出现于陈述客观事实的论辩语境当中，表情状的相反相对，其中"X"多为表示事件的名词，或是表示实体的名词。大量的先秦汉语语言事实表明，"有""无"是动词，其后搭配的成分是宾语（张文国、张文强，1996）。"有 N 无 N"结构仅表存在或消失的语义属性，句法上属于常规性的动宾结构，且使用频率较高，已初具语法构式的特点。由于此时宾语"X"的语义较为具体，并已经名物化了，成为可指称的对象，为"有 X 无 X"结构进一步语法化奠定了基础。例如：

（61）<u>有罪无罪</u>，予曷改有越厥志？（《今文尚书》）
（62）今秦出号令而行赏罚，<u>有功无功</u>相事也。（《韩非子》）
（63）下无知上<u>有人无人</u>。（《墨子》）
（64）岁<u>有市无市</u>，则民不乏矣。（《管子》）

西汉至东汉时期，表存现相对义的"有 X 无 X"结构已不多见，取而代之的是表主观评价义的"有 X 无 X"式结构。这个时期的"有 X 无 X"多为表强调凸显的属性义。从具体的言语语境分析中发现，下三例相较于上四例更倾向于主观评价，虽然形式上相同但是表义上存在差异，结构中所表达的并非客观现实的"有无"而是主观认定的"有无"，意义更为抽象，属于语法化发展进程中的一个阶段性表现。例如：

（65）或问：道<u>有因无因</u>乎？曰：可则因，否则革。（扬雄《法言》）
（66）出世间法，在世间法，<u>有为无为</u>，莫不毕究。（《太平经》）
（67）太上有知之人所以然者，天君知<u>有知无知</u>，其自知之。（《太平经》）

从六朝至隋代时期，语料库涉及的实例几乎都表主观评价义，并且变项不仅限于名词,而且出现了动词性用法,可记为"有 V 无 V"结构。其中,动词性成分所表达的事件结构为"施事"行为的发生或没有发生,逐渐由表示事件的"有无"转向动作发生的"有无"。而这种变化映射到语言形式上就是"有""无"词性的"降级",即由动词性成分渐渐演化为表示状态特征的副词性成分,在小句中作状语。这一变化在汉语标记性构式中具有普适性,语义的改变必然导致标记词词性的改变。例如:

(68)犹如世人不知布施<u>有报无报</u>,而行少施,得生天上,受无量乐。(《百喻经》)

(69)水陆蠢动,山薮飞,湿生化生,<u>有想无想</u>,皆藉今日慈悲,咸造浣濯。(《全梁文》)

(70)夫佛,远近存亡,<u>有戒无戒</u>,等以慈焉。(《全刘宋文》)

唐朝至宋代,由于受外来文化以及社会动荡的影响,"有 X 没 X"增加了"似有似无"的意味。值得关注的是,在这个时期"有""无"的词义已经开始虚化,究其原因,多半是由于佛经翻译的需要,使得已有的语法构式修辞化,进而使得语法意义和词汇意义都发生了改变。例如:

(71)道夫言:向者先生教思量天地<u>有心无心</u>。(《朱子语录》)

(72)……人所慕之桀纣之主人皆恶之盖为<u>有道无道</u>也。(《册府元龟》)

(73)将山河大地,尽作黄金,该<u>有情无情</u>,总令成佛去。(《古尊宿语录》)

元明清直至民国时期,书面用语口语化的倾向日渐显著,"有 X 无 X"基本由"有 X 没 X"所取代,除特殊表达需求外,常项"有""没"随着搭配的词类范围进一步扩大,已不限于与事件类型有关的形式,其他新的形式相继出现,如"有 VP 没 VP"甚至是"有 AP 没 AP""有+数量结构,没+数量结构""有+不成词语素,没+不成词语素",其中变项为形容词形式的最初出现于明代小说。"有 X 无 X"格式发展到此时,已有不同的语法形式能进入到该构式中,一是说明"有""无"表领有和存现的语义已经进一步虚化为表〔+不定指〕的语义成分,"格式标记"的语法性质越来越强;二是说明该标记性构式框架的能产性越来越强,整合度也越来越高,并且具备某种特定的格式语义。例如:

(74)贼们怎知你有钱没钱。(《老乞大谚解》)

(75)他也不管那船有载没载,把手相招,乱呼乱喊。(《元代话本选集》)

(76)有一顿,没一顿,却不伏气去告求春儿。(冯梦龙《警世通言》)

"有 X 没 X"构式发展到当代,除保留之前的用法以外,又衍生出一类新的构式义,不同于以往通过"有""没"的肯定与否定的语义关系表全称量化,如例(43)、例(44),而是出现在特定的惯常性语境中否定最小量来肯定最大量,可归纳为"有没有 X 都……"。例如:

(77)于是在写给朱天文的信里附了一笔,有枣没枣打一竿子。(《读书》)

(78)这个物价呀,就要了咱们穷人的命!可是你有钱没钱也应该回家呀。(《老舍戏剧》)

(79)你不拿自己当外人,人家拿你当外人好吗?有脸没脸啊?(微博)

从语法化历时演变的过程来考虑,"有 X 没/无 X"构式经历了语法化和修辞化两种演变方式，其语法演变的内部机制是重新分析（reanalysis）和扩展（extension），外部机制是由于语言接触导致的"借用"（borrowing）和"复制"（replication）（吴福祥，2013）。从上文语法化的进程来看，不同类别的语法构式和修辞构式总是处在不同的历史时期，相同类别语法构式存在的时间跨度要远大于修辞构式的时间跨度。

（三）语法化等级

共时的平面上显现出的语法构式及修辞构式"有 X 没 X"，反映了当下该结构的形式和意义之间的不对称性。正如赵元任提出的"扭曲关系"，指那些有时候是规则的对称的，有时候是不规则不对称的结构。现阶段"有 X 没 X"的不对称性，可以在语法化历时演变的过程中找到线索。Greenberg，Ferguson，Moravcsik 和 Croft 曾指出，历时共性和共时共性是一种观察到的总体趋势而绝非理论上的完全绝对化（Greenberg、Joseph, H., 1978）。并且，"有 X 没 X"在历时的发展过程中其语义也发生了虚化，具体表现为："有 X 没/无 X"中的常项"有""没/无"由于变项"X"历史发展阶段的不同而随之由实变虚，即动词→副词→准词缀，也就是由"实义词"演变为"功能词"。一般来说，功能词可以在实义词中找到来源，当实义词呈现出功能词的语法特征时，就可以说它发生"语法化"了，并且发生语法化一般不是单一的实义词，而是包括这个词在内的整个结构（Hopper, Paul & Elizabeth Closs Traugott, 1993）。因此，我们按照"有""没/无"的不同按时期分为三类："A 类"指从周朝至东汉时期的例（4）—例（10）；"B 类"指从六朝至隋代的例（11）—例（13）；"C 类"指从唐代至当代的例（14）—例（22）。

因此，根据历时发展的过程和语义虚化程度，可将"有 X 没/无 X"结构归纳为一个典型的语法化等级序列路径：A 类 > B 类 > C 类。此路径符合典型的语法化"斜坡"的基本概念，即右端的每一项比左端相邻的那一项语法性更明确，词汇性更弱，这也表明"有 X 没/无 X"结构的演变是按语法斜坡的单向性移动的（Halliday,

M. A. K.，1961）。

二 "有 X 没 X"语法构式与修辞构式的互动

施春宏（2016）提出，互动（interaction）意味着各个相关成分、结构的相互促发、相互制约，是多因素合力作用于特定结构和系统的运动状态和方式。刘大为（2010）提出修辞构式的概念，即"所有带有不可推导性的构式，只要这种不可推导性还没有完全在构式中语法化"，且更进一步指出："语法的变化往往起源于修辞，而修辞的归宿也有可能是语法。"陆俭明（2016）提出由语法构式变异而生的修辞构式会面临两种发展的"命运"，一种是昙花一现，起到临时修辞的作用；另一种是在广泛运用的基础上逐渐固化演变为新的语法构式。从以上学者所提的理论可以看出，语法构式与修辞构式间存在紧密的互动关系，两者互为因果，并沿着语法化和语言演变的方向，交互式地推进发展。

（一）结构语法化与功能语法化的互动

洪波、董正存（2004）指出：结构语法化和功能语法化是语法化的两个方面，或者说是两种不同的语法化。尽管在很多情况下这两种语法化总是交织在一起，彼此互为因果或条件，但有时它们也会各自独立。一般情况下构式的形成具有语言内部和外部相互作用的发展因素（陈伟、张艳楠，2019），"有 X 没 X"也不例外。

结构对功能的促动："有 X 无 X"在先秦时期，从形式上来说该结构的"有 X"和"无 X"是两个独立动宾形式的组合，虽然有一定的逻辑关系，但是相对独立。而后，随着"有""无"词义的引申和虚化，在句法地位上发生了相应的变化，由小句中的谓语演变成为状语，并由状语进一步演变为附着性成分，这就为其由"事件的叙述"到"主观化的表达"提供了形式基础，然后经过一系列的重新分析和类推，最终产生了表达"主观色彩义"的语义功能。

功能对结构的促动：从先秦到东汉时期"有 X 没/无 X"发展出了表"强调凸显"的语义功能，从六朝至宋代随着结构形式的进一步演变，这一种语义功能在固化的基础上得到了进一步的扩展，为了表意的需求，进入该格式的限制条件也进一步变得更为宽松，许多与"有""无"没有关联的动词性成分进入到该格式，如例（44）—例（47）"有报无报""有想无想""有戒无戒"，由于在逻辑上是转折关系，"有 X""无 X"对整个结构的依赖程度也进一步加强，证明此结构属性得到强化，为其后纯修辞化的"有 X 没 X"结构奠定基础。

需要注意的是，结构语法化和功能语法化的互相触动并不是一开始就出现，而是在结构语法化到一定程度之后才开始显现的（王峰、古川裕，2016）。"有 X 没/无 X"结构在语法化的进程中总是伴随着从结构语法化到功能语法化，然后再到结构语法化，依次类推实现的。

（二）语法构式与修辞构式的互动

修辞学与语法学关系紧密且互为依托，在历代学者的竭诚努力下，积累了丰厚的学术成果，如今，"跨学科发展"与"互动研究"已成为学界的共识（姚远、陈伟，2018）。

关于从语法构式到修辞构式的提法，陆俭明先生（2016）提出了六类从"语法构式"到"修辞构式"不同的演化情况[①]，其中与"有 X 没/无 X"结构演化有关的三条为"功能扩展并逐渐泛化""改变搭配规矩，并逐渐泛化""隐喻并仿造，然后泛化"，在"有 X 没/无 X"结构的语法化进程中，A 类＞B 类＞C 类，由历时演化的实例可知，此结构的演变一直伴随着上述三种演化情况，可说明此结构的演变过程是由"语法构式"到"修辞构式"。

从修辞构式到语法构式。如上文所述，陆俭明提到从"修辞构

[①] 从"语法构式"到"修辞构式"六类演化情况为：1. 故意多次重复某些词语，以起强调作用，随之模仿并逐渐泛化；2. 为了表达的经济，故意省略，并逐步泛化；3. 功能扩展并逐渐泛化；4. 外语或方言句法格式的渗透；5. 改变词序；6. 改变搭配规矩，并逐渐泛化。

式"到"语法构式"的两种命运,本书仅谈固化为新的语法构式的一类。"有 X 没/无 X"的语法化过程是一个总体的趋势,其间还夹杂着语法化与修辞化的相互转化,相互吸收,"有 X 没 X"结构至今还在修辞化的进程之中。从"有 X 没/无 X"语法化过程中不断有新结构新功能的出现,我们可以看到每一阶段几乎都是先有修辞构式的出现,然后受"内部机制"和"外部机制"的影响,于是新的语法构式应运而生,并稳固一段时期。

根据刘大为(2010)关于语法构式与修辞构式的提法,可推出语法构式与修辞构式是一相对的概念,不可推导性且临时的修辞构式可演变为具有可推导性且相对稳定的语法构式。语法构式又会由于受内部或外部动因的影响,从而进一步引申,成为修辞构式,修辞构式又会进一步发展为语法构式,也就是说,演变是绝对的,而语法构式的稳定是相对的。

用哲学上的对立统一规律来说明即是:某一阶段的语法构式与接下来新兴的修辞构式是对立的,那么在对立和冲突中必将走向统一,形成新的语法构式就意味着修辞构式获得胜利,保留原有的语法构式就意味着修辞构式的昙花一现。在考察历时语料时,新形式新功能的不断出现就说明"有 X 没/无 X"结构经历了不同阶段的语法化演变,而每个阶段的语法化演变必有其诱因,那就是修辞化,其标志就是新的修辞构式的出现,因此可将其看作是语法化演变的一个个节点,也可以此来作为划分语法化演变过程的一个又一个里程碑。如图 12-1 所示。

共时平面的 A 类、B 类、C 类"有 X 没/无 X"构式,可以在历时平面上找到演化的踪迹,其演化的过程往往就是在语法化和修辞化交互运作的作用下进行的。

三 现构式"有 X 没 X"的成因

Paul Hopper 和 Elizabeth Closs Traugott(1993)提出,人类语言存在一些共性,一是较早的形式可能会和较晚的形式共存;二是较

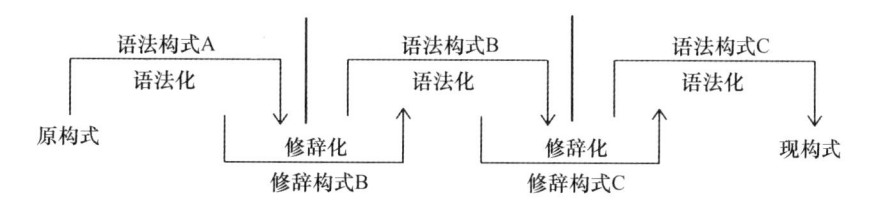

```
语法构式A              语法构式B              语法构式C
   语法化                  语法化                  语法化
原构式      ↓   ↑      ↓   ↑              现构式
         修辞化         修辞化
       修辞构式B       修辞构式C
```

图 12-1　语法构式及修辞构式"有 X 没/无 X"的互动过程

早的意义可能会制约较晚的意义和/或结构特点。并强调语言的发展是一个持续进行的过程，揭示出这种演变过程在语言的任何一个确定的阶段都只是尚未完成的。"有 X 没 X"构式现存 A 类、B 类和 C 类三种形式，并且每类形式都包含语法构式和修辞构式两种状态，直至今日，最新的修辞构式以"有 X 没 X"否定最小量来肯定最大量的形式出现，如"有钱没钱，都该回家过年"。其中的"有"是汉语中仅次于"是"的第二高频动词，有多种引申甚至虚化的用法，那么，"没"与"有"在句法上是平行的关系，与"有"同步虚化（刘丹青，2011）。在构式中，"有"和"没"已经虚化为表半实体习语构式的标记性成分，具有高能产型和高频率使用的语用特征。Hopper 和 Fillmore 的浮现语法观强调用法先于语法，这是其能产性的外在表现，也是修辞构式形成的主要动因。可对于"有 X 没 X"一类的有标记性的构式框架来说，其语法构式长期稳定下来的根本还在于其语法层面、修辞层面和语义层面的相互影响才得以实现。

（一）现构式"有 X 没 X"同构异义的原因

A 类、B 类、C 类形式为什么能够同时出现在现阶段共时平面的语用环境中？类似于此类有标记性的构式不胜枚举，如"左 X 右 X""X 来 X 去""各种 X""被 X"等。主要原因是由于形式和意义的演变的不同步造成的，形式和意义不同步的原因来源于其语法构式与修辞构式演变的交互性，不同历史时期都有形式和功能的残留，并在留有旧构式的基础上，由于修辞化的影响进而语法意义和词汇意义随之改变。

如上文所述，构式"有 X 没 X"存在多种不对称的因素，正如 Hopper（1991）所言，形式演变和意义的演变之间的不对称，具体说有两条规律，一是"形变滞后"，二是"意义滞留"。这两条演变规律正是造成这种不对称的原因。

由于形式比它的概念内容存活得长久，就构式"有 X 没/无 X"本身来说，表层形式似乎没有发生变化，但深层的语义关系和语法意义发生了三次大的演变（Sapir, Edward, 1921）。例如主要动词"有"和"没"虽然在意义上虚化为附着成分，但"有"和"没"一般仍旧重读。

"意义滞留"是历史发展每个时期的必然需求，由于构式语义形式凝固的特点，为表达某特定含义，需要保留"有 X 没/无 X"原始的语义功能。同构异义的现有形态是语言丰富多彩的主要因素，也是语言经济性原则的本质需求。

（二）现修辞构式"有 X 没 X"语义凸显的成因

从上文"语义倾向及所指的不对称"一节可知，现阶段的"有 X 没 X"修辞构式语义凸显的是"没"后的成分。正如沈家煊先生（1999）所指出的，认知上的否定项比肯定项更能引人注意，就像是我们很少注意到任务容易的一面，而对困难的一面特别敏感。"有 X 没 X"结构在言语交际环境中，恰恰是印证了这一点，人们在实际生活中更倾向于关注"没 X"，即尚未得到的，而对"有 X"往往熟视无睹，正所谓"吃着碗里的，看着锅里的。"修辞构式"有 X 没 X"往往凸显的是没"X"，主要是由于认知上的不对称造成的。

（三）现存修辞构式"有 X 没 X"的成因

由上文分析可知，A 类构式属典型的原语法构式，广泛运用于先秦时期，由于受当时四字格表达方式影响，其语义自足性比较强，语篇依附性相对较弱，在句中"有 X 无 X"可以不需要依附其他成分就能表达完整的意义。而 B 类和 C 类属于修辞化了的语法构式或修辞构式，B 类构式语义虽较为完整，但独立使用性比较弱，需依附语篇才能存活。到了 C 类构式，由于经历了两次修辞化和语法化演变，在句中已无法自足，只是充当一些句法成分，可做状语、补语、定语。

Hopper（1993）对语法化形态的演变有这样的认识：附着形式的功能特征与它们作为已经部分语法化了的单位这一地位是相一致的，与它们的完全形式相比，附着形式更加依赖语境，而且具有明显的语法性。在"有 X 没/无 X"演变的过程中，常项"有""无"虚化的同时，其附着性也越来越强。吴福祥（2005）提到，单个词项从来不会孤立地发生被称为"语法化"，词项的语法化离不开特定的组合环境。从构式内部来看，常项的演变需依赖整个构式；从构式外部来看，整个构式的演变需依赖其所在的句法环境。由内到外可以说是，变项的变化促动常项的改变，进而使整个构式发生变化；由外到内可以说是，由于语用动因的影响，促使句法环境发生变化，相关构式也要发生改变，进而促使构式内部的变项和常项发生变化。可知，"有 X 没/无 X"结构是由于受到内因和外因的相互影响才演化成为现存修辞构式"有 X 没 X"。

第四节　本章小结

由于"有 X 没 X"结构的意义具有不可推测性，"有 X 没 X"属典型的构式。用构式语法理论来考察，能够对其结构义及其用法和原由、X 的约束条件、构件义和构式义的关系进行系统的研究。构式"有 X 没 X"是由肯定意义的"有"和否定意义的"没"在其认知语义的相互作用下组构而成。在该构式框架中，"有"和"没"语义互动，对"X"施加影响，导致该构式表义的多样性。构式"有 X 没 X"，按照是否具有推导性分为语法构式和修辞构式两种属性，在此基础上又按照逻辑关系分为三类，并表达了丰富的语义色彩。

"有 X 没 X"如今是高频率使用的半实体构式，该形式既有结构松散的客观叙述型结构，也有结构紧密不可分割的主观评价型结构。鉴别"有 X 没 X"常规和非常规的用法，指出客观叙述性和主观评价性是区别"有 X 没 X"两类用法的主要原因。利用句法功能的差异，描绘出现代汉语中"有 X 没 X"所有的类型特点，即"有 NP 没 NP""有 VP 没 VP""有一 Q 没一 Q"和"有的没的"四类情况的共性及个性。与此同时，诠释了转指性和描述性语义特征的不同是"有 X 没 X"客观叙述性和主观评价性用法区别的关键。本章就"有 X 没 X"主观评价型用法进行分析，得出其与客观叙述型结构不同的形式和语义特征，并且通过分析该结构所在的句法位置，可判定处在定语、状语、宾语和补语位置上的"有 X 没 X"词汇化程度较高，也最有可能发生习语化。形式上的表现还需有深层语义的支撑，文中分析了主观评价型"有 X 没 X"结构下"X"的不同之处，正是这种不同于寻常的表义特点，造就了习语化了的半实体框架构式。

构式"有 X 没 X"从表层形式来看是现代汉语中常见的一种语法构式，表示事物的存在或消失，但在共时平面上，该构式同时存在多种同构异义的现象，既有语法构式也有修辞构式，而且构式的逻辑关系和语义色彩也有所不同。通过对该构式的历史语料调查与分析，发现现代汉语中共存的 A、B、C 三类构式能够从古汉语的"有 X 没/无 X"构式演变的过程中找到踪迹，并且现代汉语中的"有 X 没 X"从 A 类到 C 类存在一个由低到高的语法化等级序列。同时，通过分析我们发现变项"X"由实义词演变为泛义词，常项"有"和"没"随着语法化等级的进一步提高，已经由实义动词发展为副词而后演变为类词缀的附着性成分，如 A 类"有人无人" > B 类"有报无报" > C 类"有脸没脸"。

"有 X 没 X"语法化与修辞化是在互动中进行的，由最初的原构式发展至现构式经历了螺旋式的前进过程，可以说语法化与修辞化是该构式发展变化的根本动因，同时还受到构式内部和外部多种因素的相互影响。

如今具有习语特性的"有 X 没 X"结构是典型的修辞构式。通过探究该构式的修辞动因，发现"有 X 没 X"在共时平面的同构异义的现象，可以在历时演变过程中找到线索。修辞构式"有 X 没 X"的发展始终贯穿着语法化和修辞化两条路径，修辞化的绝对促动性和语法化的相对稳固性，使二者在互动的过程中，形式及语义功能不断发生变化，直至生成现有修辞构式"有 X 没 X"。可以说"有 X 没 X"结构经历了由语法构式到修辞构式循环变更并且不断发展的过程。

第十三章

总　　论

　　不对称是世界上普遍存在的现象，在语言系统中也是如此。汉语肯定形式"有"与否定形式"没"与其他成分的组构及自身的共现现象，为我们提供了不对称研究的可观测点，能够使我们以此为契机去寻求不对称现象背后的内在规律。语言中的规律是客观世界的各种规则在语言中的投影，语言中的规律也是和谐、统一的，它也像上帝所创造的自然界一样完美，也可以用简单明了的规则来描写复杂的语言现象（石毓智，1999：370）。肯定形式"有"与否定形式"没"表面看起来一肯一否简单明了，但是当它们与其他成分进行组构或自身共现时，其不对称性表现得多种多样、纷繁复杂，令人难以捉摸。将该不对称现象铺陈开来进行深究，挖掘不对称现象的深层次因素，就会发现两类不对称现象都遵循着各自不同的规律。

　　"有/没"组构与共现现象虽然在语言学界已有一些研究成果，但从不对称角度对其进行研究的并不多见，从该角度对经典的语言现象进行研究能够发现许多尚未被重视或解决的问题。本书将国内外语言学界的多种理论运用到该研究中，重新审视肯定与否定的不对称现象，有针对性地进行调查与分析。对"有/没"不对称的句法、语义及语用表现进行探究，力求从更新的角度、更深的层次进行论证，找出不对称表面现象背后所隐藏的理据。通过深入挖掘

"有/没"与名词性成分组构的不对称性、"有"与"没"共现时内部功能的不对称性，发现了名词肯定与否定的扭曲关系、语义偏移的原因、共现的演化规律、不对称的动因等。

在对外汉语教学中，"有/没"组构的不对称与共现现象是难点，也是重点所在。因为现代汉语中，肯定形式"有"及其否定形式"没"出现频率较高。由于"有"的义项丰富多样，如领有、存在、达到某程度、出现或发生、比较、表示领有事物多或大等，"没"的否定用法同样也纷繁复杂，并且还存在许多不对称性的用法。通过系统地梳理相关不对称现象的表现，分门别类地解释其成因，为对外汉语教学及教材的编写提供理论性的参考。

第一节 主要发现及基本观点

本书以现代汉语"有/没"组构的不对称与共现现象为研究对象，运用语料分析与理论研究相结合、总体阐释与个案分析相结合、形式分析与功能解释相结合的研究方法，全面地探讨了动词"有"及其否定形式"没"在相关用法中的不对称表现，并就不对称现象的个案做了深入细致地分析，探求形式上不对称的内因、语义偏移的动因、会话互动的机制、共现的功能特征、整合过程及演变规律等。

书中所谓的不对称现象是指形式上的不对称和表义功能上的不对称两个方面：一、形式上的不对称，是指"有/没"组构的不对称，即有些成分只能与"有"或"没"其中之一组构。二、功能上的不对称包括"有/没"与名词性成分组构同形多义时，有的义项存在肯否不对称的情况；"有"与"没"共现时的不对称，表现为不同情况下同一形式在语义或语用功能上的不对称。

本书从形式匹配上的不对称现象出发，首先通过阐释"有/没"与名词性成分组构的不对称现象，找到了导致此现象发生的类别范围和触发原因，即必须是抽象名词且是寄生抽象名词，不对称现象发生的原因与肯定与否定的功能扭曲有关。简单地说，即"有"的肯定功能包括领属和存现，而"没"的否定功能仅表存现，语义及语用表现也有所不同，肯定形式表主观和客观肯定两个方面，而否定形式仅表客观否定；肯定形式能够产生语义增值并可表程度深或大量，而否定形式语义虚无没有具体的内涵；肯定形式能够肯定评价和叙述，而否定形式仅能表否定叙述。

关于"有/没"与名词性成分组构的语义偏移的研究涉及"有"与名词性成分组构的正向偏移与负向偏移，"没"与名词性成分组构的语义及语用倾向的研究。由于"有+NP"正向偏移的研究成果较为丰富，已有较为明确的见地，因此选用"有+NP"的负向偏移作为研究对象，以求证实发生语义负向偏移的原因。与"有+NP"语义发生负向偏移现象不同的是，"没"与一些抽象名词性成分搭配能够自然地形成否定性的应答标记，经语料库的统计确定其应答功能及其引发语的关系类别，以形成互动机制和话轮功能的关系图，这也是否定形式"没"区别于肯定形式"没"在话语功能上不对称的关键所在。

在"有/没"比较句中也存在着不对称现象，其中"有"字比较句不能与负向形容词进行搭配，"没"字比较句可以同正向、中性、负向形容词搭配。主要表现为"有"、"没"两种比较句式的语法意义各自不同，对应平比和差比的逻辑语义逻辑语义结构同样有明显的区别。其不对称的原因一是与"有/没"比较句中"有"字功能特征和"没"字功能特征有关，二是与量度形容词和肯否比较句式的对应性有关。

关于功能上"有"与"没（有）"共现的不对称现象，以共现的基本形式"有没有"着手。根据发话人已知信息的多少或疑惑程度的不同，将"有没有"所在的疑问句分为三种句式，即询问句、测度句、反诘句。通过分析发现，"有没有"测度句既有询问的功能，即发话人有疑惑需要听话人给予解答，也有反诘的功能，即发话人实施请求或指令的祈使性行为。"有没有"三类句式的语义倾向存在不对称现象,该现象的产生与说话人的主观性倾向性有关,不同的期待方向造就正向和负向两种表达方式,因此就有了偏向于肯定形式"有"的测度句和偏向于否定形式"没有"的反诘句。

加入同一个变量的"有""没"共现形式"有X没X"结构是本文考察的落脚点。首先根据"有X没X"结构中"有N没N"所在的句法环境,得出该形式是一个形式固定但语义不自足,而且其韵律节奏随言者主观意图的不同而有所变化的结构,其次依据"有N没N"在相关语境中的功能来判定"有N没N"属于隐性的从句组合结构,并用三个丛点的斜坡理论将该结构分为并列结构、主从结构和从属结构三个类型,在此基础上对比分析后得知该结构类型分别符合语法化过程中所对应的各阶段。与之搭配的"N"在不同的结构类型中也呈现不同的特性,并且语用义也有所不同。通过对"有X没X"大类的考察,发现该结构包括四类形式,而且各形式的功能有所不同,梳理各类别"有X没X"句法、结构和语义功能,推断出各类别的词汇化判定条件,接着考察"有X没X"的词汇化过程,找到了"有X没X"各类形式历时层面不同句法表现的依据,并得出"有X没X"中有些语例整合成为习语的机制。最后,将"有X没X"放入构式框架中进行探讨,发现该构式的语法化与修辞化是在互动中进行的,由最初的原构式发展至现构式经历了螺旋式的前进过程,可以说语法化与修辞化是该构式发展变化的根本动因,同时还受到构式内部和外部多种因素的相互影响。如今具有习语特性的"有X没X"结构是典型的修辞构式。通过探究该构式的修辞动因,发现"有X没X"在共时平面的同构异义的现象,可以在历时演变过程中找到线索。修辞构式"有X没X"的发展始终贯穿着语法化和修辞化两条路径,修辞化的绝对促动性和语法化的相对稳固性,使二者在互动的过程中,形式及语义功能不断发生变化,直至生成现有修辞构式"有X没X"。可以说"有X没X"结构经历了由语法构式到修辞构式循环变更并且不断发展的过程。

第二节　本书研究的启示

一　对语言不对称现象研究的启示

李如生（1984）在《有序和无序的奥秘》一书中指出，一个系统的构成元素达到完全平衡、对称时就变成了一个死的、失去功效的东西，一个活的、具有某种功能的体系内部必然存在着不对称或者不规则的现象。不对称现象可谓是涉及自然科学、社会科学以及人文科学的方方面面。在语言学研究中也是如此，先贤学者们将语言中不对称现象的研究推向了一定高度，但有些不对称现象尚未涉及。

在汉语中，一般对于不对称现象的研究局限于组配上的不对称性，是指能与此搭配不能与彼搭配，或者是能与彼搭配不能与此搭配。在肯定与否定不对称的研究中，指某些词语只能用于肯定结构中或否定结构中。而共现现象的不对称性并未引起重视。其原因是，组构的不对称现象相对明显，从能否进行搭配的表层现象就能进行判定，属显性的不对称，而共现的不对称相对较为隐晦，必须进行系统性的分析才能发现其中语义或语用倾向上的不对称性。正如李政道（2000：21-25）所言，"所有对称原理均源于某些基本量是'不可观测量'，任何不对称性的发现必定意味着存在有某种'可观测量'。"

无论哪种语言，绝对静止的、稳定的对称现象是不存在的，由于语言始终处于演化的过程之中，所谓的相对对称现象都是该语言历时长河中的一个片段，最终会走向不对称，而不对称性稳固后又会向相对对称的层面发展，这就导致了语言中经常会出现的同构多义现象。通过历时角度考察该现象，可以发现其对立统一螺旋式前进的发展规律。"有 X 没 X"即具有这种阶段性和复杂性的演变特点，由起初肯定与否定完全对称的结构，到后来发展成为语义有所倾向不对称的结构，再发展成为结构凝固的修辞构式。从共时平面考察共现形式"有没有"也是如此，根据功能特征分析出三类疑问句式，每一类问句形式肯定与否定的语义倾向性都是不同的。

因此，除了考察组构层面的不对称，还可以从共现现象入手去探究其间的不对称性，不过这需要结合共现形式的所在句子还有语篇进行语用及语义分析。当然，随着不对称现象研究的深入，对于此类现象的研究也必将会愈加深入，所考察语言对象之间的联系也会更加密切。

二 对汉语国际教育教学与研究的启示

在汉语国际教育词汇与语法教学中，动词"有"及其否定形式"没"一直是词汇和语法教学的重点，也是难点所在。以往对"有/没"相关的词汇与语法现象的研究多是以某个词汇或语法现象进行探讨，只见树木不见森林，缺乏系统性的解释和较为全面的理论支撑。

"有/没"组构与共现现象在汉语作为第二外语的课堂教学中容易引起偏误，比如在不同的句法环境中错用或误用。针对这种现象我们认为，首先，要厘清"有/没"各种组构与共现形式的不同功能及用法，对同一形式下不同功能表现不可一概而论；其次，肯定形式"有"和否定形式"无"的实质特征要搞清楚，与之搭配的语义偏移、语用倾向也要在讲解范围之内；最后，共现形式下的结构类型及语用功能应做细致的划分，句法位置与结构功能的对应情况也应充分考虑。

本研究成果可以直接运用到汉语国际教育词汇与语法教学中来，并可为教材编写和相关教学研究作为参考之用，具有一定的借鉴意义和应用价值。本书的研究由简到难、由具体到抽象，对"有/没"结构的分析注重分门别类地归纳与总结，符合人的一般认知规律，把研究成果运用到相关教学难点的解释中，可以节省教学中的教授和解释时间，能够使教师和学生对该语法现象的掌握更有针对性和规律性。

第三节　本书研究的创新及不足之处

　　本书研究的创新之处主要体现在研究视角、研究对象和研究方法三个方面。

　　以往关于"有/没"组构与共现现象的研究多是从"有"字或者是"没"字组构的单方面进行的，对于"有"与"没"共现的考察也仅是将其作为某结构形式进行论证，缺乏全面系统性的描写和解释，可以说虽然学界对于这方面的研究成果虽多，但从不对称角度进行系统全面研究的较为罕见。本书以不对称的视角审视"有/没"组构与共现现象，将作为动词用法"有/没"的各种语法现象纳入统一的研究范畴之内，进行系统性研究，而不是仅限于某一方面的探讨。对各类不对称现象的研究注重共时平面的句法、语义、语用多角度的分析，从历时层面来看，注重词汇化和语法化过程的考察，其显性及隐性的不对称现象经过系统性的分析，得到一定的解释。

　　本书对"有/没"与名词性成分组构以及其自身共现的各类组合形式进行系统的考察，不仅考察外在形式上的不对称现象，还涉及内部功能的不对称。研究过程中注重梳理文献，在以往研究的基础上查找缺漏，找到容易被忽略又难以深究但是却有研究价值的语言现象仔细挖掘，以求填补相关研究的空缺。比如对于"有+抽象名词"的研究是从不常被关注的负向偏移角度进行的；对于"没+抽象名词"的研究是从尚未涉及的话语互动的角度进行的；对于表比较"有/没"的研究是从肯定与否定不对称的角度进行的；对于"有没有"问句的研究是从其功能特征的分类进行的；对于"有X没X"的研究是从少有关注的变项属同一"X"的角度进行的。从新的角度对少有涉及的语言现象进行挖掘，能够发现许多原有语言现象的特别之处和价值所在。

在考察相关语料的过程中，注重相关形式在语境中的功能，深究肯定形式"有"与否定形式"没"的语义特征，并关注与之组合成分的义项、词性、附加义、量性特征等因素。由于本书研究对象较为丰富，不同的语言形式需要运用不同的研究方法，因此，该研究不局限于某一种研究方法，综合运用多种语言理论的同时，注重继承与发展。在对相关语言现象进行句法、语义与语用分析的同时，结合标记论、语言认知理论、言语互动理论、配价语法理论、构式语法理论等，分析并解释有关机制和造成不对称现象深层次的动因。

本书的不足之处在于，研究对象是作为动词用法的"有/没"组构与共现现象，这对于"有/没"所有功能用法来说并不全面。比如作为副词用法的"没 + VP"形式，以及在方言中（闽南话、客家话、广东话等）存在一些不同于普通话的形式，如与否定形式"没 + VP"对应的"有 + VP"（"我有吃饭""天有下雨"等），这类用法甚至在普通话中也蔓延开来。在现代汉语普通话中，"没（有） + VP"是惯常性用法，而"有 + VP"是非常规、有标记的用法。为什么现代汉语普通话中"没 + VP"可以说，但"有 + VP"一般不说，导致这种不对称现象的内部和外部动因到底是什么。这类现象该研究尚未涉及。受水平、能力、时间、精力所限，本书的研究也未从语言类型学角度来展开充分考察，理论高度不足。此外，对于"有/没"与名词性组构的研究仅从共时平面展开讨论，还未从历时角度深入挖掘。以上不足之处还需在今后的研究中不断完善，对相关语言现象及问题做更进一步的思考和研究。

参考文献

戴耀晶：《现代汉语否定标记"没"的语义分析》，载《语法研究和探索（十）》，商务印书馆 2000 年版。

丁声树等：《现代汉语语法讲话》，商务印书馆 1961 年版。

董祥冬：《从领属到比较》，广东高等教育出版社 2015 年版。

范晓：《动词的"价"分类》，语文出版社 1991 年版。

方梅：《规约化与立场表达》，北京大学出版社 2017 年版。

冯胜利：《汉语韵律句法学》，商务印书馆 2013 年版。

弗雷格：《弗雷格哲学论著选辑》（王路译），商务印书馆 1994 年版。

桂诗春：《新编心理语言学》，上海外语教育出版社 2000 年版。

何九盈、王宁、董琨：《辞源（第 3 版）》，商务印书馆 2015 年版。

何自然、冉永平：《语用学概论（修订本）》，湖南教育出版社 2002 年版。

胡裕树：《现代汉语》，上海教育出版社 1961 年版。

黄伯荣：《汉语方言语法类编》，青岛出版社 1996 年版。

黎锦熙：《新著国语文法》，湖南教育出版社 2007 年版。

李如生：《有序与无序的奥秘》，人民教育出版社 1984 年版。

李行健：《现代汉语规范词典（第 3 版）》，外语教学与研究出版社 2014 年版。

李宇明：《汉语量范畴研究》，华中师范大学出版社 2000 年版。

李政道：《对称与不对称》，清华大学出版社 2000 年版。

李宗江、王慧兰：《汉语新虚词》，上海教育出版社 2011 年版。

刘虹：《会话分析结构》，北京大学出版社 2004 年版。

刘顺：《现代汉语名词的多视角研究》，学林出版社 2003 年版。

刘月华等：《实用现代汉语语法》，外语教学与研究出版社 1983 年版。

吕叔湘：《现代汉语八百词》，商务印书馆 1980 年版。

吕叔湘：《语文杂记》，上海教育出版社 1984 年版。

吕叔湘：《中国文法要略》，商务印书馆 1942 年版。

马建忠：《马氏文通》，商务印书馆 1898 年版。

马真：《现代汉语虚词研究方法论》，商务印书馆 2004 年版。

彭睿：《名词和名词的再分类》，北京语言文化大学出版社 1996 年版。

齐沪扬：《语气词与语气系统》，安徽教育出版社 2002 年版。

塞尔：《心理、语言和社会——实在世界中的哲学》（李步楼译），上海译文出版社 2001 年版。

邵敬敏：《现代汉语疑问句研究》，华东师范大学出版社 1996 年版。

沈家煊：《不对称和标记论》，商务印书馆 2015 年版。

沈家煊：《汉语大语法和四言格》，上海外国语大学语法和修辞互动高端论坛演讲稿，2018 年。

沈家煊：《名词和动词》，商务印书馆 2016 年版。

石毓智：《肯定和否定的对称与不对称》，北京语言文化大学出版社 2001 年版。

索绪尔：《普通语言学教程》，商务印书馆 1980 年版。

王灿龙：《"有"字结构式的语义偏移问题，语法研究与探索（十八）》，商务印书馆 2016 年版。

王珏：《现代汉语名词研究》，华东师范大学出版社 2001 年版。

夏甄陶：《关于目的的哲学》，上海人民出版社 1982 年版。

夏征农、陈至立：《辞海（第六版典藏本）》，上海辞书出版社 2011 年版。

徐烈炯：《语义学》，语文出版社 1995 年版。

叶斯柏：《语法哲学》（何勇等译），语文出版社 1988 年版。
袁毓林：《现代汉语祈使句研究》，北京大学出版社 1993 年版。
张伯江、方梅：《汉语功能语法研究》，江西教育出版社 1996 年版。
张谊生：《现代汉语副词分析》，上海三联书店 2010 年版。
张谊生：《助词与相关格式》，安徽教育出版社 2002 年版。
赵元任：《汉语口语语法》，商务印书馆 1968 年版。
赵元任：《汉语口语语法》，商务印书馆 1979 年版。
中国社会科学院语言研究所词典编辑室：《现代汉语词典》（第 7 版），商务印书馆 2016 年版。
朱德熙：《语法讲义》，商务印书馆 1982 年版。
邹韶华：《语法研究与探索》，北京大学出版社 1988 年版。
邹韶华：《语用频率效应研究》，商务印书馆 2001 年版。
［日］太田辰夫：《中国语历史文法》（蒋绍愚、许昌华译），北京大学出版社 1987 年版。

巴一斯：《浅析"有 X 无 Y"格式》，《现代语文》2012 年第 6 期。
白鸽、刘丹青：《汉语否定句全量宾语的语义解读》，《世界汉语教学》2016 年第 1 期。
白丽芳：《"名词＋上/下"语义结构的对称与不对称性》，《语言教学与研究》2006 年第 4 期。
曹炜：《也谈"有"的词性——与林泰安等同志商榷》，《汉语学习》1987 年第 2 期。
曹秀玲：《汉语"这/那"不对称性的语篇考察》，《汉语学习》2000 年第 4 期。
陈平：《释汉语中与名词性成分相关的四组概念》，《中国语文》1987 年第 2 期。
陈前瑞、王继红：《南方方言"有"字句的多功能性分析》，《语言教学与研究》2010 年第 4 期。
陈伟：《"有＋N"的语义负向偏移——以"有问题"为例》，《新疆大学学报》2019年第6期。

陈伟:《"有X没X"的类别功能及其词汇化》,《宁波大学学报》2019年第3期。

陈伟:《"有""没(没有)"比较句不对称现象分析》,《语言研究集刊》2018年第3辑。

陈伟:《"有"与"N"组构的语义负向偏移——以"有意见"为例》,《励耘语言学刊》2019年第1辑。

陈伟:《"有没有"测度句:询问与反诘的中间阶段》,《现代语文》2018年第1期。

陈伟:《"有没有"测度句的界定与功能特征分析》,《对外汉语研究》2019年第1期。

陈伟:《构式"有X没X"的认知语义属性》,《牡丹江大学学报》2018年第3期。

陈伟:《汉语名词肯定与否定形式的不对称性研究》,《励耘语言学刊》2019年第2辑。

陈伟:《互动交际视角下的应答语研究——以"没问题"的话语形成模式为例》,《外语研究》2020年第4期。

陈伟:《现代汉语框式结构"有X没X"的构式分析》,《西南石油大学学报》2018年第5期。

陈伟:《修辞构式"有X没X"的显现——从语法构式到修辞构式的演变探索》,《枣庄学院学报》2018年第4期。

陈伟、李静:《极性程度义构式"X+(到)+爆表"探究》,《国际汉语学报》2019年第2辑。

陈伟、张艳南:《构式"铁打的X,流水的Y"探析》,《海外华文教育》2019年第1辑。

陈一:《偏依性对举结构与语法单位的对称不对称》,《世界汉语教学》2008年第3期。

陈振宇:《现代汉语中的非典型疑问句》,《语言科学》2008年第4期。

春范:《谈动词前面的否定副词"不"和"没(有)"》,《汉语学习》1980年第1期。

崔维珍、齐沪扬:《差比句肯定否定形式不对称现象考察》,《语言研究》2014年第6期。

戴耀晶:《否定副词"没"的时间语义分析》,《语言研究集刊》2014年第2期。

戴耀晶:《汉语否定句的语义确定性》,《世界汉语教学》2004年第1期。

戴耀晶:《试论现代汉语的否定范畴》,《语言教学与研究》2000年第3期。

邓兆红、陈新仁:《委婉语修辞效果的关联论阐释——兼论心理距离说》,《外语学刊》2016年第6期。

刁晏斌:《台湾话的特点及其与内地的差异》,《中国语文》1998年第5期。

刁晏斌、李艳艳:《试论"有单音节动素"式动词》,《语言教学与研究》2010年第1期。

董秀芳:《从存在义到不定指代义和多量义:"有X"类词语的词汇化》,《历史语言学研究》2014年第2期。

董秀芳:《现代汉语中的助动词"有没有"》,《语言教学与研究》2004年第2期。

方梅:《负面评价表达的规约化》,《中国语文》2017年第2期。

方梅:《篇章语法与汉语篇章语法研究》,《中国社会科学》2005年第6期。

方梅:《语体动因对句法的塑造》,《修辞学习》2007年第6期。

方清明:《口语里由"没+抽象名词"构成的应答标记》,《对外汉语研究》2014年第1期。

方清明、彭小川:《论"问题"的组配能力与临时概念化功能》,《语言科学》2011年第4期。

方绪军:《"不是不X""不是没(有)X"和"没(有)不X"》,

《语言科学》2017 年第 5 期。

付琨：《标记理论的介绍与应用》，《汉语学习》2005 年第 3 期。

古川裕：《〈起点〉指向和〈终点〉指向的不对称性及其认知解释》，《世界汉语教学》2002 年第 3 期。

顾鸣镝：《框架构式"有 X 无 Y"的整合层级及其理据解析》，《汉语学习》2016 年第 6 期。

郭凤花：《说甲骨文中的谓宾动词"有"》，《大理学院学报》2002 年第 2 期。

郭锐：《过程和非过程——汉语谓词性成分的两种外在时间类型》，《中国语文》1997 年第 3 期。

郭昭君、尹美子：《助动词"要"的模态多义性及其制约因素》，《汉语学习》2008 年第 4 期。

郭中：《肯定副词"有"及其问答功能》，《求索》2012 年第 11 期。

贺阳：《"程度副词 + 有 + 名"试析》，《汉语学习》1994 年第 2 期。

洪波，董正存：《"非 X 不可"格式的历时演化和语法化》，《中国语文》2004 年第 3 期。

侯瑞芬：《再析"不""没"的对立与中和》，《中国语文》2016 年第 3 期。

候国金：《冗余否定的语用条件——以"差一点 + （没）V、小心 + （别）V"为例》，《语言教学与研究》2008 年第 5 期。

胡明扬：《北京话的语气助词和叹词》，《中国语文》1981 年第 5 期。

胡云晚、于晓燕：《"很 + 名"结构作状语和补语的对称与不对称》，《语言研究》2012 年第 1 期。

华文君：《现代汉语主观少量构式"没 + NP"探析》，《延边大学学报》2018 年第 1 期。

江蓝生：《概念叠加与构式整合——肯定否定不对称的解释》，《中国语文》2008 年第 6 期。

姜红：《具体名词和抽象名词的不对称现象》，《安徽大学学报》2009 年第 2 期。

姜其文：《负向凸显与主观减量标记"没"》，《国际汉语学报》2015年第2期。

蒋静：《比较句的语义偏向及主观程度的差异——"不如"句、"不比"句和"没有（没）"句》，《上海师范大学学报》2003年第4期。

金立鑫：《"Posi. 有 N"和"Posi. 是 N"》，《语言教学与研究》1995年第3期。

金英，胡英彬：《从历时与共时角度看"意见"的语义偏移》，《苏州大学学报》2012年第5期。

靳焱、倪兰：《浅谈否定标记"不"和"没（有）"》，《新疆师范大学学报》2002年第3期。

邝霞：《"有没有"反复问句的定量研究——对经典作家白话文作品的定量研究》，《汉语学习》2000年第3期。

赖慧玲：《名词的量性特征和"有+名词"结构》，《苏州大学学报》2009年第3期。

雷冬平：《现代汉语"有/无+Prep/V"类词的词汇化及其动因》，《汉语学习》2013年第1期。

李宝伦：《汉语否定词"没（有）"和"不"对焦点敏感度的差异性》，《当代语言学》2016年第3期。

李德鹏：《论语言的客观世界、主观世界和虚拟世界》，《理论月刊》2014年第10期。

李怀奎、李跃平：《意向性理论观照下的间接言语行为分析——语用推理理论系列研究之三》，《西南民族大学学报》2013年第5期。

李靖民：《英汉语形合和意合研究中的几个问题》，《外语研究》2012年第2期。

李静、陈伟：《"构式—语块"理论在对外汉语教学中的运用——以关联结构语块教学为例》，《牡丹江大学学报》2018年第4期。

李强：《动态语境与无指成分的非指称性》，《当代修辞学》2015年第4期。

李思旭、于辉荣:《从共时语法化看"V上"与"V下"不对称的实质》,《语言教学与研究》2012年第2期。

李先银:《容器隐喻与"有+抽象名词"的量性特征——兼论"有+抽象名词"的属性化》,《语言教学与研究》2012年第5期。

李晓琳:《"是不是"弱问句:从真问到反问的中间环节》,《汉语学习》2013年第3期。

李晓琪:《"不"和"没"》,《汉语学习》1981年第4期。

李英:《"不/没+V"的习得情况考察》,《汉语学习》2004年第5期。

李宇明:《能受"很"修饰的"有X"结构》,《云梦学刊》1995年第1期。

廖美珍:《"目的原则"与目的分析(上)——语用研究新途径探索》,《修辞学习》2005年第3期。

刘承峰:《"爱V不V"结构的语义分析》,《汉语学习》2004年第2期。

刘春卉:《"有+属性名词"的语义语法特点——兼谈与名词性状化无关的一类"很+名"结构》,《山东师范大学学报》2007年第1期。

刘大为:《从语法构式到修辞构式》,《当代修辞学》2010年第3、4期。

刘丹青:《"有"字领有句的语义倾向和信息结构》,《中国语文》2011年第2期。

刘苏乔:《表比较的"有"字句浅析》,《语言教学与研究》2002年第2期。

刘文秀:《现代汉语"有+N"结构的构式分析》,《语言教学与研究》2017年第3期。

刘贤俊:《"有着"与"具有"》,《汉语学习》2001年第3期。

鲁承发:《"差一点(没)VP"句式中的交际博弈及其句法效应》,《语言研究》2018年第2期。

陆俭明：《从语法构式到修辞构式再到语法构式》，《当代修辞学》2016 年第 1 期。

陆俭明：《关于"有界/无界"理论及其应用》，《语言学论丛》2014 年第 2 期。

陆俭明：《说量度形容词》，《语言教学与研究》1989 年第 3 期。

吕明臣：《汉语"应对句"说略》，《汉语学习》1992 年第 6 期。

吕叔湘：《肯定·否定·疑问》，《中国语文》1985 年第 4 期。

吕叔湘：《中性词与褒贬义》，《中国语文》1983 年第 5 期。

马晓华：《静态与动态：论汉英中性词的语义偏移》，《外语学刊》2011 年第 3 期。

聂志军：《"有没有+VP"问句的重新考察》，《汉语学报》2018 年第 4 期。

宁春岩：《并集对称合并和序偶非对称合并——句法演算的一个简约的新设想》，《现代外语》2002 年第 3 期。

牛保义：《信疑假设》，《外语学刊》2003 年第 4 期。

庞加光：《"有+数量结构"：从客体观照到主体观照》，《当代语言学》2015 年第 2 期。

彭少峰：《谈形容词性述宾词组》，《汉语学习》1986 年第 5 期。

齐沪扬、丁婵婵：《反诘类语气副词的否定功能分析》，《汉语学习》2006 年第 5 期。

曲溪濛：《应答话语标记"这"研究》，《外语学刊》2017 年第 5 期。

饶继庭：《"很"+动词结构》，《中国语文》1961 年第 8 期。

任鹰：《"领属"与"存现"：从概念的关联到构式的关联——也从"王冕死了父亲"的生成方式说起》，《世界汉语教学》2009 年第 3 期。

任鹰：《从生成整体论的角度看语言结构的生成与分析——主要以汉语动宾结构为例》，《当代语言学》2016 年第 1 期。

荣晶、丁崇明：《两种不同性质的"有+N"结构》，《中国语言学报》2014 年第 16 期。

尚国文：《"没＋NP"结构的量度特征分析》，《汉语学报》2010年第1期。

邵敬敏：《疑问句的结构类型与反问句的转化关系研究》，《汉语学习》2013年第2期。

邵敬敏、袁志刚：《"没A没B"框式结构的语义增值及贬义倾向》，《语文研究》2010年第3期。

沈家煊：《"有界"与"无界"》，《中国语文》1995年第5期。

沈家煊：《"语用否定"考察》，《中国语文》1993年第5期。

沈家煊：《复句三域"行、知、言"》，《中国语文》2003年第3期。

沈家煊：《概念整合与浮现意义——在复旦大学"望道论坛"报告述要》，《修辞学习》2006年第5期。

沈家煊：《三个世界》，《外语教学与研究》2008年第6期。

沈家煊：《形容词句法功能的标记模式》，《中国语文》2000年第2期。

沈家煊：《英汉对比语法三题》，《外语教学与研究》1996年第4期。

沈家煊：《英汉否定词的分合和名动的分合》，《中国语文》2010年第5期。

沈家煊：《语言的"主观性"和"主观化"》，《外语教学与研究》2001年第4期。

施春宏：《动结式在相关句式群中不对称分布的多重界面互动机制》，《世界汉语教学》2015年第1期。

施春宏：《互动构式语法的基本理念及其研究路径》，《当代修辞学》2016年第2期。

施春宏：《名词的描述性语义特征与副名组合的可能性》，《中国语文》2001年第3期。

施其生：《论"有"字句》，《语言研究》1996年第1期。

石毓智：《汉语的领有动词与完成体的表达》，《语言研究》2004年第2期。

石毓智：《论社会平均值对语法的影响——汉语"有"的程度表达

式产生的原因》,《语言科学》2004 年第 6 期。

石毓智:《现代汉语的否定性成分》,《语言研究》1989 年第 2 期。

石毓智:《形容词的有无标记用法与疑问句式的交错关系》,《汉语学习》1996 年第 5 期。

石毓智:《语言研究的系统观》,《解放军外国语学院学报》2018 年第 5 期。

石毓智、李讷:《十五世纪前后的句法变化与现代汉语否定标记系统的形成——否定标记"没(有)"产生的句法背景及其语法化过程》,《语言研究》2000 年第 2 期。

史有为:《说说"没有我水平低"》,《汉语学习》1994 年第 4 期。

束定芳:《"有+零度(中性)名词"结构的认知和语用阐释》,《当代修辞学》2018 年第 6 期。

帅志嵩:《从词汇语义信息看"差点儿没 VP"的演化》,《语言科学》2014 年第 6 期。

宋金兰:《"有"字句新探——"有"的体助词用法》,《青海民族大学学报》1994 年第 2 期。

宋玉柱:《介词"有"应该肯定》,《汉语学习》1987 年第 2 期。

孙利萍、方清明:《汉语话语标记的类型及功能研究综观》,《汉语学习》2011 年第 6 期。

孙瑞、李丽虹:《作为准话语标记的"有没有""好不好"》,《宁夏大学学报》2015 年第 5 期。

孙文访:《"有(have)"的概念空间及语义图》,《中国语文》2018 年第 1 期。

孙锡信:《语气词"呢""哩"考源补述》,《湖北大学学报》1992 年第 6 期。

谭景春:《名形词类转变的语义基础及相关问题》,《中国语文》1998 年第 5 期。

唐善生:《"程度副词+名词"与"程度副词+有+名词"结构》,《华中师范大学学报》2000 年第 3 期。

童小娥：《从事件的角度看补语"上来"和"下来"的对称与不对称》，《世界汉语教学》2009 年第 4 期。

万中亚：《"有＋N"结构中 N 的语义偏移现象分析》，《汉语学习》2007 年第 5 期。

王灿龙：《试论"不"与"没（有）"语法表现的相对同一性》，《中国语文》2011 年第 4 期。

王灿龙：《说"VP 之前"与"没（有）VP 之前"》，《中国语文》2004 年第 5 期。

王峰、古川裕：《"左 VP 右 VP"对举格式的语法化》，《汉语学习》2016 年第 6 期。

王国栓、马庆株：《普通话中走向对称的"有＋VP（＋了）"结构》，《南开语言学刊》2008 年第 2 期。

王明月：《句末"有＋数量结构"的构式及话语功能探析》，《语言教学与研究》2014 年第 5 期。

王森、王毅、姜丽：《"有没有/有/没有＋VP"句》，《中国语文》2006 年第 1 期。

王世凯：《"没完没了地 VP"与相关结构——兼谈非终结图式与渐次扫描》，《汉语学习》2011 年第 3 期。

王跃平：《语义预设与规约隐涵》，《扬州大学学报》2007 年第 1 期。

王志军：《"对"：从应答语到话语标记》，《语言研究集刊》2016 年第 1 期。

温锁林：《"有＋数量结构"中"有"的自然焦点凸显功能》，《中国语文》2012 年第 1 期。

温锁林：《汉语的性状义名词及相关问题》，《语言教学与研究》2010 年第 1 期。

温锁林：《评估义构式"够/不够 X"》，《山西大学学报》2018 年第 2 期。

温锁林、刘元虹：《从"含蓄原则"看"有＋NP"的语义偏移现象》，《汉语学报》2014 年第 1 期。

文炼：《语言单位的对立和不对称现象》，《语言教学与研究》1990年第4期。

文旭、丁芳芳：《对称型汉语成语的自主/依存框架语义模式分析》，《外语与外语教学》2017年第3期。

文贞惠：《说指代程度的"这么/那么 + A"格式》，《汉语学习》1995年第2期。

吴福祥：《多功能语素与语义图模型》，《语言研究》2011年第1期。

吴福祥：《否定副词"没"始见于南宋》，《中国语文》1995年第2期。

吴福祥：《关于语法演变的机制》，《古汉语研究》2013年第3期。

吴福祥：《汉语语法化研究的当前课题》，《语言科学》2005年第2期。

吴福祥：《结构重组与构式拷贝——语法结构复制的两种机制》，《中国语文》2014年第2期。

武振玉、梁浩：《两周金文中"有"的句法特点》，《西华大学学报》2013年第1期。

相原茂：《汉语比较句的两种否定形式——"不比"型和"没有"型》，《语言教学与研究》1992年第3期。

谢群：《受话人视角的应答语研究——商务话语研究系列之二》，《外语学刊》2016年第5期。

谢群：《协商性话语的人际语用功能分析——商务话语研究系列之三》，《外语学刊》2017年第5期。

谢文芳：《正向负向形容词的不均衡性探析》，《湖北科技学院学报》2012年第11期。

邢福义：《"有没有VP"疑问句式》，《华中师范大学学报》1990年第1期。

徐盛桓：《从"事件"到"用例事件"——从意识的涌现看句子表达式雏形的形成》，《河南大学学报》2012年第4期。

徐盛桓：《疑问句探寻功能的迁移》，《中国语文》1999年第1期。

徐盛桓：《意向性的认识论意义——从语言运用的视角看》，《外语教学与研究》2013年第2期。

薛宏武：《"有所"的语法化及其表量功能的形成》，《古汉语研究》2009年第3期。

杨惠芬：《表比较的"没有"句句型探析》，《语言教学与研究》1998年第1期。

杨炎华：《名词的指称义对名词配价的影响》，《汉语学报》2009年第4期。

杨亦鸣、徐以中：《"副+名"现象研究之研究》，《语言文字应用》2003年第2期。

杨永龙：《从"形+数量"到"数量+形"——汉语空间量构式的历时变化》，《中国语文》2011年第6期。

杨玉玲：《认知凸显性和带"有"的相关格式》，《修辞学习》2007年第5期。

杨子：《Nn类"差点儿没VP"新解——从"差点儿没"的歧义性说起》，《语言研究》2017年第3期。

姚远、陈伟：《"修辞和语法的互动研究"高峰论坛述评》，《当代修辞学》2018年第6期。

姚占龙：《能受程度副词修饰的"有+名"结构》，《汉语学习》2004年第4期。

叶文曦：《交际互动和汉语的否定表达》，《现代外语》2018年第4期。

殷树林：《话语标记的性质特征和定义》，《外语学刊》2012年第3期。

殷志平：《对称格式的认知解释》，《语言科学》2004年第3期。

尹世超：《否定性答句否定的隐显与程度》，《汉语学习》2004年第3期。

尹世超：《应答句式说略》，《汉语学习》2008年第2期。

于根元：《副+名》，《语文建设》1991年第1期。

袁毓林:《"差点儿"中的隐性否定及其语法效应》,《语言研究》2013 年第 2 期。

袁毓林:《现代汉语名词的配价研究》,《中国社会科学》1992 年第 3 期。

袁毓林:《一价名词的认知研究》,《中国语文》1994 年第 4 期。

袁毓林、李湘、曹宏等:《"有"字句的情景语义分析》,《世界汉语教学》2009 年第 3 期。

詹开第:《"有"字句》,《中国语文》1981 年第 1 期。

张伯江:《词类活用的功能解释》,《中国语文》1994 年第 5 期。

张伯江:《否定的强化》,《汉语学习》1996 年第 1 期。

张伯江:《功能语法与汉语研究》,《语言科学》2005 年第 6 期。

张国宪:《语言单位的有标记与无标记现象》,《语言教学与研究》1995 年第 4 期。

张虹:《从"有A无B"谈汉语的主观性和主观化》,《哈尔滨师范大学社会科学学报》2013 年第 6 期。

张家骅:《"标尺两极"规律与词汇语义偏移》,《中国俄语教学》2001 年第 4 期。

张文国、张文强:《论先秦汉语的"有(无)+VP"结构》,《广西大学学报》1996 年第 3 期。

张效忠:《"不"和"没(有)"用法举例——兼与英语"not"和"no"的对比》,《语言教学与研究》1984 年第 4 期。

张新华:《释"有"》,《语言教学与研究》2011 年第 5 期。

张新华、张和友:《否定词的实质与汉语否定词的演变》,《中国人民大学学报》2013 年第 4 期。

张谊生:《从否定小句到话语标记——否定功能元语化与羡余化的动因探讨》,《语言研究集刊》2014 年第 1 期。

张谊生:《从前加到后附:"(有)所"的跨层后缀化研究——兼论"有所"的词汇化及其功能与表达》,《汉语学报》2014 年第 1 期。

张谊生:《汉语否定的性质、特征与类别——兼论委婉式降格否定的作用与效果》,《汉语学习》2015 年第 1 期。

张谊生:《试论"有加"的附缀化与"X 有加"的构式化》,《中国语文》2017 年第 3 期。

张谊生:《试论主观量标记"没"、"不"、"好"》,《中国语文》2006 年第 2 期。

张豫峰:《"有"字句的语义分析》,《中州学刊》1999 年第 3 期。

张豫峰:《"有"字句研究综述》,《汉语学习》1998 年第 3 期。

张豫峰:《表比较的"有"字句》,《语文研究》1998 年第 4 期。

张豫峰、范晓:《"有"字句的后续成分》,《语言教学与研究》1996 年第 4 期。

张振亚、王彬:《应答语"那是"的语用环境及效果——空间指示的隐喻及主观性的进一步发展》,《修辞学习》2009 年第 3 期。

张治:《汉语中性格式的语义偏移》,《汉语学习》2008 年第 3 期。

赵春利、邵敬敏:《"NP1 有 NP2 很 AP"歧义格式的分化规则》,《语言研究》2007 年第 2 期。

赵春利、石定栩:《两岸四地汉语"有信心"句式的异同》,《汉语学报》2014 年第 2 期。

赵建军:《作为话题标记的"有"》,《汉语学习》2013 年第 1 期。

郑敏惠:《福州方言"有+VP"句式的语义和语用功能》,《福建师范大学学报》2009 年第 6 期。

郑懿德:《福州方言的"有"字句》,《方言》1985 年第 4 期。

钟书能、刘爽:《汉语羡余否定构式中的"没"真的是个羡余标记吗?》,《外国语》2015 年第 3 期。

钟书能、刘爽:《虚拟位移的语法构式特征研究》,《当代外语研究》2017 年第 1 期。

周红:《从驱动—路径图式看"V+上/下"的对称与不对称》,《新疆大学学报》2015 年第 6 期。

周荐:《论对称结构》,《语文研究》1991 年第 3 期。

周静:《"大"与"小"的对称与不对称及相关动因》,《修辞学习》

2006 年第 5 期。

周一民：《北京话里的"差点儿没 VP"句式》，《语言教学与研究》2003 年第 6 期。

朱德熙：《说"差一点"》，《中国语文》1959 年第 9 期。

朱军：《反问格式"有什么 X"的否定模式与否定等级——互动交际模式中的语用否定个案分析》，《中国语文》2013 年第 6 期。

宗守云：《说"V+有+数量结构"构式》，《语言教学与研究》2013 年第 5 期。

邹韶华：《名词在特定语境中的语义偏离现象》，《中国语文》1986 年第 4 期。

邹韶华：《中性词语义偏移的类型与成因》，《外语学刊》2007 年第 6 期。

左思民：《论否定域和否定焦点：基于语用的考察》，《当代修辞学》2014 年第 6 期。

蔡云莹：《正向形容词的对外汉语教学》，硕士学位论文，西北大学，2014 年。

崔维真：《跟语序有关的不对称现象专题研究》，博士学位论文，上海师范大学，2013 年。

渡边利玲：《助动词"能"与"会"的句法语义分析》，第十届现代汉语语法国际学术研讨会论文，1988 年。

段晓燕：《"有所"的句法、语义和词汇化研究》，硕士学位论文，北京大学，2012 年。

贺君：《存在动词对举格式"有 X 无 Y"及其相关格式研究》，硕士学位论文，延边大学，2012 年。

金美顺：《空间形容词"深"的研究》，博士学位论文，北京语言大学，2009 年。

梁晓玲：《现代汉语引发句研究》，博士学位论文，黑龙江大学，2001 年。

刘春丽：《现代汉语名词性状特征研究》，博士学位论文，黑龙江大学，2014年。

罗文娟：《"有A没B"的多角度研究》，硕士学位论文，广西师范大学，2011年。

史银玲：《现代汉语"差比句研究"》，博士学位论文，中国社会科学院，2003年。

童小娥：《四类述补短语与位移事件》，博士学位论文，北京语言大学，2008年。

王丽芳：《现代汉语"有A无B"格式研究》，硕士学位论文，上海师范大学，2008年。

王志恺：《现代汉语字组"有X"的词汇化倾向》，硕士学位论文，华中师范大学，2007年。

张德岁：《谓词性主语与谓词性宾语不对称现象研究》，博士学位论文，安徽大学，2011年。

张亮：《"有X"的功能演化及相关现象专题研究》，博士学位论文，上海师范大学，2017年。

资中勇：《汉语对称关系表达研究》，博士学位论文，南开大学，2005年。

Andor József, "No Problem", in R. Lugosssy, eds., *UPRT* 2008: *Empirical Studies in English Applied Linguistics*, Pécs: Lingua Franca Csoport, 2009.

Baumert, M., "Classification of English Question-answer Struc-tures", *Journal of Pragmatics*, No. 1, 1977.

Brinton L. J. and E. C. Traugott, *Lexicalization and Language Change*, Cambridge: Cambridge University Press, 2005.

Chafe, W., *Discourse, Consciousness, and Time*, Chicago: Chicago University Press, 1994.

Givón, T., *Syntax: A Functional-Typological Introduction*, Amsterdam:

John Benjamins, Vol. 2, 1990.

Givón, T., "*Historical Syntax and Synchronic Morphology: An Archaeologist's Field Trip*", in the Seventh Region Annual Meeting of the Chicago Linguistic Society, 1971.

Givón, T., "Negation in language: pragmatics, fuction, ontology", in P. Cole, ed., *Syntax and Semantics 9: Pragmatics*, New York: Academic Press, 1978.

Goldberg, A. E., *Constructions: A Construction Grammar Approach to Argument Structure*, Chicago: The University of Chicago Press, 1995.

Greenberg, J. H., *How does a Language Acquire Gender Markers?* in J. Greenberg et al., eds., *Universals of Human Language*, Vol, 3, Stanford: Stanford University Press, 1978a.

Haiman, J. eds., *Iconicity in Syntax*, Amsterdam: John Benjamins, 1985a.

Haiman, J. eds., *Natural Syntax*, Cambridge: Cambridge University Press, 1985b.

Halliday, M. A. K., "Caregories of the theory of grammar", *Word*, Vol. 17, 1961.

Honr, L. R., *A Natural History of Negation*, Chicago: Univesrity of Chicago Perss, 1989.

Hopper P. J. and E. C. Traugott, "Grammaticalizatio", *Functions of Language*, Vol. 31, No. 2, 1994.

Hopper, P. and E. C. Traugott., *Grammaticalization (Second Edition)*, Cambridge: Cambridge University Press, 1993/2003.

Hopper, P. J., "On some Principles of Grammaticalization", in E-. C. Traugott et al. eds., *Approaches to Grammaticalization*, Amsterdam: John Benjamins, Vol. 1, 1991.

Hopper, P. J.. "Phonogenesis", in W. Pagliuca, eds., *Perspectives on Grammaticalization*, Amsterdam: John Bnejamins, 1994.

Horn, L. R., *On the Semantic Properties of Logical Operators in English*, Unpublished Ph. D. dissertation, Los Angeles: University of California, 1972.

Horn, L. R., "Metalinguistic Negation and Pragmatic Ambiguity", *Language*, Vol. 61, 1985.

Horn, L. R., "*Multiple negation in English and other languages*", in L. R. Horn, ed., *The Expression of Negation*, Berlin: De Gruyter Mouton, 2011.

Horn, L. R., "*The Logic of Logical Double Negation*", in K. Yasuhiko, eds., *Proceedings of the Sophia Symposium on Negation*, Tokyo: Shphia University, 2002.

Jakobson, R. *Structure of the Russian verb*, Berlin: Mouton Publishers, 1984.

Jakobson, R. "Zero Sign", in Linda, W. and M. Halle, eds., *Russian and Slavic Grammar: Studies*, Berlin: Mouton Publishers, 1939/1984.

Jespersen, O. *The Philosophy of Grammar*, London: George Allen & Unwin, 1924.

Leech, G. *Semantics*, Harmondsworth: Penguin Books, 1974: 23.

Matthiessen, C. M. I. and S. A. Thompson, "The structure of Discourse and Subordination", in J. Haiman and S. A. Thompson eds., *Clause Combining in Grammar and Discourse*, Amsterdam: John Benjamins, 1988.

Nunberg G. et al., "Idioms", *Language*, Vol. 70, No. 3, 1994.

Pearson, J. C. and P. E. Nelson, *An Introduction to Human Communication*, Boston: Mc Graw-Hill, 1997.

Robinson, W. P., *Rackstraw, S. A Question of Answers*, London: Routledge, 1972.

Ryder, M. E., "Smoke and Mirrors: Event Patterns in the Discourse Structure of a Romance Novel", *Journal of Pragmatics*, Vo. 31, No. 8,

1999.

Sacks, H. et al. , "A Simplest Systematics for the Organization of Turn-Taking for Conversation", *Language*, Vol. 50, No. 4, 1974.

Sapir Edward. , *Language: an Introduction to the Study of Speech*, New York: Harcourt Brace and Co. , 1921.

Schegloff, E. A. , *Sequence Organization in Interaction: A primer in Conversation Analysis*, Cambridge: Cambridge University Press, 2007.

Schneider, K. P. , "No problem, you are welcome, anytime: Responding to thanks in Ireland, England, and the USA", in Baron, A. and K. P. Schneider eds. , *The Pragmatics of Irish English*, 2005.

Searle, J. , "A Classification of Illocutionary Acts", *Language in Society*, Vol. 5, No. 1, 1976.

Taylor, J. , *Linguistic categorization: Prototypes in Linguistic Theory*, Oxford: Clarendon Press, 1989.

Traugott, *Where Subjectification, Intersubjectification and Gramaticalization Meet*, 2006.

Trubetzkoy, N. S. , *GrundzüGe der Phonologie*, Prague: Cercle Linguistique de Prague, 1939.

Trubetzkoy, N. S. , "Die phonologischen Systeme", *Travaux du Cercle Linguistiquede Prague*, No. 4, 1931.

Visconti, J. , "Regularity in Semantic Change", *Journal of Pragmatics*, Vol. 36, No. 4, 2004.

WillianCroft, *Typology and Universals*, Cambrige: Cambridge University Press, 1990.

索　引

B

比较句　1—3,7,22,29,30,37,
151—160,162—167,170,286

不对称　1—4,8—15,17—22,25,
26,29—31,37—41,47,48,52—59,
61,65,68—71,75—78,81,84,93,
94,96,97,100,151,153,157,159,
160,162,164,166,169—171,205—
210,230,251,265—267,275,280,
284—291

词汇化　2,3,5,33,35,36,73,117,
231—234,238,240—242,245—
250,255,256,282,287,290

D

动因　2,4,5,8,9,14,29,31,36,
37,71,94,100,102,128,130,131,
133,150,170,171,181,204,223,
226,230,232,263,270,278,279,
281—283,285,287,291

对称　1,2,4,5,9—12,14,17—22,
30,39—44,47,53,56,57,59,66,
69—71,76,78,100,152,153,160,
164,206—208,230,265,275,288

对外汉语　4,172,285

G

根源　100,209,231

共时　14,36,37,88,146,215,218,
230,235,242,246,249,252,270,
271,275,278,279,282,283,287,
289—291

共现现象　2,8,13,14,17,30,31,
37,171,284,285,288—291

构式理论　2,251

构式语法　36,251,270,281,291

H

互动语言学　2

话语标记　47,52,53,73,97,98,
134,172,204,209

会话互动　2,29,135,136,145,285

J

交际互动　27,133
焦点　263—265

L

类推　14,87,129,207,219,226,228,276,277
历时　7,14,29,34,35,37,54,88,91,95,100,103,105,117,151,206,207,214,215,231,243,245,249—252,267,271,274,275,277,278,283,287,288,290,291
立场表达　2
逻辑语义结构　2,157,160,162,170,286

M

没+NP　7,22,26,27,30,61,152
没问题　1,2,28,37,53,55,56,73,80,83,97—100,124,133—150,182

P

配价语法　2,291
篇章语言学　2
频率　35,56,64,81,82,85,104,105,117,118,150,187,204,224,234,238,241,244,245,247,250,252,263,271,272,279,281,285

T

体词　6,54

谓词　6,7,54,186,198,235

X

现象　2—4,6,8—15,17—19,22,25,26,29—31,36,37,40,48,49,52,53,55,56,58,59,63,69—71,76,77,82,84,85,88,93,94,100—104,106,114—117,127—129,131—134,146,157,159,160,162,164,166,169—171,205—207,210,221—223,225,226,239,243,247,256,267,270,271,282—291
信疑　2,204,205,209
修辞构式　2,36,37,262—265,267—271,275—283,287,289

Y

言语　10,27,52,88,134,136—138,143,144,146,147,149,150,166,169,181,196,204,211,217,219,226—229,249,272,280,291
疑问句　2,31,32,51,136,139,141,143—146,148,149,153,164,171—174,177,178,180,181,185,187,189,190,193—196,198,199,204,209,221,286,289
应答语　2,27,37,73,133—136,140—150
有+抽象名词　23,24,58,60—62,64—68,70,77,86,93,101,117,290
有X没X　2,9,17,33—38,211—

265,267—271,273—283,287,288,290

有没有　1,2,6,8,9,17,31,32,37,38,68,146,171—211,230,240,259,264,267,268,274,286,287,289,290

有问题　1,25,37,53,56,73,83,99—102,115—132,200,222

语言结构　2,12,226,255

语言演化　34,216

语义分析　2,15,60,63,76,95,99,104,117,252,289

语义偏移　2,14,22,24,25,79—88,92—94,99—105,107,108,110,112,116,117,120—122,125,126,128—132,285,286,289

语法构式　2,36,251,262—265,267—273,275—283,287

语法化　2,3,5,7,36,53,211,218,219,228,230,270—272,274—278,280—283,287,290

韵律句法　2,215

"有"字句　15,17,21,22,29,30,37,60,63,69,76,95,100,151—153,158—160,162—170

Z

重新分析　14,275,276

主观化　7,98,276

主观性　75,88,91,93,97,107,131,133,145,146,148—150,159,168,170,174,178,187,207,210,215,220,225,228,247,255,256,263,287

组构　1,2,4,6,8,9,13—15,17—19,22,25—27,31,36,37,39,40,48,57,58,77—81,83,91,97,100,101,104,105,115—118,130,133,151,171,231,233,249,262,263,281,284—286,288—291

后　　记

　　博士研究生学业的完成及科研目标的实现，为一名学者奠定未来的发展和研究方向，博士学位论文的出版则是很多学者学术生涯的重要里程碑，在人生中具有重要的意义。回顾过往，有太多的回忆与感触，学位论文能够在国社科优博项目资助下出版，是她最好的归宿。值本书正式出版之际，在此向所有为本书问世做出贡献的人们致以诚挚的谢意。

　　首先要感谢我的导师吴春相教授，在学术上一步步将我领入科学研究之门，迷茫困惑时给予指引，尤其是思想和生活方面也有着无微不至的关怀，用不断的鼓励和鞭策帮助我克服求学过程中的一切困难，一篇篇小论文的撰写和大论文的完成，都离不开吴老师的悉心指导。在吴老师门下学习三年，让我学术水平、专业素养乃至思想境界都有了很大的提升。本书的成稿凝聚着吴老师的大量心血和操劳，在此不胜感激。

　　其次要感谢在本书构思、撰写、修改过程中为我提供帮助的齐沪扬教授、李宗江教授、金立鑫教授、张豫峰教授、刘芳教授、梁银峰副教授、张新华副教授，以及各位未曾谋面的匿名评审专家，你们的宝贵意见令我受益匪浅，使本书内容在修改过程中能够得到完善与提升。

　　同时还要感谢师姐陈建萍、曹春静，和同门王连盛、杜丹、陈肯、史又今、孔依丹、张艳楠、李静、冀娜、姜靖茹、张曼莉、黄梦媛、武清香、白溱等的陪伴和帮助，和你们在一起的日子是一段难忘的回忆，除导师外你们是我奋进向前的又一坚实力量，感谢你们对我的帮助和关照。

最后要感谢家人的支持与配合，尽可能地减少我的后顾之忧，使我尽全力投入到学习和科研中。三年的博士时光，女儿佳佳刚好三岁，时至今日已有五岁，著作的构思、撰写、成稿以及修改完成的过程伴随着她的成长。在此期间，学业圆满完成，事业已开始起步。

感谢你们为我所做的一切，让我实现了命运的涅槃重生。今后的人生之路虽任重而道远，但我相信自己必将能够以此作为起点来书写新的绚丽篇章！